Der Subjektive Faktor

D1731306

Christoph Noebel

Der Subjektive Faktor

Auf der Suche nach dem Wesen und Sinn der Kunst

Für Petra,

[Signatur]

20.10.2018

Inhalt

Vorwort   **11**

Einleitung   **14**

Teil I
Was ist Kunst?

1   **Was ist Kunst?**
       Ein „geistiges Gut"   **19**

1.1	Bilden & Bewirken	21
1.2	Wahrheit & Schönheit	22
1.3	Aufbruch & Kontroverse	26
1.4	Reduktion & Abstraktion	27
1.5	Neue Technik & Medien	30
1.6	Fragmentierung & Deplatzierung	31
1.7	Inhalt & Darstellung	34
1.8	Bildwelten & Medienrealität	38
1.9	Raum & Zeit	40
1.10	Aktion & Akteure	43
1.11	Gestern & Heute	47
1.12	Kunst & Funktionalität	52
1.13	Kunst & Dekoration	54

2   **Was ist Kunst?**
       Ein „gesellschaftliches Gut"   **56**

2.1	Freiheit, Recht & Ethik	58
2.2	Gemeingut: Bildung & öffentliche Teilhabe	62
2.3	Kommerzielles Gut: Besitzverhältnisse	65
2.4	Kulturgut: Systembedingte Selektion	69
2.5	Institution & Autonomie	72

3 Was ist Kunst?
Eine Frage der Legitimation **75**

3.1 Der Künstler 76

3.1.1 Künstlerdasein: Beruf oder Berufung? 76
3.1.2 Eigenschaften des Künstlers: Phantasie & Kreativität 84
3.1.3 Legitimation des Künstlers: Intention 86

3.2 Der Kunstraum 93

3.2.1 Der inoffizielle Innenraum: Präsentation & Dekoration 93
3.2.2 Der offizielle Innenraum: Präsentation & Gestaltung 95
3.2.3 Raumkontext & Werkgröße 97
3.2.4 Legitimation des Ausstellers: Der Kunstraum 102
3.2.5 Der Außenraum: Präsentation & Kontroverse 103

3.3 Der Betrachter 105

3.3.1 Das Publikum 106
3.3.2 Geschmack & Verstand 107
3.3.3 Interesse & Wissen 109
3.3.4 Legitimation des Betrachters: Der „subjektive Faktor" 112

4 Definition oder Diagnose? **117**
Interview I 118

Teil II
Was ist gute Kunst?

5 Was ist gute Kunst?
Ansätze einer Kunstbewertung **123**

5.1 Aspekt I: Motive & Inhalte 126

5.1.1 Aussagen & Positionen 126
5.1.2 Existentielle Themen & Fragen 127
5.1.3 Selbstreflexion & Kritik 129
5.1.4 Zeitgenossen & Zeitgeist 133

5.1.5	Gefühle & Sinnesreize	134
5.1.6	Harmonie & Kontraste	136
5.1.7	Sein & Schein	137
5.1.8	Entwürfe & Konzepte	140
5.2	Aspekt II: Techniken & Gestaltungsformen	142
5.2.1	Handwerk & Fähigkeiten	142
5.2.2	Materialien & Werkstoffe	145
5.2.3	Gestaltungskonzepte: Dimension & Raumkontext	148
5.2.4	Formensprache: Narration, Humor & Provokation	150
5.3	Aspekt III: Wirken & Bewirken	154
5.3.1	Allgemeingültigkeit	154
5.3.2	Vielschichtigkeit	155
5.3.3	Leichtigkeit	156
5.3.4	Autonomie	157
5.3.5	Originalität	160
5.3.6	Wiedererkennbarkeit	164
5.3.7	Mysterium	167
5.3.8	Befremdung	168
5.4	Aspekt IV: Transzendenz	169
6	**Was ist gute Kunst?** **Eine Frage der Urteilsfähigkeit**	**172**
6.1	Bewertung I: „Weißes Rauschen"	172
6.1.1	Präsentation & räumlicher Kontext	173
6.1.2	Hype & medialer Kontext	177
6.1.3	Information I: Sehen & Verstehen	178
6.1.4	Information II: Kunstwerk oder Künstler?	180
6.1.5	Information III: Theorie & Praxis	183
6.2	Bewertung II: Der „subjektive Faktor"	185
7	**Gute Kunst? Schlechte Kunst?**	**189**
	Interview II	193

Teil III
Kunst in der Gesellschaft

8	**Kunst und Gesellschaft I:** **Bedeutung & Funktion**	**197**
8.1	Identität, Identifikation und Integration	198
8.1.1	Kunst & Vergangenheit: Kulturelles Erbe	198
8.1.2	Kunst & Gegenwart: Gesellschaftliches Bindemittel	200
8.1.3	Kunst & Zukunft: Visionen	202
8.2	Widerstand & Entwicklung: Kritische Bildung	203
8.3	Toleranz: Die „einsame Stimme"	207
8.4	Freude & Kunstgenuss	210
9	**Kunst und Gesellschaft II:** **Institutionen auf dem Prüfstand**	**212**
9.1	Der Kunstbetrieb: Ein Überblick	214
9.2	Der Kunstmarkt	219
9.2.1	Der Primärmarkt	219
9.2.2	Der Sekundärmarkt	222
9.2.3	Kunstmarkt und Gesellschaft	229
9.3	Der Informelle Kunstsektor	232
9.3.1	Organisatorische Strukturen	232
9.3.2	Autonome Initiativen & Basisarbeit	234
9.4	Die Medien: Information & Kritik	239
9.4.1	Printmedien	239
9.4.2	Digitale Medien	241
9.4.3	Kritik oder Werbung?	242
9.5	Der Öffentliche Kunstsektor	244
9.5.1	Bildungseinrichtungen	244
9.5.2	Kulturelle Fördermittel	247

9.5.3 Öffentliche Kunstkäufe & Sammlungen 249
9.5.4 Das „postmoderne" Museum 251
9.5.5 Museum oder Mausoleum? 258
9.5.6 Taschenlampen oder Leuchttürme? 265
9.5.7 Politische Entscheidungsträger: Der „subjektive Faktor" 269

**10 Kunst und Gesellschaft III:
Eine „autonome Kulturpolitik" 274**

Interview III 278

Personenregister 281

Bibliographie 284

Vorwort

Jeder Autor sollte sich spätestens nach Fertigstellung seines Manuskripts die Frage gestellt haben, warum und für welche Leserschaft sein Werk geschrieben worden ist. Im Falle literarischer Texte ergeben sich Antworten auf diese Fragen nur langsam und entwickeln sich meist während der Schaffensperiode. Bei Sachbüchern ist dies anders, da vorwiegend ein fest definiertes Publikum angesprochen werden soll. Es wird recherchiert und das Werk in groben Zügen skizziert, bevor der Schreibvorgang beginnt. Das hier vorgestellte Buch lässt sich zwar als Sachbuch definieren, doch seine Entstehungsweise entspricht eher der eines literarischen Textes oder eines Kunstwerkes. Ein Künstler beginnt meistens ein Werk, ohne genau zu wissen, wohin die Reise geht. Er ist sich dessen bewusst, dass sein erster Entwurf erfahrungsgemäß mehrfache Änderungen durchlaufen wird und er immer mit der Möglichkeit des Scheiterns rechnen muss. Mit dieser Erwartungshaltung und ohne vorhergegangene Forschungen habe ich Anfang 2010 begonnen, dieses Buch frei gestalterisch zu schreiben. Als Grundlage meiner Zuversicht, solch ein Buchprojekt ausführen zu können, zählten persönliche Erfahrungen, die diesem risikobehafteten Unterfangen eine realistische Erfolgschance einräumten. Nicht nur widme ich mich seit meiner Schulzeit der Kunst als interessierter Galerie- und Museumsbesucher, sondern ich bin seit über fünfunddreißig Jahren ebenfalls künstlerisch tätig. Neben den vielen Erfahrungen der aktiven Kunstgestaltung und den schwierigen Aufgaben der Selbstvermarktung und Bewerbung um Ausstellungsmöglichkeiten kamen seit 2007 Erkenntnisse dazu, die ich als Betreiber meiner Produzentengalerie „Artspace K2" im rheinischen Remagen gesammelt habe. Abgesehen von Kunstkenntnissen war es mir möglich, als Ökonom mit wissenschaftlichen und praktischen Arbeitserfahrungen eine kulturpolitische Dimension in den Text einzubringen, um die Materie Kunst nicht nur unter historischen und intrinsischen Aspekten zu beleuchten, sondern auch ihre gesellschaftlichen und institutionellen Rahmenbedingungen zu untersuchen.

Vor diesem Hintergrund habe ich über den Zeitraum von neun Monaten den ersten Entwurf fertiggestellt, der anstatt der ursprünglich vorgesehenen zwei Teile letztlich drei enthielt. Während dieser Schaffensperiode war es mein Hauptanliegen, einen Text zu verfassen, der nicht nur ein gewisses Maß an Information vermittelt, sondern auch eine Reihe origineller Thesen präsentiert, die zur Auseinandersetzung und Diskussion einladen. Mir war es wichtig, den Versuch zu unternehmen, etwas Ordnung und Struktur in die Materie Kunst zu bringen, damit eine gegliederte Thematisierung als Grundlage für Kritik und Dialog dienen kann. Zur Frage der Leserschaft dachte ich in erster Linie an Künstler und Kunstinteressierte, die an einem didaktischen Schriftwerk dieser Art Interesse haben könnten. Kurz bevor der erste Entwurf verfasst war, begann ich, mich der Sekundärliteratur zu widmen. Da inhaltlich nur in bestimmten Teilaspekten des Textes Überschneidungen und Ähnlichkeiten mit anderen Publikationen auftraten, erkannte ich erst zu diesem Zeitpunkt, dass dieses Werk tatsächlich realisiert werden konnte. Es bedurfte dann noch eines weiteren Jahres, in dem nach mehrfachen Überarbeitungen das Manuskript an Form gewann. Inhalte und Argumente standen bei der Gestaltung im Vordergrund, während rein äußerliche Stilvorgaben, die im deutschen Sprachraum zumeist als wissenschaftliche Notwendigkeiten gelten, durch künstlerische Mittel absichtlich untergraben wurden. Demnach sollte der Schreibstil übersichtlich, klar und ungekünstelt sein, indem er sich jeglicher gestelzten Wissenschaftssprache entledigt und ohne Fußnoten und Anmerkungen auskommt. Nur durch die Gestaltung neuer Begrifflichkeiten und die Einbindung ausgewählter Sekundärliteratur erhielt der Text einen wissenschaftlichen Anstrich. Demnach hat sich das potentielle Publikum etwas erweitert, da nun zu den kunstinteressierten Personen eventuell auch Experten, Vermittler und Verwalter im Kunstbetrieb, sowie der eine oder andere Kulturpolitiker als Leser in Betracht gezogen werden können.

Der letzte Abschnitt in der Fertigstellung meines Manuskriptes betraf die Arbeiten eines Lektorats und der Korrektur, Aufgaben, die von anderen Personen übernommen werden mussten. Somit möchte ich besonders meiner Frau und Künstlerin *Molly Noebel* danken, da sie mich nicht nur während der intensiven Schreibphasen ertragen, sondern auch als Lektorin einen wichtigen Beitrag in der Gestaltung einiger Textpassagen geleistet hat. Ebenso gilt mein Dank Maria und Dirk Soechting, die sich mit enormer Geduld meiner durch jahrelange Auslandsaufenthalte begrenzten Kenntnisse in deutscher Grammatik und Kommaregeln annahmen und den Text mit ihren

Korrekturvorschlägen „buchstäblich" veredelten. Mein herzlicher Dank für konstruktive Anmerkungen und Kritik geht auch an Sabine Nieslony, Daisy Neu und Anneliese Ostertag, sowie an *Volker Thehos* für die technische Gestaltung dieses Buches. Letztlich danke ich allen Künstlern und Besuchern meiner Galerie, die mit ihren interessanten Kommentaren und Gesprächen viele Anregungen zu diesem Schriftwerk boten.

Dieses Buch ist allen unbekannten Künstlern und Künstlerinnen gewidmet. Sie leisten durch ihr Engagement und ihre Kreativität einen zentralen Beitrag zur Gestaltung einer geistig lebendigen Gesellschaft, der von den meisten Kunstexperten, der breiten Öffentlichkeit und der Politik nicht genügend gewürdigt wird.

Einleitung

In diesem Buch wird eine geistige Reise angetreten, eine Wanderung mit dem Ziel, Einblicke in das Wesen und den Sinn der Kunst zu gewinnen. Auch wenn eine derartige „Tour de Force" durch die Kunstlandschaft mit gewaltigen Fragen, wie „Was ist Kunst?", „Was ist gute Kunst?" oder „Welche gesellschaftliche Bedeutung hat Kunst?" begleitet wird, treten am Wegrand eine Vielzahl untergeordneter Themen und Probleme auf. Ziel der Reise ist es, diese Fragen aufzugreifen und ansatzweise zu beantworten, so dass ein Gesamtbild entsteht, das ein wenig Klarheit in die Materie Kunst bringt. Es soll eine Art Kunstwerk entstehen, das nicht als zusammengefügtes Puzzle zu betrachten ist, sondern als Collage oder Montage, die aus unterschiedlichen Fragmenten besteht, doch trotz einer geordneten Struktur und gewissen inhaltlichen Grundgedanken nicht den Anspruch erhebt, jemals ein „fertiges" Bild zu ergeben. Obwohl am Ende der Reise nur ein unvollständiges Werk geschaffen werden kann, soll die Suche nach den Wesenszügen der Kunst eine Reihe interessanter Erkenntnisse vermitteln und zu einem besseren Verständnis der Kunst beitragen. Gleichzeitig dient eine Wanderung durch die Kunstlandschaft dazu, neue Fragen aufzuwerfen, Kritik herauszufordern und Zündstoff für anregende Diskussionen zu bieten.

Die Technik der Collage liefert das Stichwort zur inhaltlichen Methodik dieses Buches. Der Text beruht auf einer vielschichtigen und interdisziplinären Herangehensweise und nimmt sich in drei Teilen einiger wesentlicher Themen der Kunst an. Teil I widmet sich der begrifflichen Frage „Was ist Kunst?" und schlägt dafür zwei Arbeitsmethoden vor. Das Einbeziehen der Fachgebiete Kunstgeschichte und Philosophie liefert zu Beginn der Reise eine Bestandsaufnahme, einen historischen und konzeptionellen Hintergrund, der zentrale Einblicke über die Beschaffenheit und das Wesen der Kunst gewähren soll. Das erste Kapitel wird einen fragmentarischen Überblick über diverse Aspekte und Entwicklungen der Kunst liefern, wobei der Schwerpunkt auf den Kunstepochen der Moderne und der Gegenwartskunst liegt. Eine Beschreibung wesentlicher Merkmale und Eigenschaften bieten erste Ansatzpunkte einer Definition der Kunst als „geistiges Gut".

Auch wenn solche deskriptiven Ansätze historischer Hintergründe wichtige Grundlagen schaffen, benötigt eine vollständigere Charakterisierung der Kunst zusätzlich analytische Verfahren aus Fachgebieten, wie beispielsweise den Sozialwissenschaften, um einem breiteren Verständnis der Kunst näher zu kommen. Letztendlich stellt die Materie Kunst ein kulturelles Phänomen dar, das insbesondere durch gesellschaftliche Wertekonventionen und Institutionen geprägt wird. Eine Untersuchung dieser Facetten bietet neue Einsichten und Perspektiven, die zu einer alternativen Bezeichnung der Kunst als „gesellschaftliches Gut" führen. Dabei wird einer Reihe speziell ausgewählter Kunstwerke eine besondere gesellschaftliche Auszeichnung zuteil, die sie als „Kulturgüter" heraushebt.

Die sich aus gesellschaftsorientierten Analysen abzuleitenden Konzepte und Vorgehensweisen führen wiederum direkt zu einer neuen Fragestellung, die der Legitimation von Kunst. Anstatt einer Charakterisierung des Kunstwerkes anhand intrinsischer Merkmale verlagert sich die Ermittlung hin zu der Rolle diverser Entscheidungsträger, die durch ihre Urteilsfindungen zu einer Definition der Kunst im Sinne eines gesellschaftlichen „Wertekonsenses" beitragen. Das in diesem Buch entwickelte Modell des „subjektiven Faktors" soll eine einfache analytische Basis schaffen, um die Bestimmungsgrundlage verschiedener Betrachterkreise zu erforschen.

Aus der Untersuchung einer „institutionellen" Legitimation erschließt sich die interessante Erkenntnis, dass heutzutage unter gewissen Umständen „alles" als Kunst definiert werden kann. Diese kontroverse Feststellung ließe sich als Selbstzerstörung der Kunst beschreiben, sofern nicht daraus die Herausforderung einer neuen Fragestellung entstehen würde. Wenn jedes Alltagsobjekt unter gewissen Bedingungen zur Kunst erhoben werden kann, bedarf es einer Debatte über Qualitätsgrundlagen, um der Materie Kunst weiterhin einen Sinn zu geben. Anstatt der Frage „Was ist Kunst?" wird somit in Teil II einer alternativen und spannenderen Frage nachgegangen: „Was ist gute Kunst?". Diese Fragestellung ist nicht selbstverständlich, da häufig die Haltung eingenommen wird, dass über Qualität in der Kunst nicht geurteilt werden kann oder sie sich aus dem Automatismus des Kunstmarktes ableiten ließe. Beide Positionen werden in der folgenden Analyse angefochten, denn eine rein werkbezogene und von kommerziellen Aspekten unabhängige Qualitätsdebatte ist trotz Einschränkungen nicht nur möglich, sondern auch notwendig. Eine überzeugende Bewertung von Kunst kann fast ausschließlich von dem einzelnen Werk ausgehen und setzt prinzipiell einen unvoreingenommenen Gutachter und Betrachter voraus. Natürlich bedarf es einer genaueren Untersuchung, ob eine derartige Idealposition tatsächlich der Realität entspricht und demnach soll in Kapitel 6 die Urteilsfähigkeit der unterschiedlichen Entscheidungsträger kritisch hinterfragt werden. In diesem Zusammenhang spielt der persönliche „subjektive Faktor" unterschiedlicher Gutachterkreise eine zentrale Rolle, wobei die These vertreten wird, dass besonders die Urteilskraft des „Kunstexpertentums" Tendenzen aufweist, durch institutionelle „Störfaktoren" systembedingten Einschränkungen zu unterliegen.

Die qualitative Bestimmung der Kunst als Kulturgut, die weitgehend von institutionellen Aspekten und der Kulturpolitik geprägt wird, wirft weitere Fragen auf, die sich nicht nur auf die Rolle des künstlerischen Gestaltens in der Gesellschaft beziehen, sondern auch auf die Fähigkeiten der unterschiedlichen Segmente des Kunstbetriebes, den gesellschaftlichen Funktionen der Kunst gerecht zu werden. Hierbei wird in Teil III nicht nur eine neue Klassifizierung des Kunstmarktes vorgestellt, sondern dem allgemein unbeachteten „informellen Kunstsektor" und dem „öffentlichen Kunstsektor" besondere Aufmerksamkeit geschenkt. Durch die Bedeutung der Kunst als gesellschaftliches Gut werden den staatlichen Organen und der Politik wichtige Aufgaben zugeschrieben, die sich in der Kulturpolitik bündeln und widerspiegeln. Eine kritische Untersuchung des „öffentlichen Kunstsektors" bietet somit unter anderem Möglichkeiten, alternative Ansätze einer „autonomen Kulturpolitik" zu skizzieren.

Wenngleich sich der Aufbau und die Entwicklung des Buches an einer fragmentarischen Gliederung orientiert, lässt sich ein zentraler inhaltlicher „roter Faden" erkennen, der sich durch den gesamten Text zieht. Die differenzierte Beschreibung des Kunstwerkes als „geistiges" und „institutionelles" Gut enthält einen enormen Widerspruch. Einerseits entspricht die Kunst einem humanistischen Gedanken, frei und unabhängig zu sein, doch andererseits ist sie in gesellschaftliche Normen und Institutionen eingebettet. Diese Unvereinbarkeit bietet ein gewaltiges Spannungspotential und liefert den

Stoff für eine permanente Auseinandersetzung, die auf den verschiedenen Ebenen des Kunstgeschehens geführt wird und durch diesen Text weiter angeregt werden soll. Der Konflikt zwischen systembedingten und unabhängigen Kräften betrifft nicht nur den Kunstbetrieb. Deshalb enthält der „rote Faden" einen Subtext, der es zulässt, die widersprüchlichen Aspekte des Kunstbetriebes zwischen ökonomischen Interessen und kreativer Freiheit als ein allgemeines gesellschaftliches Phänomen zu betrachten.

Durch die Handhabung dreier zentraler Themenbereiche der Kunst verfügt der Text über eine enorme inhaltliche Bandbreite. Um das Ausmaß des Buches nicht ausufern zu lassen, können somit viele Hinweise auf Künstler und ihre Werke nur sehr knapp behandelt werden. Dies muss nicht unbedingt als Mangel betrachtet werden, da es dem Anspruch, einen breiten Überblick zu verschaffen, dienlich ist und den Leser dazu animieren soll, sich über Ausstellungen, Buchpublikationen und das Internet weiter zu informieren. Der dreigegliederte Aufbau des Textes birgt außerdem das inhaltliche Problem thematischer Überlagerungen, da sich durch den gesamten Text gewisse Thesen und Grundgedanken ziehen. Die wiederkehrenden Themen werden jedoch jeweils aus unterschiedlichen Perspektiven betrachtet und sollen somit zur Bildung neuer Erkenntniswerte beitragen.

Nach einer kurzen Übersicht der inhaltlichen Kernpunkte, sollen einige Hinweise zur handwerklichen Gestaltung des Buches genannt werden. Es handelt sich hier zwar im weitesten Sinne um „Sachliteratur", doch obwohl der Text didaktisch und strukturiert aufgebaut ist, entspricht er eher einem „Essay", das sich nicht an genaue wissenschaftliche Konventionen hält. Da das ursprüngliche Manuskript fast ohne Sekundärliteratur und Grundlagenforschung entstanden ist, sind erst nachträglich Hinweise auf relevante Buchveröffentlichungen in den Text eingebaut worden. Dies geschah, um einerseits das Werk selektiv in einen publizistischen Kontext zu stellen und andererseits dem Leser die Möglichkeit einer alternativen und meist detaillierteren Betrachtung der jeweiligen Themen zu bieten. Somit wird der Text zweifellos von einem „subjektiven Faktor" begleitet, da sich die Auswahl und Gewichtung der Themenbereiche, sowie die Benennung einzelner Künstler und Kunstwerke größtenteils an persönlichen Erfahrungen und freien gedanklichen Assoziationen orientiert. Die Berücksichtigung rein wissenschaftlicher Aspekte, wie das Streben nach publizistischer Vollständigkeit oder das Einhalten stilistischer Verfahrensregeln, spielen somit eine untergeordnete Rolle. Das Buch darf jedoch nicht nur als strukturiertes Fachessay betrachtet werden, sondern verkörpert ein „Gesamtkunstwerk", das neben sachbezogenen Untersuchungen eine zusätzliche künstlerische Dimension aufweisen soll.

Eine kulturelle Reise macht mehr Spaß, wenn Freunde teilnehmen, denn besonders das Erleben gemeinsamer Erfahrungen befruchtet die Auseinandersetzung und den Dialog. Somit sind als Begleiter dieses Buchprojektes einige Weggefährten eingeladen worden, sich an dem Ausflug durch die Kunstlandschaft zu beteiligen. Da sich die geplante Kulturreise ausschließlich der bildenden Kunst widmet, gehört der Künstler *Unbe Kant* mit zur Partie. Auch wenn er im Buch nicht persönlich auftreten möchte, hat er extra für den Text einige Kunstwerke angefertigt und der Galerie „Artspaß" für Ausstellungszwecke zur Verfügung gestellt. Diese sollen in erster Linie dazu beitragen, Themen und Argumente aufzugreifen und sie in darstellerischer Form zu verdeutlichen, um somit den Text aufzulockern und vielschichtiger zu gestalten. Eine Reise durch das Kunstdickicht ist natürlich eine geistige Beschäftigung und findet teilweise in den Räumlichkeiten der kleinen Galerie „Artspaß" des Betreibers Herrn L statt, der uns als zweiter Weggefährte begleitet. Anders als der scheue Künstler ist er bereit, die Rolle des unabhängigen Experten einzunehmen und in kurzen Interviews einige Themen und Kunstwerke dieses Textes zu kommentieren. Der dritte Begleiter auf unserer Suche nach dem Wesen und Sinn der Kunst ist der Galeriebesucher Herr K, ein Betrachtertypus, der zwar nur limitierte Kunstkenntnisse aufweist, sich jedoch durch seine Bodenständigkeit, aber auch durch sein Interesse und seine Neugier auszeichnet und den gemeinsamen Weg durch die Kunstlandschaft als Bildungsreise versteht. Er nimmt an der Reise teil, um neue Eindrücke zu gewinnen und ist ebenso bereit, diese mit dem Leser in kurzen Interviews zu teilen.

Die Lesebrille ist ausgepackt und unsere Reise in die Welt der Kunst kann beginnen.

Teil I
Was ist Kunst?

1 Was ist Kunst?
Ein „geistiges Gut"

Die Form und Beschaffenheit der Kunst ist enorm vielschichtig und gibt vielen Kommentatoren Anlass zu zweifeln, ob dies oder jenes Kunstwerk wirklich als solches deklariert werden kann. Um diese Frage zu erörtern, sollte erst ein Überblick darüber geschaffen werden, worum es im Themenbereich Kunst eigentlich geht. Das folgende Kapitel unter dem Titel „Ein geistiges Gut" versucht dies in verschiedenen Ansätzen zu skizzieren, indem es sich ausschließlich auf die Wesensart des „Werkes" konzentriert. Eine Möglichkeit, sich der Frage, was Kunst sei, zu nähern, bietet die Beschreibung was bisher als Kunst geschaffen und betrachtet worden ist. Diese deskriptive und auf der Kunstgeschichte basierende Methode lässt sich aus verschiedenen Sichtweisen darstellen. So beginnt der Text mit einer sehr kurzen Einführung in die philosophischen und kunsthistorischen Entwicklungen der Ästhetik und der Entfaltung neuer Kunststile. Da es heute kaum Kontroversen über die Legitimation von klassischgeprägten Kunstwerken gibt, die vor der 2. Hälfte des 19. Jahrhunderts entstanden sind, lassen sich erst seit dieser Zeit Entwicklungen aufzeigen, die zur konkreten Fragestellung „Was ist Kunst?" geführt haben.

Anstatt die Stilrichtungen weiter historisch aufzurollen, sollen die künstlerischen Entwicklungen der Moderne anhand von einigen thematischen Bereichen fortgeführt werden. So spielten im 20. Jahrhundert Fortschritte in der Technik und neue Materialien eine große Rolle, die den Weg zu ungewohnten darstellerischen Möglichkeiten eröffneten. Zu den kritischen Aspekten der Kunstentwicklungen des 20. Jahrhunderts gehörte der Drang zur Abstraktion, die Entstehung neuer inhaltlicher Themen, die Suche nach originellen Ideen und Konzepten, die zunehmende Signifikanz des Kunstraumes und die wachsende Einbindung der Kunst in wirtschaftliche Sachverhalte. Insgesamt lassen sich diese Entwicklungen mit dem Begriff „Kontext" beschreiben, eine Formulierung, die das gesamte Spektrum des kreativen und kunstbezogenen Umfeldes umfasst. Ein Verständnis von moderner Kunst impliziert heute beträchtliche Kenntnisse und Auseinandersetzungen verschiedener Zusammenhänge, Verknüpfungen und systemischer Konstellationen. Zu diesen Kontexten gehören zeitliche Aspekte, die privaten Umstände des Künstlers und Veränderungen der gesellschaftlichen Rahmenbedingungen, deren Beschaffenheit sowohl kultureller als auch wirtschaftlicher Art sind. Wenngleich diese Themenbereiche den Rahmen dieses Kapitels sprengen und später weiter ausgeführt werden, soll in den folgenden dreizehn Abschnitten eine Reihe konzeptioneller Aspekte und historischer Entwicklungen aufgezeigt werden, um einer skizzenhaften und überschaubaren Darstellung der Materie „Kunst" zu dienen.

Eine Beschreibung der Kunst als „geistiges Gut" bezieht sich fast ausschließlich auf kunsthistorische und philosophische Entwicklungen und rein werkbezogene Aspekte. Deswegen lassen sich kaum einzelne Publikationen nennen, die als Literaturhinweise das folgende Kapitel begleiten können. Neben vielen Ausstellungskatalogen sind hier sämtliche Werke der Kunstgeschichte zu nennen, wie etwa die Publikationen der Kunsthistoriker Ernst Gombrich oder Walter Koschatzky, die sich beide durch eine verständliche Aufarbeitung kunstgeschichtlicher Prozesse, Ereignisse und Persönlichkeiten verdient gemacht haben. Eine besonders interessante Publikation, die jedoch in diesem Zusammenhang erwähnt werden sollte, ist das Werk „Was war Kunst? Biographien eines Begriffs" von Wolfgang Ullrich. Er untersucht die Entwicklungen von Ideen, Konzepten und Begriffen aus kunsthistorischer Perspektive und bietet somit anregende Erkenntnisse über Aspekte, die zur Bestimmung eines aktuellen Kunstbegriffs beitragen. Außer den Kunsthistorikern haben sich auch immer wieder Philosophen mit dem Thema Kunst beschäftigt und wichtige Thesen zu einer Begriffsfindung vorgeschlagen. So ermöglicht das Werk „Kunst – Eine philosophische Einführung" von Georg W. Bertram einen guten Einstieg in die recht komplexe Welt theoretischer Abhandlungen über das Wesen der Kunst. Eine besonders klare und knappe Zusammenfassung philosophischer Grundgedanken und Ideen bis in die Neuzeit bietet die Publikation „Was ist Kunst?" von Michael Hauskeller. Sie dient dem folgenden Text nicht nur als wichtigste Hintergrundinformation, sondern auch als Vorbild, komplexe Themen der Kunst zu strukturieren und in verständlicher Weise zu formulieren. Eine weitere Kommentatorengruppe, die sich in der Frage nach einer Begrifflichkeit von Kunst gelegentlich zu Worte meldet, sind die Künstler selber. Hier bietet das Buch „1460 Antworten auf die Frage: Was ist Kunst..?", herausgegeben von Andreas Mäckler, interessante Einblicke, auch wenn es ausschließlich auf ausgewählten Zitaten bekannter Persönlichkeiten beruht und somit die Materie Kunst nur fragmentarisch behandelt. Zu den wichtigsten Quellen einer ernsten Auseinandersetzung mit Kunst zählen die vielen Oeuvrekataloge und Künstlerbiografien, die einen direkten Zugang zur Kunst aus der Perspektive des jeweils Schaffenden ermöglichen. Eine besonders aufschlussreiche Variante dieses Genres liefert das Werk „Was ist Kunst? Werkstattgespräche mit Beuys" von Volker Harlan, da *Joseph Beuys* nicht nur traditionelle Aspekte der Kunst anspricht und kritisch hinterfragt, sondern mit seinem „erweiterten Kunstbegriff" neue Richtungen vorgibt. Letztlich darf in einer knappen Literaturliste die Künstlerbiografie „*Nat Tate*: An American Artist, 1928-1960" des britischen Schriftstellers William Boyd nicht fehlen, die 1998 als einmaliges „Kunstwerk" veröffentlicht wurde.

1.1 Bilden & Bewirken

Schon der Begriff der „bildenden Kunst" weist im Vergleich zu den anderen Künsten auf ein zentrales Merkmal ihrer Gattung hin, nämlich den Aspekt des „Bildens". Alternative Ausdrücke dafür bieten Begriffe wie das Erzeugen, Anfertigen, Formen und Erschaffen; es geht also in der Kunst um das Entwickeln und Produzieren von Objekten oder Artefakten, deren Ausgangspunkt und Daseinsberechtigung die „geistige" Auseinandersetzung ist. Anders als bei Nahrungsmitteln oder Gebrauchsgegenständen haben Kunstwerke keinen praktischen Nutzen. Doch was für einen Sinn haben sie dann? In erster Linie bietet die Kunst ein visuelles Arbeitsmittel, geschaffen von Personen, die sich mit gewissen Ideen und Themen beschäftigen und diese in ihrer eigenen künstlerischen Art kommunizieren und ausdrücken möchten. Die Kunst ist prinzipiell ein Kommunikationsmittel, durch das der Künstler seine Anliegen gegenüber einem meist unbekannten Betrachter ausdrückt und weiterleitet. Der Betrachter wiederum möchte in einen fiktiven Dialog mit dem Künstler treten und „öffnet" sich dem Werk, lässt es auf sich wirken und gewinnt durch Wahrnehmung und Interpretation Eindrücke über das, was der Künstler möglicherweise vermitteln möchte. Dieser imaginäre Austausch ist sowohl für den Künstler, als auch für den Betrachter in erster Linie eine geistige Auseinandersetzung und besitzt keinen materiellen Wert. Dass der Kunstmarkt dem Künstler ein Einkommen beschert und der Käufer sich an einem erworbenen Werk über einen längeren Zeitraum erfreuen kann, ist ein zunehmend wichtiger Sachverhalt, doch nicht der primäre Sinn der Kunst.

1.2 Wahrheit & Schönheit

Wenn Kunst als Kommunikationsmittel gedeutet wird, stellt sich die Frage, was denn vom Künstler vermittelt oder ausgedrückt werden soll. Natürlich wird jeder Künstler eine andere Antwort formulieren können, doch alle haben eines gemeinsam. Das, was Künstler in ihren Werken versuchen darzustellen, ist ihr geistiges und physisches Umfeld, ihr individueller Blickwinkel auf die Welt sowie Ausdruck ihrer inneren Empfindungen zu universellen Fragen. Sie beschäftigen sich mit zeitlosen philosophischen Fragen, ebenso wie mit dem Banalen und Absurden. Bearbeitet werden existentielle Fragen über Leben und Tod, über Mensch und Natur, genauso wie alltägliche Handlungen und gesellschaftliche Prozesse. Dem Künstler geht es in der Regel darum, „seine Wahrheit" zu definieren und darzustellen. Er betrachtet die Welt mit seinen Augen, setzt sich damit auseinander und sucht nach künstlerischen Darstellungsweisen, diese „Wirklichkeit" oder wahrgenommene „Realität" anderen Menschen nahe zu bringen und zu vermitteln. Bei dieser Suche nach „Wahrheit" geht es meistens um die Frage des „Wesentlichen", dem Sinn einer Idee, einer Sache oder einer Materie. Er fordert durch sein Werk Aufmerksamkeit und Auseinandersetzug heraus, wobei die Kunst nie eine Antwort geben möchte oder kann. Durch die persönliche Herangehensweise des Künstlers haben Inhalte oder Ausdrucksweisen von Werken immer eine fragmentarische und unvollständige Bedeutung. Sie liefern geistige Bruchstücke, die den Betrachter animieren und herausfordern sollen.

Hinter der Suche nach Wahrheit steht häufig eine Suche nach Idealen. Zu denen gehört das „Erhabene", das Streben nach einer tieferen Sinngebung und die Suche nach Harmonie und dem „Schönen". Die Begriffe der Wahrheit und Schönheit sprechen nicht nur existentielle Themen an, sie bieten auch in der Umkehrung Möglichkeiten, die Welt besser verstehen zu können. Das Hässliche lässt sich nicht ergründen ohne eine Vorstellung von Schönheit, ebenso wie Konflikte nicht ohne eine Idee von Harmonie verstanden und bearbeitet werden können. Durch diese Wechselbeziehung bleibt es dem Künstler überlassen, wie er das Schöne oder auch das Unangenehme darstellt, um seine Realität zu verdeutlichen. Somit leistet die Darstellung des Schlechten und Hässlichen über den Umweg der Empfindung von Abneigung oder sogar Schock einen Appell an eine geistige Auseinandersetzung und die Vernunft. Die Suche nach Wahrheit und Schönheit ist jedoch nicht ausschließlich eine Frage des Verständnisses, sie ist auch grundsätzlich mit menschlichen Empfindungen wie Trost, Ermunterung, Freude und Glücksgefühlen verknüpft.

Mit der Thematik von Schönheit und Wahrheit haben sich über Jahrhunderte Philosophen beschäftigt. Für die antiken Philosophen, wie Platon und Aristoteles sowie in der Neuzeit Kant und Hegel, bedeuteten Schönheit und Wahrheit immer etwas Absolutes, ein nicht erreichbares und auch nur in limitierter Weise darstellbares Ideal. Doch im 19. Jahrhundert begann sich an dieser Grundhaltung etwas zu ändern. So argumentiert der Philosoph Karl Rosenkranz, ein Schüler von Hegel, in seiner „Ästhetik des Häßlichen" von 1853, dass die Schönheit nur durch das Bewusstsein erfasst werden kann, dass aus Schönem zu jeder Zeit etwas Hässliches werden kann. Für Rosenkranz blieb die Schönheit als Grundideal bestehen, doch er erkannte die Notwendigkeit, dem Hässlichen als Erfahrung gerecht zu werden, auch wenn es nur eine sekundäre Rolle einnimmt. Im Sinne der Hegelschen Dialektik kann das Schöne ohne Negation des Hässlichen nicht auf Dauer bestehen. Wenn in der Kunst dem Schönen keine „Antithese" geboten wird, verliert sie ihre Reize.

Die Ästhetik des Hässlichen ist deshalb so interessant, weil sie implizit die Rolle des Kunstwerkes erweitert. Es geht nicht nur um eine „Verklärung" in der Kunst und eine Rolle des Trostspendens, sondern um „Aufklärung", also um den Anspruch auf die gedankliche Auseinandersetzung mit der realen Welt. Wenn etwa ein Autounfall für den Künstler als Wahrnehmung der Realität seiner Wahrheit dient, dann kann dieser unangenehme Vorfall zum Inhalt oder Symbol für seine Kunst werden. Die Vermittlung von Realität muss nicht unbedingt direkt geschehen, sondern wird meistens durch die künstlerische Ausdrucksweise eher angedeutet, also mit Symbolik, Allegorien oder Abstraktion versehen. Der Künstler wird in diesem Sinne zu einem Freidenker oder Hofnarr, einer Figur, die durch einen besonderen gesellschaftlichen Schutz einem „Herrscher" unbequeme Wahrheiten sagen kann, verpackt in subtiler und indirekter Form von Geschichten, Fabeln oder Symbolen.

Die Thematik der Ästhetik, die Wahrnehmung von Schönheit und Harmonie, spielt in der Kunstgeschichte eine zentrale Rolle. Sie lässt sich als den geistigen Motor der Kunst betrachten, wobei jedoch keinesfalls von einer absoluten Definition gesprochen werden kann, sondern von zeitlichen Veränderungen, Widerständen gegenüber gesellschaftlichen Normen und jeweils neuen Formulierungen des Begriffs „Schönheit". Das, was im Mittelalter noch Wahrheit und Schönheit bedeutete, nämlich die Glorifizierung des Göttlichen, hat sich in der Renaissance, einer Periode vom 14. bis zum 17. Jahrhundert, langsam aufgelöst. Der Mensch und die Natur rückten als Sujet immer mehr in den Mittelpunkt der Kunst, ein Zeichen wachsender individueller Freiheit und eines größeren Einflusses der Wissenschaft. In den Werken dieser Epoche, wie etwa in denen von *Albrecht Dürer* oder *Michelangelo*, handelt es sich weitgehend um Fragen nach dem Wesen der Schönheit und um die Suche nach den idealen Maßen und Proportionen in der Darstellung vom Mensch und seiner Umwelt. Vielleicht das berühmteste Bild dieser Zeit ist *Leonardo da Vincis „Mona Lisa"*. Doch wie zu jeder Zeit, machten auch während der *Renaissance* Ausreißer und Sonderlinge auf sich aufmerksam. So stellen die düsteren Werke von *Hieronymus Bosch* die gängige Darstellung von religiöser und geistiger Schönheit auf den Kopf, ebenso wie ein *Guiseppe Arcimboldo*, der in seinen manieristischen Tafelbildern Porträts aus Gemüse und Früchten „konstruierte".

Der Dandy
Collage auf Papier, 2009

In der folgenden Epoche, dem Barock des 17. bis 18. Jahrhunderts, öffnete sich die künstlerische Entfaltung. Besonders die Darstellung von Mensch und Natur wurde kräftiger, opulenter, fast theatralisch. Zu den bekanntesten Künstlern des Barocks zählen die Italiener *Caravaggio* und *Giovanni Tiepolo*, der spanische Maler *El Greco* sowie die niederländischen Künstler *Peter Paul Rubens*, *Rembrandt* und *Vermeer*. Erst während der Romantik in der ersten Hälfte des 19. Jahrhunderts begann eine neue Ausrichtung der Kunst, geprägt von einer Gegenreaktion auf den Rationalismus und den vernunftorientierten Gedanken der Aufklärung. Somit entstanden Kunstwerke, die sich mit Themen der Individualität und der Gefühlswelt des Menschen auseinandersetzten, Ausdruck von Empfindungen wie Sehnsucht, Mysterium und Weltschmerz. Wichtige Vertreter dieser Kunstepoche der Romantik waren die Maler *William Blake*, *Caspar David Friedrich* und *William Turner*.

1.3 Aufbruch & Kontroverse

Im Jahre 1874 veranstaltete eine kleine Gruppe junger französischer Maler im Atelier des Pariser Fotografen Felix Nadar eine Ausstellung, die einen enormen Skandal hervorrief. Was die Künstler, wie *Camille Pissarro*, *Paul Cézanne*, *Auguste Renoir* und *Edgar Degas* auf ihren Gemälden darboten, schien den Kritikern nichts anderes als eine mutwillige Zerstörung der Kunst. Die Gruppe der Rebellen lief ursprünglich unter dem Namen „Anonyme Gesellschaft", heute bekannt als die Impressionisten. Ihr „Verbrechen" bestand darin, dass sie die noch in der Romantik anhaltenden Regeln eines Schönheitsideals und einer auf Perspektive bauenden Darstellungsform ablehnten und ihren neuen „Stil" entwickelten. Die Impressionisten wollten nicht Ideen von Schönem darstellen, sondern das Wesentliche der Welt, wie es sich ihnen in der Außenwelt darbot. Sie verließen ihre Ateliers und malten im Freien vor ihren Motiven; die Cafés und Boulevards der Städte, Landschaften, das Picknick im Wald oder Strandbäder an der Kanalküste. Ihre Malerei mit den fließenden Übergängen konzentrierte sich nicht auf die Dinge selbst, sondern auf den Schein der Dinge, auf ihre Auflösung im Licht. Diese ungewöhnliche und komplexe Malweise und Farbgestaltung waren der Beginn der Abstraktion und nach kunsthistorischen Kategorien zählen diese Künstler zu den Pionieren der Modernen Kunst.

Abgesehen von den neuen inhaltlichen und darstellerischen Konzepten, vollzog sich während der Zeit des Impressionismus auch ein Wandel in der Rolle des Künstlers. Das traditionelle Mäzenatentum vorhergegangener Epochen brach langsam zusammen, wie auch das typische Arbeitsverhältnis von Aufraggeber und Künstler. Im 19. Jahrhundert lösten sich die Künstler von den „geistigen Fesseln" des Aufraggebers und konnten in größerem Maße ihrem kreativen Gestalten freien Lauf lassen. Erst dieser Bruch mit Traditionen, geprägt durch die wachsende Autonomie des Künstlers, ermöglichte den Durchbruch der Impressionisten. Es dauerte mehr als drei Jahrzehnte, bis sie ihre verdiente gesellschaftliche Anerkennung zugesprochen bekamen.

1.4 Reduktion & Abstraktion

Wenn auch die Abstraktion im Zeitalter der Impressionisten an Bedeutung gewann, ist sie eigentlich so alt wie die ersten Wandmalereien der Frühzeit. Grundsätzlich gibt es keine perfekt gemalte oder geformte Repräsentation, denn ein Gemälde besteht aus Pinselstrichen, die niemals zu einer genauen Wiedergabe eines Objektes führen können. Trotzdem bietet die Abstraktion einen zentralen Bestandteil der neueren Kunstgeschichte des 20. Jahrhunderts, da sie eine gestalterische Entwicklung aufzeigt, die sich von der visuellen Repräsentation wegbewegt und sich entweder auf das Wesentliche oder gewisse Teilaspekte eines Themas oder Objektes konzentriert. Die Reduzierung auf das Essentielle ändert nicht nur die Rolle und Schaffensweise der Künstler, sondern beinhaltet auch neue Anforderungen an den Betrachter, dessen Wahrnehmungs- und Interpretationsfähigkeiten in zunehmendem Maße auf die Probe gestellt werden. Durch die neue Vielfalt an Sehweisen und Ausdrucksformen, die durch die Abstraktion entstanden, öffnete sich die Kunst einer breiteren Schar von Betrachtern, aber auch Kritikern. So sorgte die Formensprache der Abstraktion nicht nur bei den Impressionisten, sondern auch während der folgenden Jahrzehnte immer wieder für Ablehnung und Kontroversen im „Kunstbetrieb". Es bedurfte einer geraumen Zeit, bis die Galerien, dann die Museen und schließlich die breitere Gesellschaft die jeweiligen Schocks der neuen Entwicklungen und Tendenzen überwunden hatten und den ursprünglich verachteten Werken ihre Anerkennung zugestanden.

Begonnen hat die Abstraktion in der Kunst schon Anfang des 19. Jahrhunderts mit den Arbeiten des Spaniers *Francisco de Goya* oder des Franzosen *Gustave Courbet*, sowie den stimmungsvollen Gemälden der Engländer *William Turner* und *John Constable*. Diese beeinflussten die Französischen Impressionisten, zu denen auch die berühmt gewordenen Maler *Édouard Manet* und *Claude Monet* gehörten.

Zu den Wegbereitern der abstrakten Kunst zählen vier „Außenseiter", die sich jeder auf seine Art vom Impressionismus loslösten und den Expressionismus einleiteten. Diese wichtigen Pioniere der modernen Malerei waren *Paul Cézanne, George Seurat, Paul Gauguin* und *Vincent van Gogh*. Im folgenden 20. Jahrhundert entwickelten sich Formen der Abstraktion in rasanten Schritten und so entstanden die farbigen Werke der Expressionisten, darunter die von *Emil Nolde, Erich Heckel, Max Pechstein, August Macke, Franz Marc* oder *Max Beckmann*. Zu dieser Bewegung ausdrucksvoller Kunst gehörten jedoch auch die eher düsteren und gesellschaftskritischen Grafiken von *Käthe Kollwitz* oder *Otto Dix*. Zeitgleich mit dem deutschen Expressionismus entwickelten sich die neuen Ausdrucksformen der Kubisten *Georges Braque, Juan Gris* oder *Pablo Picasso*. Auch die radikal formellen Werke der Konstruktivisten, zu deren bekanntesten Vertretern *Kasimir Malewitsch, Wassily Kandinsky* und *El Lissitzky* zählten, entstanden während dieser Zeit.

Häufig werden Werke „konkreter" Künstler der Abstraktion zugeordnet; dies stimmt jedoch nicht ganz. Die „Konkrete Kunst", ursprünglich als Konzept von *Theo van Doesburg* entwickelt, verneint jegliche Verbindung zu einer Gegenständlichkeit und kann daher nicht unbedingt als „Abstrahierung" bezeichnet werden. Es geht in dieser Kunstform ausschließlich um eine Gestaltung von Form und Farbe und das Produzieren von Objekten, die wie *Max Bill* es formuliert, nur für den „geistigen Gebrauch" entwickelt werden.

Eine neuartige Gattung der abstrakten Kunst entwickelte sich nach dem 2. Weltkrieg. Sie umfasst die improvisierte Aktionsmalerei des amerikanischen Abstrakten Expressionismus, geprägt durch Künstler wie *Jackson Pollock* und *Mark Rothko*, sowie die emotional wirkenden Werke der europäischen informellen Künstler, wie *Wols, Karel Appel, Hans Hartung, Pier-*

Leidenschaft (Hommage à Congo)
Tusche auf Papier, 2009

re Soulages oder *Jean Dubuffet*. In den USA entstand daraufhin eine „hard edge" abstrakte Kunstrichtung, die Minimal Art, die als Gegenbewegung zum Abstrakten Expressionismus eingestuft wird und Künstler wie *Donald Judd, Sol LeWitt* und *Carl Andre* umfasst. Alle die im Zusammenhang mit der abstrakten Kunst genannten Künstler blieben den traditionellen Medien der Malerei, Grafik oder Skulptur treu, stellten jedoch gängige Betrachtungs- und Sichtweisen von Form, Inhalt und Ästhetik immer wieder in Frage.

1.5 Neue Technik & Medien

Bis zum Beginn des 20. Jahrhunderts bestand ein Kunstwerk aus etwas physisch Geschaffenem, einem traditionellem Artefakt, wie einer Zeichnung, einem Gemälde, einer Grafik oder einer Skulptur. Mit fortschreitender Modernisierung entwickelten jedoch Künstler neue Kunststile, Ausdrucksweisen und eine breite Palette ungewöhnlicher Arbeitsverfahren. Zu diesen zählen nicht nur die Nutzung neuer Materialien, wie die Acrylfarbe oder Plastik, sondern auch neue durch Technologie bestimmte Gattungen, wie die Fotokunst, die Videokunst und die vom Computer generierte Digitalkunst.

Wenngleich die Fotografie bereits im 19. Jahrhundert entwickelt worden war und schon im Bauhaus als experimentelles Medium genutzt wurde, dauerte es bis in die zweite Hälfte des 20. Jahrhunderts, bis sie als Kunst voll anerkannt wurde. Die erste Galerie, die sich ausschließlich kommerziell mit der Fotokunst beschäftigte, war die Harry Lunn Gallery, die sich 1971 in Washington DC etablierte und eine intensive Förderung der Fotografie als Kunstform betrieb. Zu den Klassikern, die Lunn in seinen Räumen präsentierte, gehörten *Man Ray, Alfred Stieglitz, Henri Cartier-Bresson, Diane Arbus, Georgia O'Keeffe, Bill Brandt* oder *Ansel Adams*. Bis in die '60er hatten sich die meisten Fotografen selber „nur" als Handwerker betrachtet. Ähnlich ging es der Video- und Digitalkunst, die trotz des notwendigen handwerklichen Geschicks dieselben ursprünglichen Probleme mit einer Anerkennung als Kunstgattung hatten. Die Technik bestimmte auch die Entwicklung und Umsetzung von klassischen Motiven, wie Licht und Bewegung, die sich in den neuartigen Genres der Lichtkunstprojekte oder der kinetischen Kunst manifestieren. Obwohl es schon frühe Pioniere der Lichtkunst gab, wie *László Moholy-Nagy*, der sich intensiv mit Fotografie und Film beschäftigte, um das Thema Licht und Schatten zu erfassen, hat diese neue Gattung erst in der 2. Jahrhunderthälfte ihre aktuelle Bedeutung erlangt. Zu den wichtigsten Vertretern der Lichtkunst zählt die Gruppe ZERO mit *Otto Piene, Heinz Mack* und *Günther Uecker* sowie der zeitgenössische Lichtröhrenkünstler *Dan Flavin*. Auch *Olafur Eliassons* großflächige Rauminstallationen zeichnen sich meist durch ihre ungewöhnlichen Lichtelemente aus. Von der Musik ausgeliehen und abgewandelt fehlt auch der Ton in der zeitgenössischen Kunst nicht und kann in zahlreichen Soundinstallationen der Gattung Klangkunst wahrgenommen werden.

Abgesehen von der Einführung neuer Techniken ist die Kunst des 20. Jahrhunderts geprägt von einem vielfältigen Gebrauch ungewöhnlicher und kreativer Materialien. Abfallprodukte und Gebrauchsobjekte wurden zunehmend genutzt und wurden zum Werkmaterial der Assemblage, einer dreidimensionalen Form der Collage. Schon *Pablo Picasso* und *Kurt Schwitters* schufen mit ihren frühen Assemblagen hervorragende Kunstwerke. Auch diese Kunsttechnik entwickelte sich stetig weiter. So gehören die Schaukästen von *Joseph Cornell* zu dieser Gattung, aber auch die sogenannten „Fallenbilder" von *Daniel Spoerri* oder die „Combine Paintings" von *Robert Rauschenberg*, in denen alltägliche Objekte auf Gemälden befestigt werden. Aus dem Konzept der dreidimensionalen Assemblage entwickelte sich schließlich die Kunstgattung der „Rauminstallation". Hatten die frühen Nagelbilder von *Günther Uecker* noch Objektcharakter, dann nahmen die Arbeiten von *Eva Hesse*, geprägt durch den häufigen Gebrauch von neuen Materialien, wie Polyester und Latex, eher die Form der raumbezogenen Installation an. Auch *Louise Bourgeois* wird als Pionierin der Installation angesehen, da sie mit dem Gebrauch von Textilien und ihren originellen Raumkompositionen künstlerisches Neuland betrat.

1.6 Fragmentierung & Deplatzierung

Im Zusammenhang mit der Abstraktion und der Reduzierung von Form und Gestaltung sind die Kunstentwicklungen des 20. Jahrhunderts stark geprägt von neuartigen Motiven und Inhalten. Dazu gehörten insbesondere die

Fragmentierung und Anhäufung visueller Informationen als Reflektion einer Beschleunigung industrieller Entwicklungen und einer zunehmenden Gewichtung visueller Medien. Ebenso wichtig ist das Konzept der Deplatzierung und der Verzerrung durch räumliche Kontextveränderung.

Schon in den klassischen Kunststilen wurde eine realistische Reproduktion aufgelöst und Bildteile mit Allegorien und Symbolen bestückt. Anstatt einer artgerechten Wiedergabe spielten zunehmend individuelle Ausdrucksweisen, Inhalte und narrative Elemente eine Rolle. Diese Vorgehensweise findet sich auch in den neuen Medien des 20. Jahrhunderts wieder, in den Collagen und Fotomontagen der Kubisten und der Dada Bewegung. Künstler und Künstlerinnen, wie *Pablo Picasso* und *Georges Braque*, oder *Raoul Hausmann, John Heartfield, Hannah Höch* und *Kurt Schwitters* waren Vorreiter neuer Ausdrucksformen, die auf dem Konzept der Fragmentierung basierten. Wichtig war das Zusammensetzen verschiedener Bruchstücke und Werkstoffe, um eine vielschichtige Bildform zu gestalten. Da alle Bildfragmente eigene Aussagen beinhalteten, entstanden Werke von hoher Komplexität und Vielfältigkeit.

Ein allgemein wichtiger Aspekt der Kunst, besonders von Bedeutung in der Collage, ist der „Ausschnitt". Er umfasst nur den Teilbereich eines Ganzen und sorgt nicht nur für eine erhöhte Aufmerksamkeit, sondern provoziert häufig die wichtige Frage des „Warum?". Eine interessante Variante der Fragmentierung bietet auch die „Wiederholung". Bekannt geworden und mittlerweile weit verbreitet ist diese Ausdrucksweise durch die unterschiedlichen Variationen der Siebdrucke von *Andy Warhol*. Wie die Thematik des Ausschnitts bietet auch die Wiederholung ein effektives Mittel, die Aufmerksamkeit des Betrachters zu erhöhen, neue Sehweisen anzuregen und eine vielschichtigere Fläche für Reflektion und Assoziation zu schaffen.

Ein zusätzlicher Aspekt der Collagetechnik besteht darin, die zusammengesetzten Elemente so unterschiedlich zu gestalten, dass die aufgezeigten Widersprüche und Gegensätze zu neuen Spannungsfeldern und Sichtweisen führen. Der daraus folgende Effekt der Deplatzierung und Entfremdung bietet nicht nur Gestaltungsmöglichkeiten in der Collage und Fotomontage, sondern lässt sich auch, wie die Surrealisten bewiesen, in der Malerei anwenden. Ein Landschaftsgemälde von *Salvador Dali*, in dem eine schmelzende Uhr dargestellt wird, nutzt die Kontextveränderung eines verzerrten Objektes durch seine Fehlplatzierung in einem ungewöhnlichen Raum, um dadurch eine Vielfalt von Sinneseindrücken hervorzurufen. Die Gemälde von *Salvador Dali* zeigen, dass die Deplatzierung von Objekten auf einer Umgestaltung gewohnter räumlicher Kontexte beruht. Diese Verzerrung bietet wiederum die Grundlage vieler Konzeptkunstwerke, die durch das Positionieren in regelwidrigen Räumen und die daraus entstehende Zweckentfremdung nicht nur ihre Legitimation, sondern auch ihren Sinn erfahren. Besonders das Präsentieren von alltäglichen Gebrauchsobjekten, der „Readymades" in Galerien oder Museum basiert auf einer räumlichen Kontextveränderung, die neue Sehweisen, Perspektiven und Spannungsfelder hervorrufen. Das von *Marcel Duchamps* ausgestellte Urinal unter dem Titel „fountain" gilt als eins der ersten Readymades und sorgte 1917 nicht nur für enorme Aufregung, sondern forcierte eine Debatte, die bis heute anhält.

Abgesehen von der klassischen Form des Readymades, erlaubt diese Art der Konzeptkunst zahlreiche Variationsmöglichkeiten. So nutzte beispielsweise *Robert Rauschenberg* Kisten aus Pappkarton, um sie in unterschiedlichen Faltvariationen zu präsentieren und somit auf ungewöhnliche Formgebungen dieser Alltagsobjekte hinzuweisen. Wie *Meret Oppenheim* demonstrierte, können Gebrauchsgegenstände auch neu „verpackt" und umgestaltet werden, um ihnen jeglichen praktischen Nutzen zu nehmen. Das Konzept der Abänderung gewöhnlicher Gebrauchsobjekte fließt auch in die zweidimensionalen Gattungen der Malerei, Druckgrafik und Collage ein. Die Thematisierung belangloser Alltagsgegenstände beschäftigte Künstler der Pop Art in den 1960ern nicht nur in Form von „Plastiken", sondern bot ihnen neue Inhaltsvorlagen für Werke herkömmlicher Medien und Techniken. Beispiele hierzu liefern die Siebdrucke von *Andy Warhol* oder die Gemälde von *Jasper Johns*, *Roy Lichtenstein* und *David Hockney*. Auch die Materialbilder und Collagen der Künstlerinnen *Jann Haworth*, *Marisol* und *Kiki Kogelnik* oder die ihrer männlichen Kollegen *Richard Hamilton* und *Peter Blake*, sowie der deutschen Künstler *Wolf Vostell* und *Sigmar Polke* lassen sich häufig als Verarbeitungsvariationen des Readymades bezeichnen.

Eine wichtige Kunstgattung, die sich meist aus der Collage und der räumlichen Kontextveränderung ergibt, ist die Rauminstallation. Anders als das einzelne Objekt des Readymades, bestehen Installationen in der Regel aus mehreren Teilen und verschiedenen Medien. Seien es Möbelstücke, Papierfragmente, Videos oder Licht- und Soundelemente; sie werden meist einem spezifischen Kunstraum zugeordnet und als Gesamtkunstwerk, das sich als „Raumcollage" bezeichnen lässt, komponiert. Die einzelnen Elemente der Installation mögen sowohl Alltagsgegenstände beinhalten, also Abwandlungen des Readymades, als auch gefundene Objekte, die wiederum eine eigene Gattung der „Found Art" oder „Objet Trouvé" bilden. Zentrale Charakteristika der Installation sind demnach die Bedeutungsfragen der einzelnen Bestandteile, sowie die assoziativen Raumerfahrungen des gesamten Werkes.

1.7 Inhalt & Darstellung

Schon in der Diskussion über Wahrheit und Schönheit wurde auf die Dialektik in der „Ästhetik des Häßlichen" von Karl Rosenkranz hingewiesen. Die Kunst braucht beides, das Schöne und das Hässliche, um nicht ihren Sinn zu verlieren. Ein anderer Post-Hegelianer, der sich zu Beginn des 20. Jahrhunderts mit dem Thema Kunst in einer interessanten Weise auseinandergesetzt hat, ist der Italiener Benedetto Croce. Für ihn liegt die Bedeutung und Ästhetik eines Werkes ausschließlich im Ausdruck der intuitiven Erkenntnis und geistigen Tätigkeit des Künstlers. Diese Sichtweise führt zu dem Resultat, dass wenn ein Kunstobjekt nach „klassischen" Maßstäben keine eigenen ästhetischen Qualitäten aufweist, die Frage nach der Schönheit oder Hässlichkeit in der Kunst irrelevant geworden ist. Jedes Werk ist dann „schön", wenn es Ausdruck künstlerischer Kopfarbeit ist, unabhängig davon, ob es beim Betrachter Freude oder Abneigung hervorruft. Diese These muss als Wegweiser für die Konzeptkunst gedeutet werden, denn wenn weder Inhalt, Gestaltung, technisches Können oder Objektwahl relevant sind und sich die Kunst nur auf die Vorstellungskraft des Künstlers bezieht, dann kann jedes Objekt als Kunst bezeichnet werden, solange es Ausdruck einer kreativen Tätigkeit ist. Mit dieser Position gilt Croce schon als „Vordenker" von *Marcel Duchamps* Werk „fountain" und besonders *Joseph Beuys'* Formulierung, dass jeder Mensch ein Künstler sei. In *Beuys'* Theorie der „Sozialen Plastik" kann jede Person durch kreatives Handeln zum Wohl der Gemeinschaft beitragen und dadurch „künstlerisch" auf die Gesellschaft einwirken. Das künstlerische Gestalten beruht auf dem Konzept, dass Spiritualität, Offenheit, Kreativität und Phantasie geeignete Mittel darstellen, das Leben, insbesondere in Politik und Wirtschaft, sozial und kreativ zu gestalten. Durch soziales Engagement und Anwendung dieser Qualitäten kann nach dem „erweiterten Kunstbegriff" von *Beuys* jeder als „Künstler" definiert werden.

Während *Marcel Duchamps* Werk „fountain" noch den Anspruch erhebt, auf eine eigene, vielleicht befremdende, künstlerische Ästhetik des Objekts aus Porzellan hinzuweisen, kann dies bei *Andy Warhols* „brillo boxes" nicht mehr behauptet werden. Nach Ansicht des Philosophen Arthur Coleman Danto bedeuten Warhols Gebrauch alltäglicher Objekte ähnlich wie bei Benedetto Croce das Ende jeglicher ästhetischer Ansprüche. Hier geht es nicht mehr um eine Darstellung von Schönheit, also einer Thematik von „Was" und „Wie", sondern nur noch um die Frage „Warum?". Sinn der Readymades ist ihr geistiger Inhalt und das Wecken gedanklicher Assoziationen. Ihre Bedeutung als Kunstwerk wird also durch die Frage „Wovon handelt das Werk?" charakterisiert. Im Falle Warhols „brillo boxes" dreht es sich um die kommerzielle Welt, in der wir leben und wie wir möglicherweise Objekte, die keinen sinnlichen Wert haben, wahrnehmen.

Ein wichtiger Aspekt dieser rein konzeptbezogenen Kunst bietet die „Erklärung". Sobald der Betrachter erkennt, um welche objektspezifischen und gesellschaftlichen Eigenschaften es sich bei einem Gegenstand handelt, entsteht aus der zweckentfremdeten Situation eine veränderte und vielleicht gesteigerte Wahrnehmung dieses Artikels. Zur künstlerischen Verfremdung eines Alltagobjektes kann auch der Werktitel beitragen, denn er verschafft Hinweise, die zu weiterer Reflexion und Interpretation einladen. Abgesehen von der Platzierung in einem regelwidrigen Raum und daraus entstehender Zweckentfremdung und Wahrnehmungsänderung, erfährt das Werk eine Legitimierung einzig durch die Kraft der konzeptionellen Aussagefähigkeit, unabhängig von jeglicher materieller und gestalterischer Beschaffenheit. Kunst kann folglich, wie im Falle der Readymades, die Betrachtungsform einer reinen „Kopfsache" annehmen.

Schweigender Lecter
Objekt, 2009

Zu Dantos Position, der die Kunst im Sinne eines rein geistigen und nicht mehr eines ästhetisches Objektes versteht, bietet Peter Sloterdijk in seiner Begrifflichkeit der „Befremdung" eine anregende Variante. Zeitgenössische Kunst ruft demnach durch den Prozess der Befremdung diverse Emotionen wie Überraschung, Irritation, Abneigung und Neugier hervor, um durch eine geistige Auseinandersetzung mit dem Anderssein die Norm besser verstehen zu können. Dieser Denkansatz beinhaltet eine ähnliche post-hegelianische Dialektik, wie sie bei Karl Rosenkranz beschrieben wurde, indem das Ungewöhnliche, Absonderliche oder Widersinnige zu einer tieferen Wahrnehmung der Normalität und des Alltags führen kann.

Trotz der besonderen kunsttheoretischen Aufmerksamkeit, die das Readymade genießt, handelt es sich dabei um eine recht extreme und auch eher seltene Kunstform. Daher lässt sich generell feststellen, dass in den meisten zeitgenössischen Kunstwerken beide zentrale Komponenten, Inhalt und Darstellung, also ästhetische wie gedankliche Aspekte aufzufinden sind. Das Streben nach einer Mischung von Aussage und Ausdrucksform prägt auch heute noch die Perspektive des Künstlers und sein Werk. Doch die Kunstentwicklung bis hin in das 21. Jahrhundert ist gekennzeichnet von einem höheren Maß an Komplexität. Dies spürt natürlich insbesondere der Betrachter, der zunehmend mehr Hintergrundinformationen braucht, um sich mit Werken auseinandersetzen zu können. Die Kunst muss erst einmal wahrgenommen und dann „gelesen" werden. Sie bedarf einerseits einer Bereitschaft des Betrachters, sich auf das Werk einzulassen, benötigt jedoch zusätzlich ein gewisses Maß an geistiger „Kopfarbeit", um entziffert und interpretiert werden zu können. Die Kenntnisse des Betrachters spielen demnach eine wichtige Rolle, denn das Wissen und die Erfahrung gehen in den Betrachtungsprozess mit ein und ermöglichen, dass bei der Auseinandersetzung mit einem Werk sich die Wahrnehmung verändern und vertiefen kann. Die Beschäftigung mit einem Werk besteht also aus einem Zusammenspiel der Emotionen und Gefühle einerseits und einer empirisch geprägten Analyse andererseits. Eine Verknüpfung dieser gegensätzlichen Verarbeitungsprozesse bietet nicht nur neue Erfahrungswerte, sondern auch die Freude und den Genuss an der geistigen Herausforderung.

1.8 Bildwelten & Medienrealität

1977 fand in der alternativen Galerie „Artist's Space" in Soho, New York, eine nicht weithin bekannte, doch recht bedeutende Ausstellung unter dem Titel „pictures" statt. Teilnehmer dieser Veranstaltung waren unter anderem *Richard Prince*, *Cindy Sherman*, *Barbara Kruger* und *Robert Longo*; eine Gruppe von Künstlern, die daraufhin mit dem Namen „The Pictures Generation" bezeichnet wurde. Wie wichtig unter kunstgeschichtlichen Aspekten diese Generation wurde, zeigte die in 2009 im Museum of Modern Art präsentierte Ausstellung „The Pictures Generation: 1974 – 1984". Trotz konzeptioneller Gemeinsamkeiten wurden die präsentierten Künstler, zu denen auch *David Salle, Sherrie Levine* und *Louise Lawler* zählten, nicht als „Bewegung" betrachtet, sondern eher als individuelle Künstler, die sich durch ihre eigenen Positionen und Arbeitsmethoden auszeichneten. Diese Gruppe der Künstler entstammte einer Generation, die mit den Massenmedien, mit Film und Fernsehen aufgewachsen war und sie als Konzeptkünstler verband. Ihr künstlerischer Ansatzpunkt war somit die Verarbeitung einer Bilderwelt und der dazugehörenden Medienrealität. Fragen über Identität, Sexualität und Politik wurden über das Material der Presse, Werbung und Fernsehen aufgegriffen. Doch anders als bei der Pop Art und der Collagekunst eines *Richard Hamilton* oder *Robert Rauschenberg* wurden die Techniken der Fragmentierung und Verzerrung nicht genutzt, sondern ähnliches Grundmaterial der Massenmedien in direkter Form der grafischen Reproduktion oder Re-Fotografie „recycelt". Diese Art der Kunstproduktion bedeutete einen konzeptionellen Angriff auf alles, was vorher gut und heilig war; die Innovation, den individuellen Ausdruck und die künstlerische Handschrift. Das Konzept hinter dieser schonungslosen und kaum veränderten Verwertung existierender Bilder, deren Schaffensweise auch unter dem Begriff „Appropriation Art" bekannt ist, war der gesellschaftliche Umgang mit Bildmaterial, wobei unter „Bildern" nicht nur Fotografien oder Werbeposter, sondern auch Werke anderer Künstler, gemeint waren. Die Picture-Generation forderte somit durch ein hohes Maß an Reproduktion in ihren Kunstwerken eine besonders kritische Analyse und Sichtweise gegenüber existierenden Medienbildern heraus.

Diese Art der Kunst, weitläufig geprägt durch die Reproduktion, Verarbeitung, Reflektion und dem Abwenden von einem Anspruch, „die Welt durch Kunst verändern zu wollen", wird generell als die „Postmoderne" bezeichnet und umfasst nicht nur die Fotografie, sondern sämtliche weitere Medien und Techniken. So gehören sowohl Gemälde wie auch Objekte und Installationen von Künstlern wie *Martin Kippenberger*, *Jeff Koons* oder *Rosemarie Trockel* zu dieser Stilart. Interessant an der postmodernen Kunst ist ihr grundsätzliches Paradox. Einerseits kritisiert sie bestehende Normen der Gesellschaft, doch die visuellen Mittel, die sie zu dieser Auseinandersetzung nutzt, sind genau dieselben, die von der Wirtschaft, der Politik, den Massenmedien und der vorhergegangenen Kunst zur Verbreitung der in Frage gestellten bürgerlichen Regeln und Werte angewandt werden. Durch die Form der „Reproduktion" soll in erster Linie eine besondere Aufmerksamkeit auf das Thema der Werbung, der Verbreitung von Bildern und der Manipulation, als Träger existierender Werte und Positionen in der Gesellschaft hingewiesen werden. Doch ist es möglich, eine kritische Haltung gegenüber einem visuell geprägten Themenbereich einzunehmen, indem man sich einer nur gering abgewandelten Bildsprache bedient?

Auf einer breiteren Betrachtungsweise lässt sich die Kunst der Postmoderne und die Gegenwartskunst als Spiegelbild der gesellschaftlichen und besonders der wirtschaftlichen Entwicklungen beschreiben. Das seit den späten 1970er Jahren zunehmende neo-liberale Wirtschaftsethos wird auch in der Kunst durch einen ausgeprägten Individualismus und wachsenden Pluralismus reflektiert, denn es gibt seitdem weniger künstlerische Gemeinsamkeit, Solidarität, Programme und Ismen, dafür jedoch bedeutend mehr Kunstschaffende. Kommerz, Wettbewerb und Leistungsdruck führten auch im Bereich der Kunst zu einem Spannungsfeld zwischen Anpassung und Widerstand, das heute insbesondere die überregionalen Aspekte des Kunstbetriebes prägt. Als treffendstes Beispiel dieser Entwicklungen gelten die „Young British Artists" (YBAs), die sich noch als Studenten des Goldsmiths College durch ihre autonome Ausstellung „Freeze" in 1988 mit Künstlern wie *Damien Hirst*, *Sarah Lucas*, *Gary Hume* oder *Michael Landy*, von der kommerziellen Kunstwelt abgrenzen wollten, doch letztlich von Sammlern und dem Kunstmarkt zu Medienstars aufgebaut wurden und zu Millionären aufstiegen.

Eine Thematik, die viel Ähnlichkeit mit den Fragestellungen der Picture-Generation aufweist und als postmodernes Phänomen gilt, ist das Verhältnis zwischen den beiden Kommunikationsmedien Kunst und Fernsehen. Dieser Fragestellung wurde 2010 im Museum Moderner Kunst in Wien eine originelle Ausstellung gewidmet, die unter dem Titel „Changing Channels" lief und Entwicklungen von 1963-1987 verfolgte. Besonders die früheren Videowerke von *Nam June Paik* und *Wolf Vostell* waren noch Ausdruck einer kritischen Haltung gegenüber dem Massenmedium Fernsehen. Ebenso lässt sich das Werk „The Eternal Frame" einordnen, in dem *Ant Farm* die Erschießung John F. Kennedys als Film nachdrehte. Andere Künstler bedienten sich jedoch des Fernsehens als gesellschaftlich legitimierte Kommunikationstechnik, wie etwa *Gerry Schum*, der in seiner „Fernsehgalerie" diverse Aktionen und Performances seiner Zeitgenossen darstellte. Auch *Andy Warhol* nutzte das Medium in seinen zwischen 1979 und 1987 gesendeten Serien „Andy Warhols TV" oder „Andy Warhols Fifteen Minutes", ebenso wie *Joseph Beuys* mit seinem Pop-Video „Sonne statt Reagan" für Kontroverse in der Kunstwelt sorgte. Auch die in 2002 „live" gesendete Leichensezierung von *Gunther von Hagen* im englischen Fernsehen lieferte Zündstoff zu einer Debatte und Fragestellung, inwieweit die Arbeit des „Plastinationsprofessors" als Medienspektakel ins Fernsehen gehört, geschweige denn als Kunst zu betrachten ist.

1.9 Zeit & Raum

Die Thematik der räumlichen Kontextveränderung im Rahmen von Kunstobjekten, wie die in Kunsträumen präsentierten Readymades oder Installationen, ist schon aufgezeigt worden. Nun sollen weitere Kunstgattungen erwähnt werden, die sich einerseits dadurch auszeichnen, dass sie zwar auch auf dem Konzept der räumlichen Kontextveränderungen beruhen, doch keinen konkreten Kunstraum benötigen. Andererseits spielt der Faktor Zeit eine wichtige Rolle in diesen Kunstformen, die weitgehend in den 1960ern begannen, doch auch bis heute in zunehmendem Maße ihre Ausdrucksformen finden.

Zu den wichtigsten Kunstgattungen, die sich mit Außenräumen und dem zeitgebundenen Thema der Vergänglichkeit befassten, zählt die „Land Art", oder eine Variante dazu, die „Natur-Kunst". Besonders Künstler, wie *Richard Long* oder *Andy Goldsworthy*, sind bekannt für ihre „temporären" Skulpturen in der freien Landschaft, die meistens wieder von der Natur zerstört wurden und demnach nur in Form von Fotografien oder Filmaufnahmen dokumentiert sind. Häufig konzipiert als Kritik an der artifiziellen Kunst in Kunsttempeln, nutzen diese Künstler den Bezug zur Landschaft oder der Natur, um ein alternatives Kunsterlebnis zu ermöglichen. Es gibt auch langfristige Land Art Projekte, wie etwa die „Kunstweinberge" des Künstlers und Winzers *Rainer Hess*. Durch die „kompositionelle" Auswahl und Positionierung der Rebstöcke bestückt er seine Weinhänge mit unterschiedlich farbigen Mustern und bietet somit während der Sommer- und Herbstmonate ein äußerst originelles Naturkunstwerk.

Die Land Art wirft allerdings gelegentlich die interessante Frage auf, inwiefern ein Kunstwerk als solches tatsächlich erkennbar sein muss? So besteht zum Beispiel die „Remagener Arbeit" des Künstlers *Peter Hutchinson* aus Bepflanzungen auf einem Wiesenstück am Ufer des Rheins, die im Jahr 2001 durch eine Performance mit einem geworfenen Seil bestimmt worden waren. Passanten würden diese „Bodenarbeit" jedoch heute nicht als Kunstwerk erkennen, wenn nicht ein Informationssockel darauf hinweisen würde. Dadurch, dass nur diese Auskunft eine Bestätigung des Werkes bietet, muss der Sockel als integraler Bestandteil des gesamten Kunstwerkes betrachtet werden.

Eine zweite Variante der Kunst, die durch die Thematik „Zeit und Raum" geprägt wird, ist die Performance- oder Aktionskunst. In dieser Gattung werden keine oder nur gelegentlich physische Objekte geschaffen, die dann jedoch eher als Nebenprodukt und Dokumentation der Aktion zu verstehen sind. Das Genre der Performance reicht weit in die Gattung der darstellenden Kunst und Musik hinein, denn es bietet Künstlern die Möglichkeit, ihren Körper, sowie verbale, musikalische oder schauspielerische Ausdrucksformen einzusetzen, um Ideen und Emotionen zu vermitteln oder Assoziationen hervorzurufen. Zentrale Eigenschaften dieser Aktionen sind ihre zeitliche Begrenzung und das Fehlen jeglicher räumlicher Einschränkungen. Performances können in Museen und Galerien, doch ebenso auf der Straße und an den ungewöhnlichsten Orten stattfinden.

Unter „Fluxus", „Happening" oder „Aktionskunst" bekannt, war in den 1960ern die Performance eine Protestform gegen den herkömmlichen Begriff des Kunstwerkes und stellte ausschließlich die künstlerische Grundhaltung der Kreativität in den Vordergrund. Zu den Vorläufern und Wegbereitern der Performancekunst zählen Künstler und Künstlerinnen, wie *Yves Klein, Allan Karpov, Joseph Beuys, Wolf Vostell, Valie Export* und *Yoko Ono*. Zur frühen Garde der Performancekünstler gehören auch die Wiener Aktionisten, deren herausragende Figuren *Günter Brus, Otto Muehl, Hermann Nitsch* und *Rudolf Schwartzkogler* waren. Zu den zeitgenössischen Vertretern dieser Gattung lassen sich *Marina Abramovic, Jonathan Meese* und *Boris Nieslony* zählen.

Die Vielschichtigkeit und interdisziplinäre Grundhaltung der Performancekunst wird besonders in den Aktionen der Künstlergruppe *UnderDogs*, vertreten durch *Gregor Bendel* und *Rolf Haberl*, deutlich. Ihre visuellen Installationen und Videos, verknüpft mit improvisierten Performances aus Tonklängen und sprachlichen Monologen, bieten ein multidimensionales Spektakel, das immer den direkten Kontakt mit den Zuschauern sucht. Etwas kontrollierter, aber ebenfalls innovativ, sind die Auftritte des Österreichers *Götz Bury*. Mit seiner alternativen „Kochshow" fasziniert er die Besucher, indem er die Welt der Fernsehköche karikiert und gleichzeitig die existentiellen Nöte eines wachsenden Prekariats aufzeigt, sowie mit „günstigen Kochrezepten" sarkastische Lösungen vorschlägt. Neben dem amüsanten Auftritt des Künstlers sind es die selbstgebastelten Kochutensilien und Kostproben, die letztlich auch als „Endprodukte" zu betrachten und zu schmecken sind.

Die räumliche Ungebundenheit und die Vergänglichkeit der Zeit wird besonders deutlich in den Aktionen des belgischen Künstler *Francis Alÿs*, der durch seine „Spaziergänge" in Mexiko City bekannt geworden ist. In einer dieser Aktionen unterstrich er das Thema der Kurzlebigkeit, indem er einen Eisblock so lange durch die Stadt schob, bis dieser geschmolzen war. Im Gegensatz dazu können Aktionen auch als Langzeitprojekte konzipiert werden. Die Künstlerin *Karin Meiner* führt zum Beispiel über Jahre hinweg ein Projekt durch, in dem sie Personen die Frage „Was ist Kunst?" stellt. Kurze Stichworte werden als Antwort auf ein Blatt Papier geschrieben und zusammen mit dem Befragten fotografiert. Diese Aktion hat, anders als die meisten Performances, ein Endprodukt, nämlich das entstandene Archiv der Fotografien. Eine konzeptionell ähnliche Verknüpfung von Performance und dem Gestalten eines physischen Kunstwerkes findet man auch bei den „Schießaktionen" von *Niki de St. Phalle*. In den späten 1950ern widmete sie sich der Performancekunst und schoss während ihrer Aktionen mit einem Gewehr auf Leinwände, auf denen Spraydosen und Farbbeutel angebracht waren. Durch die Schüsse und das Verspritzen der Farben entstanden somit ihre vom Zufall geprägten „Schießbilder".

1.10 Aktion & Akteure

Besonders im Zusammenhang mit der Aktionskunst stellt sich häufig die Frage, inwieweit die Persönlichkeit des Künstlers selber zum Kunstwerk werden kann? Das Künstlerpaar *Gilbert und George* ist in den frühen 1960ern schon durch ihre „living sculptures" bekannt geworden, in denen sie sich in Galerien und Museen aufstellten und sich selber als Kunstwerk präsentierten. Zu den Markenzeichen ihres lebenden Kunstwerkes gehörte, dass sie immer die selben Anzüge trugen, sich wie Zwillinge präsentierten und somit die Thematik der Autorenschaft in Frage stellten. Ebenso haben Aktionskünstler, wie *Günter Brus* oder *Valie Export*, ihren Körper als „Body Art" eingesetzt, um durch die Mittel von Schock und Ekel die Denkgewohnheiten des Betrachters aufzubrechen. Zu den wichtigen Vertretern der Body Art gehört auch *Marina Abramovic*, die neben ihren spektakulären selbstzerstörerischen Aktionen auch das Medium Videokunst eingebunden hat.

Die schillerndsten Beispiele für Künstler als selbstinszinierte „Kunstwerke" sind *Joseph Beuys* und *Andy Warhol*, deren „Werke" vielerseits mehr durch ihr persönliches Auftreten und Ablehnung der künstlerischen „Einzigartigkeit" ausgezeichnet werden, als für ihre hinterlassenen Artefakts. Es war *Joseph Beuys*, der nicht nur als Person häufig im Rampenlicht stand, sondern auch mit seinem Konzept des „erweiterten Kunstbegriffs" den Rahmen des gängigen Verständnisses von Kunst sprengte. Seine humanistisch-geprägte These „Jeder Mensch ist ein Künstler" beruht auf einer Ablehnung einer traditionellen Bezeichnung des „Künstlers", doch sie wird größtenteils nur als

„künstlerische Theorie" aufgefasst. In der Realität betrachten sich Menschen, die gemeinnützig arbeiten und sich dem Wohl der Gesellschaft verschreiben, nicht unbedingt als „Künstler"; sie werden auch weder vom Kunstbetrieb noch von der Gesellschaft insgesamt als solche wahrgenommen.

Ähnlich wie *Beuys* lässt sich *Andy Warhol* in die Kategorie der Künstlerpersönlichkeiten als Kunstwerk einordnen. Obwohl es die Siebdrucke sind, die unter seinem Namen laufen und in sämtlichen Museen sein Oeuvre bekunden, wird sein Beitrag zur Kunst von vielen Kritikern darin gesehen, dass er mit seiner „factory" ein Umfeld geschaffen hat, das vor Kreativität und vielfältigen Aktionen nur so sprudelte. Durch *Warhol* entstand die legendäre Rockgruppe „Velvet Underground"; es wurden experimentelle Filme gedreht und seine „Fabrik" galt als innovative Spielwiese und Arbeitsstätte für viele Weggefährten. Seine regelmäßige Anwesenheit bei den Partys der „Berühmten, Schönen und Reichen" in New York machte ihn zu einer Ikone des Nachtlebens. Auch das Überleben eines Attentates auf ihn trug zu der mysteriösen Aura seiner Persönlichkeit und zu seiner Anerkennung als „eigenes Kunstwerk" bei. Somit zählt *Warhol* zu einer zentralen Person der Postmoderne, da er sich ähnlich wie *Beuys* von dem Begriff des Künstlers als Urheber seines Schaffens verabschiedete.

Als drittes Beispiel zur Thematik „Künstler als Kunstwerk" sollte die englische Künstlerin *Tracey Emin*, Mitglied der „Young British Artists" (YBAs), genannt werden. Ihr Werk konzentriert sich weitgehend auf ihre Autobiographie, was ihr den Professorentitel der Schweizer European Graduate School in Saas-Fee für das Fachgebiet einer neuen Kunstgattung „Confessional Art" einbrachte. Auf Grund einer Retrospektive in 2009 im Kunstmuseum Bern wird heute noch diskutiert, ob und wieweit *Emin* tatsächlich durch ihre Selbstinszenierungen kunstgeschichtlich zwischen *Warhol* und *Beuys* einzuordnen sei.

Wenngleich der Betrachter von Kunstwerken meist eine passive Haltung einnimmt, kann argumentiert werden, dass er als indirekter Kommunikationspartner des Künstlers immer eine gewisse partizipatorische Rolle zugewiesen bekommt. In einigen Fällen kann ihm jedoch eine direkte Aufgabe zufallen, die ihn selber zum Bestandteil des Kunstwerkes macht. So wird in der Gattung des Readymade das alltägliche Objekt erst dann zum Kunstwerk, wenn der Betrachter sich bereit erklärt, es „mit anderen Augen" als Kunstwerk wahrzunehmen. Durch sein gedankliches Umdefinieren eines alltäglichen Gegenstandes als ästhetisches und geistiges Kunstwerk nimmt der Betrachter implizit an dem Schaffensprozess teil und wird somit konkreter Bestandteil des Werkes. Neben diesem klassischen Fall lassen sich viele weitere Beispiele aufzählen, in denen Künstler explizit den Betrachter als aktiven Teilnehmer in ihre Kunstwerke aufnehmen. Das Künstlerbuch oder Leporello, wie etwa die „Klappbilder" des Künstlers *Kurt Kranz*, könnten in diesem Sinne verstanden werden, denn anstatt eine passive Rolle einzunehmen, erlauben diese darstellerischen Formen dem Betrachter durch aktives Blättern und Hantieren, sich das Werk zu erschließen. Ähnlich interaktiv sind einige der kinetischen Objekte des englischen Künstlers *Tim Lewis*. Durch das manuelle Drehen an Kurbeln, kann der Betrachter mechanische Bewegungen in Gang setzen, die bei den Werken zu amüsanten visuellen Überraschungen führen.

Die partizipatorische Teilnahme des Betrachters an einem Kunstwerk kann besonders in der Performance Kunst leicht ermöglicht werden. Eine kreative Variante bot 1971 eine Gruppe engagierter Kunstschüler, zu der auch der Künstler *Unbe Kant* gehörte, die an einer groß angelegten Anti-Vietnamkrieg Kunstaktion im Rockwell Park, Washington D.C. teilnahm. Als eine von vielen Happenings luden sie die an ihrem Stand vorbeigehenden Passanten ein, sich wie verletzte Personen Binden anlegen zu lassen und diese mit roter Farbe zu beflecken. Nach einigen Stunden befand sich unter der Besuchermasse eine ungewöhnlich hohe Anzahl an Menschen, die mit schweren Kopf- und Körperverletzungen das Parkgelände durchquerten, um sich die weiteren Kunstaktionen anzuschauen oder an ihnen teilzunehmen. Angelehnt an die Thematik des Vietnamkrieges, entstand langsam das Bild eines Schlachtfeldes. Obwohl das Konzept und die Urheberschaft dieser Aktion bei den Jugendlichen lag, wurde der Betrachter nicht nur zum Mitkünstler, da er die Platzierung und Gestaltung der „Wunden" selber bestimmen konnte, sondern auch Teil eines Gesamtkunstwerkes.

Eines der spektakulärsten zeitgenössischen Kunstwerke, in denen der Betrachter zum „Mitspieler" wurde, ist das „Weather Projekt", das von *Olafur*

Eliasson 2003/04 in der Londoner Tate Gallery installiert wurde. Eine große Lichtscheibe sorgte nicht nur für eine ungewöhnliche Beleuchtung in der riesigen „Turbine Hall", sondern der Betrachter konnte auf dem Boden liegend auch sich und alle anderen Besucher auf Spiegeln, die an der Decke angebracht waren, wiedererkennen. In dieser fantastischen Installation wurde der Betrachter in sehr origineller Weise zu einem wichtigen Bestandteil des Kunstwerkes.

Wenn der Betrachter als Mitspieler einer prozesshaften Kunstaktion eingebunden werden kann, stellt sich die Frage, ob nicht sogar außenstehende Personen sich zu einem gemeinsamen Kunstprojekt zusammenfinden können. Solch eine Kunstperformance wurde 2010 von der Künstlerin *Karin Meiner* und dem Künstler *Unbe Kant* in Form eines Gastmahls ausgeführt. Nach dem Vorbild des platonischen Symposions bestand das Grundkonzept dieser Aktion aus dem Einnehmen sowohl materieller, wie auch geistiger „Nahrung". Knapp fünfzig geladene Gäste, die fast alle im Kunstbetrieb, also in der Gestaltung, Vermittlung und Verwaltung von Kunst tätig waren, diskutierten beim Verzehr von Brot und Wein die Rolle von Kunst in der Gesellschaft. In dieser Aktion wurde die Idee des Dialoges und der Kommunikation als Kunstmotiv wörtlich und direkt aufgegriffen und umgesetzt, so dass nur das Dabeisein und der Diskurs der Teilnehmer als „Kunstwerk" bezeichnet werden konnte. Bis auf Wortfragmente und Skizzen, die während des Gastmahles auf die Tischdecken geschrieben worden waren, blieb kein konkretes Objekt oder „Ergebnis" der Aktion als Dokumentation übrig; was im Nachhinein blieb, waren die Erinnerungen der Teilnehmer. Dieses Beispiel zeigt nicht nur, inwieweit „Nicht-Künstler" zu „Künstlern" werden können, sondern auch, wie weit sich der Begriff des „Kunstwerkes" mittlerweile dehnen lässt und die Bedeutung diverser Kontexte zu einer erweiterten Definition von Kunst beiträgt.

Auf die Rolle des Kunstraumes als integraler Bestandteil gewisser Kunstwerke wird später genauer eingegangen, doch schon hier darf die Frage gestellt werden, ob oder in welchem Maße das „Bespielen" einer von Künstlern betriebenen Produzentengalerie als „Kunstaktion" oder „Kunstwerk" bezeichnet werden kann? Umgekehrt formuliert, inwieweit mag der Betreiber eines Kunstraumes als „Künstler" gedeutet werden? Trifft das Argument zu, dass er durch seine kuratorische und vermittelnde Arbeit nicht nur einen kreativen und womöglich „künstlerischen" Beitrag leistet, sondern auch den „neuen" postmodernen Künstler verkörpert, der nahtlos gestalterische Arbeit mit wirtschaftlichen und gesellschaftspolitischen Aspekten vereint?

1.11 Gestern & Heute

Ein kritisches Element in der Betrachtung und Bewertung von Kunst ist der Faktor „Zeit", ein Aspekt, der die drei Dimensionen der Vergangenheit, Gegenwart und Zukunft beinhaltet. Wann lebte und schuf der Künstler ein Werk? Wann wird dieses Werk betrachtet und beurteilt? Über die Kunst, die in der Vergangenheit entstanden ist, liefert die Kunstgeschichte den „späteren" oder heutigen Betrachtern eine Vielfalt von Hintergrundinformation zur Biographie des Künstlers, sowie die Umstände seiner damaligen Gegenwart, um Verständnis und Einfühlungsvermögen zu fördern. Ein wichtiger Gesichtspunkt besteht darin, dass Kunst der Vergangenheit heute mit anderen Augen wahrgenommen wird als zur Zeit ihres Entstehens. Betrachtung und Bewertung von Kunst liegt demnach auf einer Zeitachse, auf der verschiedene Reaktionen zu verschiedenen Zeitpunkten möglich sind, wobei der Kunstgeschichte die Aufgabe zufällt, sich der historischen Entwicklungen anzunehmen und die Kategorisierung in Kunstepochen und Kunststile auszuarbeiten.

Die Kunst der Vergangenheit hat somit eine konkrete Geschichte der Wahrnehmung, Erkenntnis und Analyse, ein Sachverhalt, der für die Gegenwartskunst nicht in dem Ausmaße zutrifft. Kunst, die heute von lebenden Künstlern gestaltet wird, ist nur eine Momentaufnahme, die noch keine deutliche Geschichte und Überarbeitung aufweisen kann und daher auch eher in das Gebiet der Kunstkritik als das der Kunstgeschichte fällt. Trotzdem hat auch die Kunst von heute immer einen Bezug zur Vergangenheit. Zeitgenössische Kunst mag programmatisch vergangene Stile und Konzepte erweitern oder sich absichtlich von Vergangenem abgrenzen. Dabei geht es nicht nur um formalistische Stiländerungen, sondern auch um inhaltliche und gedankliche Thematiken, die als zeitlicher Kontext in jegliches Kunstwerk einfließen. Beim Betrachten und besonders beim Beurteilen von Kunst muss also immer die Zeit vor und während des Entstehens des Werkes mitberücksichtigt werden. Die Kunstgeschichte bietet somit der Wahrnehmung und Beurteilung von Kunstwerken, die sowohl in der Vergangenheit, als auch in der Gegenwart entstanden sind, wichtige formale und inhaltliche Zusammenhänge.

Auch wenn die Kunstgeschichte eine zentrale Rolle in der Wissensbildung und Wahrnehmung von Kunst spielt, weist sie ein interessantes Problem auf. Ihre Methodik beruht auf der Bestimmung zeitlicher Kategorisierung und Begrifflichkeiten, die im Rahmen einer historischen Betrachtungsweise oder eines wissenschaftlichen Kontextes Sinn macht, da sie in der Lage ist, aus einer enormen Informationsfülle Ordnung zu schaffen. Die entstandenen Definitionen können jedoch auch zu Konflikten mit der aktuellen Realität führen. Besonders problematisch sind in diesem Zusammenhang die zeitbezogenen Begriffe der „Gegenwartskunst" und „zeitgenössischen Kunst", die sich mit alternativen, kunsthistorisch anerkannten Perioden überschneiden und somit zu Missdeutungen führen können.

Über die Bezeichnung und Datierung der „Moderne" herrscht, zumindest im deutschsprachigen Raum, recht wenig Kontroverse, da die Klassifizierungen der Frühmoderne, klassischen Moderne und Nachkriegsmoderne, die von 1945 bis ungefähr 1970 reicht, eine relativ breite wissenschaftliche Anerkennung findet. Auch die Bezeichnung, Charakterisierung und Datierung der „Postmoderne" wird heute von einem breiten Konsens getragen, da sie nicht nur als Bruch mit den Idealen der Moderne verstanden wird, sondern auch als soziokulturelle Entwicklung, die mit einer wachsenden Kommerzialisierung der Gesellschaft eng verknüpft ist. Die Schwierigkeit mit der Klassifizierung von „Gegenwartskunst" äußert sich demnach schon in dem englischen Begriff „contemporary art", der die Kunstentwicklungen nach der klassischen Moderne ab 1945 beschreibt. Da im deutschen Sprachraum die Epoche der Moderne einen verlängerten Zeitrahmen bis über die Nachkriegszeit hinaus umfasst, wird hier der Beginn der „Gegenwartskunst" etwa mit dem Anbruch der „Postmoderne" während der späten '60er oder frühen '70er bestimmt.

Warum spielen solch theoretische Überlegungen und die Thematik der Formulierung von Begrifflichkeiten eine Rolle? In der reellen Kunstwelt und breiten Öffentlichkeit, abseits der kunsthistorisch ausgerichteten Institutionen, wird „gegenwärtig" und „zeitgenössisch" im Sprachgebrauch als „heute" betrachtet. Die kunsthistorische Praxis, einen Zeitablauf im Fachjargon mit Begriffen zu bestücken, die im alltäglichen Umgang einen anderen Sinn ergeben, mag zwar aus wissenschaftstechnischen Gründen legitim sein, doch im aktuellen Kunstgeschehen haben solch unangemessene Definitionen konkrete Auswirkungen.

Das Grundproblem besteht darin, dass die Werke heute lebender und schaffender Künstler keinen eigenen und unverwechselbaren Zeitbegriff zugewiesen bekommen. Wenn die Gegenwartskunst etwa 1970 beginnt, dann zählen heute schon sämtliche verstorbene Künstler als „zeitgenössisch", ein Konzept, das zur Absurdität führt, wenn man dies auch noch im Jahr 2070 aufrecht erhalten wollte. Diese begriffliche Mehrdeutigkeit hat jedoch praktische Auswirkungen, besonders im heutigen Ausstellungsbetrieb. Gibt es Galerien oder Museen für „lebende" oder „aktuelle" Künstler"? Manchmal wird von „junger Kunst" gesprochen, doch auch dies trifft nicht immer zu, wenn aktive Künstler sich in hohem Alter befinden. Heute lebende und arbeitende Künstler müssen also ihre Bezeichnung mit verstorbenen „Klassikern" teilen, ein Tatbestand, der besonders im Kunstmarkt und den sich daran orientierenden Institutionen meist zu einer Unterbewertung und fehlenden Anerkennung der breiten aktuellen Künstlerschaft führt. Wenn demnach ein Kunstraum für Gegenwartskunst die Auswahl für die Gestaltung einer Ausstellung zwischen Werken des lebenden Künstlers *Unbe Kant* oder des 1977 verstorbenen *Blinky Palermo* zu treffen hat, wen wird der Kurator bei gleichem Qualitätsstand wohl vorziehen? Das Problem liegt in diesem Falle nicht nur beim Kurator selber, sondern bei der begrifflichen Grundlage dessen, was er unter Gegenwartskunst verstehen darf und den Auswahlmöglichkeiten, die ihm durch die ungenauen Bezeichnungen eingeräumt werden. Wie in der späteren Beschreibung des Kunstbetriebes konkreter argumentiert werden soll, kann diese von den Kunsthistorikern überkontextualisierte Fehlbenennung der alltäglichen Bedeutung von „gegenwärtig" und „zeitgenössisch" zu einer verzerrten Wahrnehmung der aktuellen Künstlerschaft seitens der wichtigen Institutionen des Kunstsystems führen.

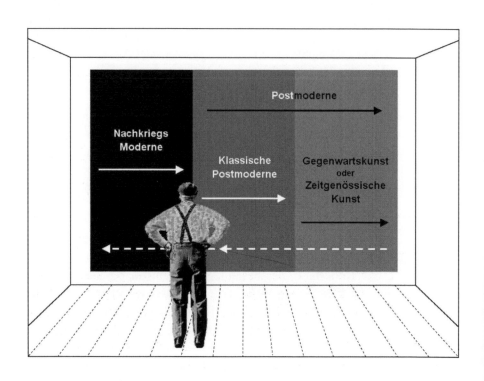

Zeitkonzept Nr. 45
Digitaldruck auf Pappe, 2010

Unser Hauskünstler *Unbe Kant* hat sich in seinem Werk „Zeitkonzept Nr. 45" der Kunstbestimmung nach 1945 gewidmet und als zeitgenössischer Künstler aus seiner „Notlage" heraus sich mit der eigenen Problematik und der Situation seiner vielen unbekannten und heute lebenden Künstlerkollegen beschäftigt. So bejaht er die Klassifizierung der Postmoderne, sowie sämtliche Stilrichtungen, die in diesem Text schon entwickelt wurden, doch er schlägt eine programmatische Trennung zwischen verstorbenen und lebenden „zeitgenössischen" Künstlern vor. Vor diesem Hintergrund entwickelt er die Bezeichnung einer „klassischen Postmoderne" für verstorbene Künstler. Nicht nur bieten ihre Oeuvre einen zeitlichen Rahmen zur historischen Bearbeitung und Bewertung, eine derartige Umbenennung schafft auch übersichtlichere Grundlagen für die Formulierung von Ausstellungskonzepten öffentlicher Kunsträume. Aus dieser neuen Begriffsbildung folgt zwangsläufig eine klare Definition der „Gegenwartskunst" und „zeitgenössischen Kunst" als ausschließlich „Kunst lebender Künstler". *Unbe Kant* beschreibt demnach mit seiner Begriffsänderung nicht nur seine eigene Situation als lebender Künstler, sondern die der gesamten, heute aktiven und größtenteils „unbekannten", Künstlerschaft.

Jegliche Klassifizierung birgt natürlich ihre Probleme und dementsprechend relativiert *Kant* sein Konzept der Gegenwartskunst durch die Möglichkeit, dass die Werke eines lebenden Künstlers in hohem Alter auch als Klassiker der Nachkriegsmoderne oder zumindest in die Rubrik der „klassischen Postmoderne" eingeordnet werden können. Dem zeitgenössischen Künstler dürfen also rückwirkend alternative Klassifizierungen zugewiesen werden, doch umgekehrt sollte, nach *Kants* Vorschlag, ein verstorbener Künstler grundsätzlich nicht als „Gegenwartskünstler" bezeichnet werden. Auch dem Kunstpublikum würde durch eine unzweideutige Begriffsbestimmung ein höheres Maß an Transparenz geboten, da ein Ausstellungsraum, der sich „zeitgenössisch" nennt, auch tatsächlich nur „Gegenwartskunst" lebender Künstler präsentieren sollte. Eine klare Anerkennung und Wahrnehmung der jeweils aktuellen Kunstszene bedeutet eine große Herausforderung für wichtige Bestandteile des Kunstbetriebes, in denen gerne Lippenbekenntnisse zur Förderung „junger Künstler" geäußert, doch im Zweifelsfalle kommerzielle Aspekte die Überhand gewinnen und für Ausstellungszwecke schließlich doch die verstorbenen „Klassiker" der aktuellen Künstlerschaft vorgezogen werden.

In diesem Zusammenhang könnte auch der dehnbare Begriff „moderne Kunst" eine konkrete Beutung erhalten, denn im gewöhnlichen Wortgebrauch wird er meist als „zeitgenössische" Kunst verstanden. Doch besonders durch den kunsthistorischen Kontext macht es Sinn, die „moderne Kunst" in einem breiteren Zeitrahmen zu verstehen und die Stilrichtungen und Werke, die über die Zeitabläufe der verschiedenen Entwicklungen der Moderne und Postmoderne von etwa Mitte des 19. Jahrhunderts bis heute entstanden sind, so zu bezeichnen.

1.12 Kunst & Funktionalität

In den oben beschriebenen Abschnitten wurde versucht, einige Entwicklungen und Konzepte von Kunstformen des 20. Jahrhunderts anhand bedeutender Merkmale zu skizzieren. Doch um genauere Eindrücke zu gewinnen, ist es meist hilfreich, sich einige „Grenzfälle" anzuschauen, da diese nicht nur gewisse Sonderheiten der Kunst beschreiben, sondern auch aufschlussreiche Fragen aufwerfen. So wird beispielsweise in Rahmen der Frage „Was ist Kunst?" viel darüber gestritten, was als Kunst und was als Handwerk zu bezeichnen ist. Lässt sich das Design eines Möbelstückes oder einer Lampe als Kunst definieren? Ab wann können Wandbehänge, Quiltdecken oder Patchwork-Arbeiten als Kunstwerke betrachtet werden? Diese Fragen greifen deswegen Grenzfälle auf, weil besonders Kunstexperten sie entweder scheuen oder nur zögerlich beantworten. Es handelt sich hier meist um Werke der sogenannten „angewandten Kunst", also einer Gattung, die sich erstmal von der bildenden Kunst unterscheidet.

Unter den Begriff „angewandte Kunst" fällt sowohl die Herstellung von Gebrauchsgegenständen mit künstlerischem Anspruch, das Kunstgewerbe, wie auch Objekte, die als Kunstgegenstände betrachtet werden und somit auch unter Gebrauchskunst oder dekorative Kunst geführt werden. Besonders im 19. Jahrhundert sind eine Reihe von Museen für Angewandte Kunst (MAKs) entstanden, um diese Gattung des künstlerischen Schaffens der Öffentlichkeit zugänglich zu machen. So finden sich zum Beispiel MAKs in Frankfurt, Köln und Wien, sowie das Victoria & Albert Museum (V&A) in

London. Ursprünglich wurden die Gattungen der Gebrauchskunst als Handwerk betrachtet (engl. „crafts") und von der bildenden Kunst (engl. „fine arts") getrennt. Doch schon Mitte des 19. Jahrhunderts begann eine Veränderung durch das Arts & Craft Movement in England, eine Gruppierung, die sich dem Produktdesign mit künstlerischen Qualitäten widmete und somit schon eine Synthese zwischen Kunst und Handwerk herstellte. Diese Entwicklung setzte sich in weiteren Bewegungen, wie dem Jugendstil, Wiener Sezession und Wiener Werkstätte, sowie dem Deutschen Werkbund und dem Bauhaus, fort. Im Sinne eines multidimensionalen Kunstverständnisses, war *Peter Behrens* nicht nur Architekt, sondern auch Designer, Typograph, Maler und Grafiker. Besonders die Hochburg der angewandten Kunst, das Bauhaus, ist bekannt für seine Mischung aus handwerklichen Grundkursen, der Pflicht Gebrauchskunst zu gestalten, aber auch der Lehre zu abstrakten und rein „künstlerischen" Ausdrucksweisen.

Spätestens seit den Werken, die im Bauhaus entstanden sind, lässt sich eine konkrete Trennung zwischen angewandter Kunst und bildender Kunst nicht mehr nachvollziehen. Wie schon im Rahmen der Konzeptkunst angedeutet, spielt die Thematik der Zweckentfremdung eine wichtige Rolle, das heißt die ursprüngliche Nutzung eines Objektes tritt in den Hintergrund. Eine Quiltdecke, die über einem Bett ausgebreitet liegt, wird durch ihren Nutzen als Überdecke der angewandten Kunst zugeordnet, doch sobald sie an der Wand hängt und ihren Zweck als Gebrauchsgegenstand verliert, zählt sie zur bildenden Kunst. Ähnlich mag sich ein klassischer Designerstuhl zu einem Kunstwerk erheben, wenn er als dekoratives Objekt in einem Raum platziert wird, um nur der Betrachtung und nicht dem Gebrauch zu dienen. Dieser Sachverhalt erklärt, warum heutzutage Objekte aus Keramik und Textilkunst in Kunstgalerien und nicht nur in Boutiquen zu betrachten sind und etwa der Künstler *Grayson Perry* mit seinen bemalten Porzellankrügen 2003 den Turner Prize gewann. Ebenso wird Werbegrafik oder die Kunst am Bau häufiger als „Kunst" und weniger als Gebrauchskunst angesehen. Obwohl die MAKs sich anfänglich nur der angewandten Kunst widmeten, ist es schon seit einiger Zeit möglich, dort reine Kunstausstellungen zu sehen. Ausstellungen wie die von *Joseph Beuys* im V&A im Jahre 1983 oder die Objekte und Installation von *Anish Kapoor* 2009 im MAK Wien zeigen deutlich, wie schmal der Grad zwischen angewandter und bildender Kunst geworden ist.

1.13 Kunst & Dekoration

Das angesprochene Beispiel der Quiltdecke hat ein sehr wichtiges Thema aufgeworfen, nämlich inwieweit sich die Kunst als „geistiges Gut" mit der Funktion eines Dekorationsmittels widerspricht oder in Einklang bringen lässt. Sowohl als Überdecke auf dem Bett, wie auch an der Wand hängend, bietet die Quiltdecke nicht nur intrinsische und werkspezifische Qualitäten, sondern erfüllt zusätzlich die ästhetische Aufgabe eines raumbezogenen Dekorationsobjektes. Kunstwerke, ob Wandbehang oder Gemälde, bieten ihren Besitzern nicht nur ein anregendes und geistiges Medium der intensiven Auseinandersetzung, sondern gleichzeitig ein Mittel, private Räume nach ihren Vorstellungen zu „schmücken". Sei es die Druckgrafik an der Wand oder die Skulptur im Garten, Kunstwerke leisten einen wichtigen Beitrag zur persönlichen Gestaltung dessen, was als „Ästhetik der Räumlichkeit" bezeichnet werden kann. Kunstwerke, präsentiert in privaten Wohnräumen oder Büros, übernehmen somit die Doppelaufgabe einer individuellen Betrachtung und Aufmerksamkeit, sowie einer gesamträumlichen Wahrnehmung. In ihrer Rolle als Dekorationsmittel wird der Kunst zwar die Funktion eines räumlichen Gestaltungsmediums zugeschrieben, doch dies widerspricht nicht den Aspekten eines „geistigen Gutes", da der „Dekoration" eine rein ästhetische Rolle ohne praktische Zweckgebundenheit eingeräumt wird.

Es ist somit nicht ungewöhnlich, dass potentielle Kunstkäufer bei ihren Überlegungen nicht nur die Eigenschaften und Qualitäten eines Werkes in Betracht ziehen, sondern auch beispielsweise die Werkgröße beachten, um die räumliche Gestaltungsfunktion des Werkes in ihren privaten Räumen als separaten Entscheidungsfaktor mit zu berücksichtigen. Die Thematik einer Doppelfunktion des Kunstwerkes wird von Experten gerne mit Skepsis betrachtet und mit gewisser Berechtigung dadurch begründet, dass die raumgestalterische Komponente beim Entstehen des Werkes kaum eine Rolle spielt, also bestenfalls als künstlerisches „Nebenprodukt" betrachtet werden kann. Doch auch Künstler „schmücken" ihre privaten Räume mit selbstgeschaffenen Werken oder Arbeiten anderer Kollegen. Auch für sie bedeutet jeder Anblick eines Werkes in ihren Wohn- oder Arbeitsbereichen nicht unbedingt eine intensive Auseinandersetzung, sondern auch eine „indirekte" räumliche Wahrnehmung. In Verbindung mit privaten Räumen lässt sich somit argumentieren, dass der „geistige Aspekt" künstlerischer Ästhetik zwei Komponenten entspricht, einer individuellen werkspezifischen, sowie einer allgemeinen raumspezifischen Betrachtungsweise.

Beim Thema „Dekoration" treten weitere interessante Themen auf, die in einem Verhältnis zur Frage „Was ist Kunst?" und ihrer Funktionen stehen. So können wichtige Abgrenzungen zwischen Dekoration und Kunstwerk entstehen, wenn beispielsweise private Räume mit Postern behängt werden. Wenn diese Reproduktionen Abbildungen originaler Werke darstellen, dann spricht man in der Regel nicht mehr von Kunst. Anders ist dies jedoch bei handsignierten Postern mit limitierter Auflage, wie sie häufig von dem Künstlerpaar *Christo* und *Jeanne-Claude* aufgelegt wurden. Im Zusammenhang mit signierten Werken kommt ein weiterer Aspekt ins Spiel, die Thematik des Originals. Bei knappen Kassen reichen immer die Reproduktionen von Kunstwerken, um einen Kunstgenuss zu befriedigen, doch die Einzigartigkeit und der Seltenheitswert des Originals bieten dem Besitzer eine wichtige und zusätzliche Dimension. Dabei ist zu berücksichtigen, dass zwischen Unikat und Original unterschieden werden muss, da etwa Grafiken oder gegossene Skulpturen meist als limitierte und individuell signierte Auflagen erscheinen und nicht als einzelnes Unikat. Die Einzigartigkeit des Werkes spielt deshalb eine bedeutende Rolle, da sie eine besondere Unmittelbarkeit und direkte Nähe zum Künstler als Schöpfer aufweist, die häufig mit dem Begriff der „Autorenschaft" bezeichnet wird. Bei der Ausstattung privater Räume kann somit die Besonderheit des Originals eine rein individuelle und private Bedeutung haben, doch zusätzlich gewisse Charaktereigenschaften des Besitzers nach Außen zeigen. So wird oft der Seltenheitswert des Unikats von Sammlern als Profilierungsmittel genutzt, um von seiner Umwelt Anerkennung und Status zu erhalten. In diesen Fällen „dekoriert" der Besitzer weniger seine Räume, sondern sich selber mit Kunst und bekundet dadurch ein Kunstverständnis, das mit der Grundidee der Kunst als „geistiges Gut" kaum zu vereinbaren ist.

2 Was ist Kunst?
Ein „gesellschaftliches Gut"

Im vorherigen Kapitel ist in knapper und fragmentarischer Form der Versuch unternommen worden, dem Wesen der Kunst, besonders der des 20. Jahrhunderts, als „geistiges Gut" auf den Grund zu gehen. Dabei ist häufig von dem Betrachter gesprochen worden, der Rezipient als Empfänger eines Kommunikationsprozesses ist. Die Kunst zeichnet sich demnach dadurch aus, dass sie in erster Linie als Betrachtungsobjekt zu verstehen ist und primär zu einer ästhetischen und geistigen Auseinandersetzung einlädt. Eine rein werkbezogene Analyse im Sinne des geistigen Gutes bezieht sich in der Regel auf kunsthistorische oder philosophische Untersuchungen. Doch die Materie Kunst weist eine Reihe zusätzlicher gesellschaftlicher Aspekte auf, die größtenteils aus Sicht der Sozialwissenschaften zu untersuchen sind. So lässt sich die These vertreten, dass Kunst in gesellschaftliche und institutionelle Rahmen eingebettet ist und daher nicht nur als „geistiges", sondern ebenfalls als „gesellschaftliches Gut" gedeutet werden kann. Auf den nächsten Seiten soll deshalb eine Reihe unterschiedlicher Themenbereiche aufgegriffen werden, die sich nicht mehr mit intrinsischen Eigenschaften des Kunstwerks beschäftigen, sondern den Aspekt des Kommunikationsträgers aufgreifen und sich den äußeren Umständen widmen, unter denen Kunst geschaffen, vermittelt, gekauft oder betrachtet wird. Es soll untersucht werden, wie Kunst in der Gesellschaft „gehandhabt" wird und inwiefern sich dadurch besondere Merkmale herausbilden. Wenn auch nur in rudimentärer Form, bietet die folgende Untersuchung gesellschaftlicher Hintergründe interessante Ansätze neuer Begrifflichkeiten, um weitere Einblicke in die Beschaffenheit und Wesensart der Kunst zu gewinnen. Da gesellschaftliche Aspekte der Kunst im Verlauf des gesamten Textes regelmäßig auftreten, dient dieses Kapitel lediglich als Einführung oder Skizze, die in späteren Ausführungen überarbeitet und erweitert werden soll.

Zur Erläuterung einer gesellschaftsorientierten Form der Analyse mag es als Einstieg nützlich sein, einige Grenzfälle zu untersuchen, in denen Aspekte der Freiheit, Justiz und Ethik aufgegriffen werden; denn insbesondere Extremfälle illustrieren deutlich, dass Kunst in soziale Wertekonventionen eingebunden ist. Einerseits braucht die Kunstgestaltung Rechtsgrundlagen der Meinungs- und Ausdrucksfreiheit, um geistige Arbeit zu ermöglichen, doch andererseits sind der Kunst unausweichlich gesellschaftliche Grenzen gesetzt. Neben dem daraus abgeleiteten Autonomieanspruch der Kunst bietet die Thematisierung juristischer und ethischer Rahmenbedingungen eine Basis für weitere Fragen über die gesellschaftlich legitimierten Grundvoraussetzungen des Kunstgeschehens.

Wenngleich der Kunstgenuss als Privatsache betrachtet werden kann, wird der Materie Kunst eine ungewöhnliche Bildungsaufgabe zuteil, indem sie uneingeschränkt einer breiten Öffentlichkeit zugängig gemacht wird und sich dadurch als „Gemeingut" definiert. Diese Bildungsfunktion wirft die institutionsbezogene Frage auf, in welchen Räumen unterschiedliche Kunst von Ausstellern angeboten wird, um das Interesse potentieller „Kunstkonsumenten" zu bedienen. Benötigt das Präsentieren von Kunst ein konkretes Publikum, oder kann im Rahmen eines Bildungsauftrages Kunst auch ohne spezifische „Nachfrage" angeboten werden?

Die Thematik des Ausstellens, Vermittelns und Betrachtens und somit die Begrifflichkeit des Gemeingutes ist prinzipiell unabhängig von jeglichen Aspekten des Eigentums. Dieser Sachverhalt trifft jedoch nicht auf den Kunstmarkt zu, in dem Kunst ver- und gekauft wird, damit Besitzstände geändert werden können. Wirtschaftlich geprägte Praktiken, wie die Vermarktung des Künstlers oder die Formulierung strategischer Verkaufsmethoden demonstrieren Aspekte eines „Kunstbetriebes", die dazu beitragen, Kunst als „kommerzielles Gut" zu definieren. Während die Bezeichnung des Gemeingutes durch die assoziierte Bildungsfunktion noch konkrete kunstspezifische Aspekte aufweist, kann dies als kommerzielle „Ware" nicht mehr uneingeschränkt gewährleistet werden. Es lassen sich also gesellschaftliche Einflüsse aufzeichnen, die mit der Materie Kunst als „geistiges Gut" kaum oder gar nicht übereinstimmen.

Als spezielle Variante des Gemeingutes zählt das „Kulturgut", da es für zukünftige Generationen als äußerst wertvoll und bewahrenswert gilt und deshalb einem besonderen gesellschaftlichen Selektionsverfahren unterliegt. Diese Auswahlmethode soll kritisch untersucht werden, denn sie bezieht sich auf gesellschaftliche Konventionen und Institutionen, die sich nur be-

dingt mit den geistigen und kreativen Grundeigenschaften der Kunst decken. Da es sich dabei um die kontroverse Problematik einer Qualitätsbe-
stimmung handelt, zieht sich auch dieses Thema inhaltlich durch den Rest
des gesamten Textes und wird in späteren Kapiteln immer wieder
aufgegriffen.

Kunstfremde Faktoren, wie kommerzielle Selektionsverfahren oder institutionelle Automatismen, führen zu einer Begrifflichkeit der Kunst als „institutionelles Gut". Wenn systemspezifische Aspekte, wie wirtschaftlich und
politisch geprägte Entscheidungsprozesse oder Eigentumsverhältnisse als
Maßstab für künstlerisches Gestalten gelten, dann entfernt sich die Kunst
von den Grundlagen eines „geistigen Gutes" und hin zu einem „institutionellen Gut".

2.1 Freiheit, Recht & Ethik

Da wie alle Gestaltungstätigkeiten die Kunst in einem systembezogenen Zusammenhang betrachtet werden muss, stellt sich auch in Ländern, die einer
„demokratischen Grundordnung" unterliegen, die Frage, ob der Kunst
Grenzen auferlegt sind? Die Antwort lautet prinzipiell nein, doch abgesehen
von rein strafrechtlichen Aspekten, bleiben immer Zweifel, da menschliches
Verhalten in einer Gesellschaft keine absoluten Regeln kennt. Das Umsetzen künstlerischer Ideen und Konzepte mag gelegentlich an den Finanzen
oder den fehlenden räumlichen Gegebenheiten scheitern, doch unter gesellschaftlichen Normen unterliegt die Kunst einem besonderen Autonomieanspruch, der zumindest im deutschsprachigen Kulturbereich einen recht
großzügigen Gestaltungsspielraum garantiert. So besagt beispielsweise Artikel 5 des Deutschen Grundgesetzes:

(1) Jeder hat das Recht, seine Meinung in Wort, Schrift und Bild frei zu äußern und
zu verbreiten und sich aus allgemein zugänglichen Quellen ungehindert zu unter-
richten. Die Pressefreiheit und die Freiheit der Berichterstattung durch Rundfunk
und Film werden gewährleistet. Eine Zensur findet nicht statt.

(2) Diese Rechte finden ihre Schranken in den Vorschriften der allgemeinen Gesetze, den gesetzlichen Bestimmungen zum Schutze der Jugend und in dem Recht der
persönlichen Ehre.

(3) Kunst und Wissenschaft, Forschung und Lehre sind frei. Die Freiheit der Lehre entbindet nicht von der Treue zur Verfassung.

Auch wenn Absatz (2) das Recht, eine Meinung im Bild frei zu äußern, durch gängige Gesetze in Schranken weist, ist der darauf folgende und somit juristisch übergeordnete Absatz (3), dass Kunst frei sei, von zentraler Bedeutung. Er versichert so gut wie keine Einschränkung in der Gestaltung und Präsentation von Kunstwerken.

Trotz der genannten Grundrechte lassen sich einige interessante Fälle beschreiben, in denen öffentliche Behörden Grenzen überschritten sahen. So betrifft ein amüsanter Fall die Ausstellung „Made in Heaven", zusammengestellt in 1991 von der Kölner Galerie Max Hetzler, in der die „pornografischen" Plastiken des Künstlers *Jeff Koons* mit seiner damaligen Frau Cicciolina präsentiert wurden. Die Polizei reagierte beim Aufbau der Ausstellung empfindlich auf die Wesensmerkmale der Plastiken, da sie durch das Schaufenster von außen zu sehen waren und Passanten möglicherweise schockieren konnten. Sie verordnete dementsprechend die Abdeckung des Schaufensters, wie es bei Erotikläden üblich ist, doch die Galerie weigerte sich, dieser Anordnung nachzukommen.

Obwohl Artikel 5 des Grundgesetzes äußerst klar die künstlerische Meinungsfreiheit in Deutschland festlegt, haben staatliche Institutionen immer wieder Versuche unternommen, die Kunst mundtot zu machen. Der provokante Collage-Künstler *Klaus Staeck* hat beispielsweise als ausgebildeter Anwalt über dreißig Gerichtsverfahren wegen Verleumdung im Zusammenhang mit seinen politischen Postern gewonnen, die fast ausschließlich von betroffenen Politikern eingeleitet wurden.

Im Ausland sieht die Rechtslage der Freiheit künstlerischer Ausdrucksweise etwas anders als in Deutschland aus, und so kam es etwa in den USA, dem „Land der Freiheit", zu einigen spektakulären Fällen von Zensur. Besonders die 1989 präsentierte Ausstellung „The Perfect Moment" von *Robert Mapplethorpe*, in der homoerotische Fotografien gezeigt wurden, sorgte für einen Eklat. Ähnlich ging es dem in 1987 entstandenem Werk „Piss Christ" von *Andres Serrano*, das wegen Blasphemie den Sponsoren einer Ausstellung großen Ärger bereitete. Diese und andere Beispiele gehörten zu Exponaten der außergewöhnlichen Ausstellung „Kontroversen, Justiz, Ethik und Fotografie", die 2010 im Kunst Haus Wien präsentiert wurde. Sie griff nicht nur das Thema „Fälschungen" oder urheberrechtliche und journalistische Aspekte auf, sondern es wurden außerdem interessante Grenzfälle der Zensur dargestellt. Filme und Fotos des Künstlers *Larry Clark* handeln von jungen Menschen, die sich aus Langeweile in Sexualität, Gewalt und Perversion flüchten, doch sie wurden in Australien, Großbritannien und Frankreich zensuriert. Ebenso wurden Fotografien mit Nacktaufnahmen minderjähriger Mädchen in dem Buch „States of Grace" von *Graham Ovenden* von den US Behörden als „Obszönitäten" beschlagnahmt. Obwohl das Verfahren gegen den Druck des Buches auf Grund der Proteste zahlreicher Künstler eingestellt wurde, zeigte dieser Fall, wie schwierig es sein kann, eine Balance zwischen der künstlerischen Freiheit und dem Schutz der Kinderrechte herzustellen. Ein weiteres spektakuläres Beispiel bietet das Werbefoto „Kissing-Nun" von *Oliviero Toscani*, der mit seinen Benneton Reklamen weltweit bekannt wurde. Die Verbreitung dieses Bildes, das offen den Zölibat in Frage stellt, in dem sich ein Priester und eine Nonne küssen, ist auf Druck des Vatikans und wegen der Proteste religiöser Gruppen sowohl in Italien, wie auch in Frankreich untersagt worden. In England dagegen wurde dieses Werbefoto mit einem Preis des „Eurobest Awards" ausgezeichnet.

Eine Kunstform, die heute noch vielerorts mit den Gesetzen des Rechtstaates in Konflikt gerät, ist die „Graffiti Kunst", eine Gattung, in der Künstler den offenen Raum suchen und meist mit Sprayfarbe ihre Werke auf öffentlichen Außenwänden gestalten. So können Graffitikünstler, die „erwischt" werden, mit hohen Strafen wegen Vandalismus und Sachbeschädigung rechnen. Das weit verbreitete „tagging", Kritzeln einer Unterschrift, wird generell nicht als Kunst definiert und unterliegt somit den gesetzlichen Richtlinien. Andererseits hat sich während der letzten 25 Jahre ein Wandel durchgesetzt und nicht nur einigen „Sprayern" trotz bleibender juristischer Fragen zu Ruhm verholfen, sondern auch gewissen Graffitiwerken die Legitimation einer gesellschaftlich akzeptablen Kunst verschafft. So ist der Graffitikünstler *Harald Naegeli*, bekannt als „Sprayer von Zürich", der sich schon seit 1977 aktiv seiner Kunst widmet, mehr als rehabilitiert, obwohl er 1981 heftige Buß- und Haftstrafen für seine Aktionen auferlegt bekommen hatte. Ähnlich aktiv und anerkannt sind heute Graffitikünstler, wie die französischen Vertreter *Blek le Rat* und *Miss.Tic,* der Engländer *Banksy,* der amerikanische Künstler *Richard Hambledon* oder der deutsche Sprayer *Evol.* Sie gelten mittlerweile als Meister der provokativen Schablonenkunst und werden international hoch geschätzt. Auch die übrig gebliebenen Graffitiwerke an Teilen der Berliner Mauer, die unter der „East Side Gallery" erhalten und präsentiert werden, beweisen, dass Graffitikunst heute nicht mehr als Randerscheinung gilt, sondern in der Mitte der Kunstwelt angekommen ist.

Um an Grenzen zu stoßen, muss die Kunst nicht nur juristische Tabus brechen. Schranken können auch von der Kunstkritik und dem Kunstbetrieb im „eigenen Lager" auferlegt werden, sobald sie selber das Ziel provokanter Werke werden. So verkündete 1996 der Millionär und „Freizeitmaler" *Tony Kaye,* der in der Werbefilmbranche bekannt und reich geworden war, sein neuestes Werbeprojekt sei „Tony Kaye, der Künstler". Als Teil seiner vielfältigen Werbestrategie engagierte er den Obdachlosen Roger Powell, mit ihm die renommierte Kunstgalerie Saatchi zu besuchen, um sich dort ausstellen und für 1,000 Pfund verkaufen zu lassen. Nach einigen Tagen ließ die Galerie das Exponat „Roger" entfernen und Obdachlosenorganisationen verurteilten die Aktion als menschenfeindlich und erniedrigend. Da es zu keinem Verkauf gekommen war, hauste das Kunstwerk „Roger" einige Monate vor der Londoner Tate Gallery und teilte Passanten und Galeriebesuchern auf einem Plakat mit, dass er das Bewerbungskunstwerk des Künstlers *Tony Kaye* für den angesehenen Turner Prize sei. *Tony Kaye* ist nicht in den engeren Kreis der Bewerber gekommen, bekam jedoch eine Menge Schelte von vielen Kunstkritikern mit der „Begründung", er sei unseriös und schädige die Kunst. Natürlich hatte *Tony Kaye* auch Fürsprecher, die ihn gerade wegen seiner Kritik am Kunstbetrieb und seiner Chuzpe als genialen Konzeptkünstler einstuften. *Tony Kaye* zahlt übrigens seit seiner Aktion eine vertraglich festgelegte Summe pro Woche an sein Kunstwerk, doch im Gegenzug ist „Roger" weiterhin verpflichtet, sich zum Kauf anzubieten; der Preis liegt jetzt angeblich bei 850,000 Pfund.

2.2 Gemeingut: Bildung & öffentliche Teilhabe

Wenn die Thematik der Meinungs- und Gestaltungsfreiheit sich prinzipiell auf den Künstler als Produzenten bezieht, dann trifft auf den Betrachter als Rezipienten nicht nur die Frage nach seiner Wahrnehmung und Deutung der entstandenen Produkte zu, sondern auch die Umstände und Bedingungen, unter denen er überhaupt Zugang zur Kunst genießt. Aus Sicht des Betrachters ist der Kunstgenuss „Privatsache", meist geprägt durch Freude an der individuellen Auseinandersetzung und Vertiefung, sowie dem Motiv, private Räume mit Kunst zu bestücken. Solange jeglicher Zugang zu Kunstwerken der Öffentlichkeit verwehrt bleibt, sie also ausschließlich in privaten Wohnzimmern oder Büros zu sehen sind, spricht man von ihnen als „Privatgüter". Der private „Aussteller" muss nicht unbedingt eine Person sein, sondern kann auch die Form einer Firma oder privaten Organisation einnehmen. Ebenso präsentieren oder bewahren öffentliche Einrichtungen Kunst in Räumen, die als „privat" bezeichnet werden können, solange ein regelmäßiger Zutritt der Bevölkerung ausgeschlossen ist. In diesem Falle können Kunstwerke auch als „öffentliche Privatgüter" bezeichnet werden. Im Gegensatz dazu wird Kunst als „Gemeingut" oder „öffentliches Gut" definiert, wenn der Gesellschaft ein uneingeschränkter Zugang gewährleistet wird. Unabhängig davon, ob der „Aussteller" eine private Instanz oder eine öffentliche Organisation ist, trifft dieser Sachverhalt auf sämtliche Galerien und Museen zu. Im Falle der Galerie oder eines privaten Museums mit regelmäßigen Öffnungszeiten kann von Kunst als einem „privaten Gemeingut" gesprochen werden, genauso wie Werke, die in Ausstellungsräumen der öffentlichen Institutionen präsentiert werden, als „öffentliche Gemeingüter" gelten.

Besonders die Definition des öffentlichen Gemeingutes fordert die Frage heraus, warum in der Kunst dieser Begriff von Bedeutung ist? Warum muss Kunst überhaupt mit öffentlichen Steuergeldern vermittelt und gefördert werden? Prinzipiell handelt es sich in der Auseinandersetzung mit Kunst in ihrer Rolle als „geistiges Gut" um einen gesellschaftlich wertvollen Bildungsaspekt, der grundsätzlich mit dem Anspruch einer breitgefächerten öffentlichen Teilhabe verknüpft ist. Eine kunstbezogene Bildung trägt zweifellos zur Offenheit und Lebendigkeit der Gesellschaft bei, kann jedoch

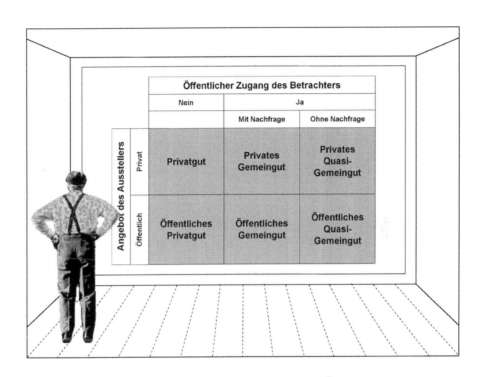

Gut oder Schlecht?
Digitaldruck auf Pappe, 2009

nicht ausreichend von privaten Produzenten und Vermittlern wahrgenommen werden. Somit bedarf es neben privater Institutionen grundsätzlich auch der „öffentlichen Hand", um durch die Einrichtung staatlich geförderter Ausstellungsräume und Museen der Bevölkerung einen uneingeschränkten Zugang zur Kunst aller Art zu gewährleisten. In ihrer Bezeichnung als Gemeingut beinhaltet die Kunst also immer den Aspekt eines Bildungsauftrages und einer uneingeschränkten öffentlichen Teilhabe. In diesem Sinne kann Kunst auch als „Bildungsgut" bezeichnet werden.

Das Werk „Gut oder Schlecht?" des Künstlers *Unbe Kant* beschreibt nicht nur die verschiedenen Möglichkeiten der Bezeichnung von Kunstwerken als Privatgut oder Gemeingut, sondern weist in diesem Zusammenhang auf einen sehr interessanten institutionellen Rahmen hin, der eine Definition von Kunst an die Thematik der „Absicht" des Betrachters bindet. Es gibt besonders im öffentlichen Bereich Kunstwerke, die im Kontext eines gesellschaftlichen Bildungsauftrages zwar angeboten werden, jedoch nicht unbedingt einer individuellen Nachfrage des Betrachters entsprechen, also vom Publikum „unfreiwillig" wahrgenommen und „konsumiert" werden. Zu den wichtigsten Werken dieser Art zählt die Gattung „Kunst am Bau" oder Skulpturen und Objekte in öffentlichen „Außenräumen". Da die Wirtschaftswissenschaften keinen offiziellen Begriff für solche Produkte ohne konkrete Nachfrage des Konsumenten formuliert haben, sollen sie hier als „öffentliche Quasi-Gemeingüter" bezeichnet werden. In privaten Räumlichkeiten sind Gegebenheiten dieser Art seltener, doch Bilder im Wartezimmer einer Arztpraxis oder eine Skulptur im Vorgarten des privaten Wohnhauses bieten Beispiele, in denen Besucher, Passanten oder Nachbarn „quasi" dem Betrachten solcher Werke ausgesetzt sind. Im Falle der hier definierten Quasi-Gemeingüter sprechen Ökonomen auch von „externen Effekten". Gemeint sind meist Nebenprodukte privater Unternehmen, die von der Öffentlichkeit ohne Absicht konsumiert werden und nicht nur positive, sondern auch negative Auswirkungen haben können, wie etwa Lärm oder Umweltverschmutzung. Angewandt auf die Kunst, kann solch ein Gemeingut, das ohne konkrete Nachfrage „konsumiert" und von der Öffentlichkeit für qualitativ hochwertig befunden wird, im wörtlichen Sinne als „Gut" bezeichnet werden. Wenn jedoch umgekehrt das Kunstwerk auf öffentliche Abneigung und breiten Widerstand stößt, entspricht das Gemeingut einer negativen

„Belastung", die im englischen Fachjargon im Gegensatz zu „good" auch als „bad" bezeichnet wird. Somit lässt sich ein Quasi-Gemeingut, dass von Bewohnern, Passanten und der gesamten Öffentlichkeit weitgehend abgelehnt wird, getreu der englischen Vorlage auch als „öffentliches Ärgernis" bezeichnen.

2.3 Kommerzielles Gut: Besitzverhältnisse

Wenn sich die Definition des Gemeingutes nur auf den Betrachter als „Konsumenten" bezieht und somit ohne Hinweise auf jegliche Eigentümerverhältnisse auskommt, dann ändert sich dies durch die Tatsache, dass Kunstwerke von Produzenten hergestellt werden und diese über ein Vermittlersystem an Interessenten verkauft werden können. Durch die entsprechenden Geschäftstransaktionen lässt sich Kunst neben dem Privat- und Gemeingut auch als „kommerzielles Gut" bezeichnen. Es ist ein wirtschaftliches Gut, das durch Veränderungen der Besitzverhältnisse im Kunstmarkt gekennzeichnet wird. Abgesehen davon, dass sich von Eigentumsverhältnissen keine Angaben über künstlerische Gestaltungsformen oder Qualität ableiten lassen, stellt sich die Frage, inwieweit die Institution des Kunstmarktes in der Lage ist, effektiv für geordnete Handels- und Bewertungsgrundlagen zu sorgen? Welche Faktoren bestimmen den Preis von Kunstwerken? Bietet der Kunstmarkt ein gesellschaftliches Verteilersystem, das gewissen rationalen Regeln unterliegt und somit auch als Selektionsmechanismus für qualitativ hochwertige Kunst zu verstehen ist?

Zum Thema der Preisgestaltung von Kunst lassen sich generell zwei wichtige Anhaltspunkte nennen, „produktspezifische" und „marktbezogene" Faktoren. Zu jenen Aspekten, die sich explizit aus den Kunstwerken ergeben, zählen Gesichtspunkte, wie die Herkunftsgeschichte oder die Provenienz eines Werkes, seine materielle Beschaffenheit, sowie die Beurteilung künstlerischer Qualität. Der letzte Punkt spricht ein besonders schwieriges Problem an, das im späteren Verlauf dieses Textes genauer behandelt werden wird. Prinzipiell wäre es wünschenswert, eine kausale Verbindung zwischen Qualität und Preis herstellen zu können, doch in der Praxis kann dies nicht garantiert werden. Der Grund dafür liegt weitgehend an den „marktbezogenen" Faktoren der Preisgestaltung, die wiederum von einem sehr besonderen Aspekt des Kunstwerkes bestimmt werden: der Exklusivität des „Unikats".

Anders als die meisten Gebrauchsgüter sind Kunstwerke mit einer besonderen Eigenschaft behaftet, der „Heterogenität". Die Massenproduktion diverser Gebrauchsartikel erlaubt ein hohes Maß an „Homogenität" und erfüllt somit die zentrale Bedingung für die Existenz eines geordneten Marktes. Dies ist in der Kunst eindeutig nicht der Fall. Geprägt durch Vielfältigkeit und Formenreichtum entstehen Kunstwerke meist ohne konkrete Nachfrage und als „Unikate", die nach gewöhnlichen Marktregeln nicht leicht miteinander vergleichbar sind. Die Eigenschaft der „Heterogenität" führt somit zu einer ungewöhnlich komplexen und vielschichtigen Marktstruktur, in der eine rationale Preisgestaltung kaum möglich ist. Das Einzigartige und Ungewöhnliche des Unikats und dessen Seltenheitswert dient jedoch nicht nur dazu, Kunst als Betrachtungsobjekt zu genießen, sondern bietet sich potentiellen Käufern auch als „Sammlerobjekt" an. Das Kaufmotiv eines Sammlers beruht auf Gesichtspunkten wie Rarität, Außergewöhnlichkeit, historisch-gesellschaftliche Hintergründe, sowie Aspekten der Vollständigkeit und Bedeutsamkeit. Im Unterschied zu antiken Objekten, wie alte Möbel oder Uhren, enthalten viele Kunstwerke die besondere Dimension zeitgenössischer Aktualität. Der Sammler von Gegenwartskunst kann in einen persönlichen Dialog mit dem Künstler und Produzenten treten, um eine gesteigerte und direkte Unmittelbarkeit der erworbenen Kunstwerke zu erfahren.

Im Gegensatz zu ordinären Gebrauchsgegenständen besitzt die Kunst durch die Exklusivität des Unikats marktspezifische Eigenschaften, die meist „Luxusgütern" zugeschrieben werden, denn abgesehen von praktischer Zwecklosigkeit bieten Statusgewinn und Wertspekulation wichtige Kaufmotive im Kunstgeschäft. Ähnlich wie Schmuck, teure Sportautos oder Yachten können kostbare Kunstwerke zu sogenannten „Veblen Gütern" mutieren. Bei diesen Produkten tritt ein paradoxer Konsumeffekt ein, der eine wachsende Nachfrage auf steigende Preise bewirkt. Der höhere Preis symbolisiert höheres Einkommen, Prestige, gesellschaftliches Ansehen und sorgt deshalb bei statusorientierten Käufern für eine größere Nachfrage. Wenn schon künstlerische und werkspezifische Charakteristika bei Kunstkäufen aus Profilierungsgründen in den Hintergrund treten, dann trifft diese kunstfremde Handhabung bei Spekulationskäufen in besonderem Maße zu. Kunstwerke werden heutzutage zunehmend von Sammlern und Unternehmen als „Investitionsprodukt" erworben, um als „Diversifikationsmittel" neben Investitionsprodukten, wie Aktien, Anleihen, Rohstoffen oder Immobilien, ein Anlageportfolio zu streuen.

Die Komplexität der Kunst als „kommerzielles Gut" führt zwangsläufig zu einem nur bedingt geordneten und wettbewerbsfähigen Markt. Wenn die zentralen Regeln der Homogenität und Transparenz von Angebot und Nachfrage gebrochen werden, dann treten verstärkt im sogenannten „Topsektor" des Kunstmarktes Verhaltensmerkmale auf, die wenig mit der Kunst als „geistiges Gut" gemein haben. Dazu zählen insbesondere die unterschiedlichen Vermarktungsstrategien der kommerziellen Galerien, die sich insgesamt mehr an den Karrieren der Künstler orientieren, als den qualitativen Merkmalen ihrer Kunstwerke. Es lässt sich demnach die These vertreten, die in späteren Kapiteln genauer belegt werden soll, dass die Qualität einzelner Werke kaum aus den Aktivitäten des Kunstmarktes abzuleiten ist.

Dass keineswegs von einem „rationalen" Kunstmarkt gesprochen werden kann, bezeugt das Werk „Roger" von *Tony Kaye*. Es weist mit sarkastischer Ironie auf die Problematik der Kunst als „kommerzielles Gut" und die institutionellen Sachverhalte des Kunstmarktes hin, da Roger als „Ware" für einen Preis zum Kauf angeboten wurde. Das Schockierende und Provokante an *Tony Kayes* Position ist seine Bestätigung der gesellschaftlich legitimierten Strukturen des Kunstmarktes und die daraus folgende Konsequenz, sein „Kunstwerk" verkaufen zu müssen. Dieses extreme Beispiel verdeutlicht, welch absurde Funktion die Kunst als Kaufobjekt und der Kunstmarkt als Handelsplatz einnehmen kann.

Die Irrationalität und der institutionelle Charakter des kommerziellen Kunstmarktes lässt sich auch am Beispiel des Künstlers *Julian Schnabel* verdeutlichen. Er ist der amerikanische Maler, der besonders in den 1980ern durch seine Mischtechniken, Gemälde behaftet mit Porzellanfragmenten, und als Vertreter des „Neoexpressionismus" bekannt wurde. Bald entwickelte er sich zum Liebling des Kunstmarktes und seine Werke erzielten schnell Rekordpreise. Jedoch nach seinem Entschluss, dem Kunstbetrieb den Rücken zu kehren und sich mehr als Filmregisseur zu etablieren, reagierten die Institutionen äußerst ablehnend und behandelten ihn als „Verräter", worauf die Preise seiner Werke dramatisch abstürzten. Der Fall *Schnabel* wirft die kritische Frage auf, warum durch eine persönliche Entscheidung die Wertschätzung seiner Werke, die vorher noch mit Lobeshymnen versehen worden waren, nun plötzlich von Kunstexperten so drastisch gesenkt werden konnte.

Ein weiteres spannendes Beispiel für die Unberechenbarkeit des „institutionellen Kunstbetriebes" liefert der Fall des schottischen Künstlers *Jack Vettriano*. Von der Elite der britischen Kunstwelt verschmäht, gelang es *Vettriano*, sich in Eigenregie zum „erfolgreichsten" zeitgenössischen Maler Großbritanniens hochzuarbeiten. Seine Werke erinnern sehr an „klassische" Filmszenen und orientieren sich stark am Stil der aus den 1920ern stammenden „neuen Sachlichkeit". Faszinierend an diesem Fall ist die Tatsache, dass der Künstler die Regeln des kommerziellen Kunstgeschehens bestens beherrscht und Auktionspreise seiner Werke auf dem Niveau von hoch dotierten Künstlern liegen, sie jedoch mit Verachtung von den Topgalerien und Museen als „minderwertige Kunst" eingeschätzt werden. Natürlich kann man über die Qualität seiner Werke streiten, da sie sehr plakativ und mit Klischees behaftet sind, doch „hochwertige Kunst" eines *Gary Hume* basiert nur auf einem plakativem Malstil, während die Arbeiten von *Jeff Koons* ein einziges Klischee darstellen. Hier wird von Experten übertrieben und mit verschiedenen Maßstäben bewertet, denn *Vettriano* zeigt indirekt der Kunstwelt, dass „Mittelmaß" zum Erfolg führen kann. Diese Erkenntnis lässt sich wie ein Spiegelbild des institutionellen Kunstbetriebes deuten und mag die erstaunlich defensive und abweisende Haltung seiner Akteure erklären. Ironischerweise ist nicht auszuschließen, dass gerade dieses ablehnende Verhalten des etablierten Kunstsystems dazu beiträgt, *Vettriano* in die Rolle eines Außenseiters des Kunstestablishments zu versetzen und somit ein eigenes Sammlerpotential zu schaffen. Eindeutig zeigt der Fall *Vettriano* Schwachstellen des Systems auf und demonstriert, dass von einer sachlichen Auseinandersetzung und Bewertung seiner Kunst seitens des institutionellen Expertentums kaum die Rede sein kann.

2.4 Kulturgut: Systembedingte Selektion

Wie in anderen Fachgebieten, etwa der Architektur oder Archäologie, lassen sich Werke der bildenden Kunst als gesellschaftliche „Kulturgüter" beschreiben, wenn sie von offiziellen Institutionen mit Eigenschaften, wie „wichtig", „wertvoll", „erhaltenswert" oder „schützenswert", eingestuft werden. Die Gesamtheit der Kulturgüter, sowohl in privater wie auch in öffentlicher Hand, fällt unter den Begriff des „kulturellen Erbes". Kunstwerke, die mit der Bestimmung als Kulturgüter eine besondere „Wertschätzung" genießen, unterliegen nicht nur einer offiziellen Legitimation als Kunst, sondern zusätzlich einer qualitätsbezogenen Selektion, denn schon der Ausdruck „wert" beinhaltet eine normative Qualitätsaussage. Kunst, die als Kulturgut bezeichnet wird, ist somit immer mit einem gesellschaftlichen Gütesiegel versehen. Die daraus folgende Frage lautet natürlich: Welche gesellschaftlichen Institutionen bestimmen die Auswahlverfahren, durch die besonders zeitgenössische Kunst als Kulturgut bestimmt werden? Die Antwort liegt bei den politischen und wirtschaftlichen Systemen der jeweiligen Gesellschaft.

In Ländern mit autoritären Regimen, wie etwa die ehemalige DDR, werden Selektionsverfahren ausschließlich von staatlichen Ministerien und Kulturbehörden durchgeführt. Da es sich in der Frage nach Kulturgütern um eine „gesellschaftliche" Bewertung handelt, ist dieser Ansatz nachvollziehbar, doch kommt in autoritär-politisch geprägten Auswahlmethoden meist das wichtigste Merkmal der Kunst zu kurz, die Meinungs- und Gestaltungsfreiheit. Ein alternatives und vielschichtigeres Selektionssystem bieten die demokratischen Gesellschaftsformen. Einerseits wird die Entscheidungsmacht über Begrifflichkeiten und Qualität dem freien Kunstmarkt und den Medien überlassen, doch andererseits behalten sich die politischen Institutionen das Recht vor, in kulturellen Fragen mitbestimmen zu können. Im Bereich der Kulturpolitik geschieht dies über drei Schienen: die Bildungs- und Forschungseinrichtungen, die direkten Kunstkäufe öffentlicher Behörden und die Einrichtung der Kunstmuseen. Die daraus folgende Unterteilung in „private" und „staatliche" Entscheidungsträger ist sehr bedeutend, da beide Instanzen mit unterschiedlichen Motiven ausgestattet sind. Die Summe der aus privater Eigennützigkeit entstandenen Entscheidungen können, müssen jedoch nicht, mit Interessen der Gemeinnützigkeit übereinstimmen. Die Meinungsvielfalt und Pluralität demokratischer Staatsformen entsprechen dem Bedürfnis einer „Dialoggesellschaft", doch darin ist ein „kulturpolitischer Konsens" sehr viel schwerer zu erreichen, als in autoritären Regierungsformen.

In der Frage nach Selektionsmechanismen für Kulturgüter sollte die unterschiedliche Interessenslage der privaten und öffentlichen Entscheidungsträger dazu führen, dass sich beide Entscheidungsblöcke mit Skepsis und konstruktiver Kritik betrachten. Die privaten Institutionen lassen sich unter Umständen als Wächter staatlicher Willkür beschreiben, während umgekehrt die öffentlichen Instanzen kritisch den privaten Motiven des Gewinnstrebens und den irrationalen Verrenkungen des freien Kunstmarktes gegenüberstehen. Dieser „institutionelle Dualismus" bedeutet nicht nur „angewandte Demokratie", er sorgt auch im praktischen Sinne für einen „breiteren Konsens" und somit eine umfassendere Grundlage für die Entstehung und den Erhalt kunstbezogener Wertevorstellungen. Das Konzept des „institutionellen Dualismus" impliziert ein gewisses „Gleichgewicht der Machtverhältnisse", also die Annahme eines transparenten und kritischen Austausches in Fragen der Legitimation und „Aufwertung" von Kunstwerken als Kulturgut. Leider entspricht diese „Idealposition" nicht den realen Gegebenheiten. Da eine genauere Untersuchung der Stärken und Schwächen des Kunstbetriebes in Teil III folgt, soll hier nur kurz die Thematik des Kunstmuseums und Expertentums als wichtige Entscheidungsträger für die Wertung von Kulturgütern aufgegriffen werden.

In der Frage nach den Selektionsmechanismen für Kunst als Kulturgut bieten die ersten drei Kapitel des Buches „Kunst der Ökonomie" von Holger Bonus eine interessante Methodik, die hier als „institutioneller Determinismus" bezeichnet werden soll. Kurz formuliert beschreibt seine Verfahrensweise einen Selektionsmodus, der Kunstmuseen nicht nur eine bedeutende Rolle in der Etablierung „neuer Wertekonventionen" einräumt, sondern ihnen auch eine wichtige Bewertungsfunktion künstlerischer „Qualität" zugesteht. Im übertragenen Sinn agieren Museen als Prüfstelle, die Kunstwerke quasi mit einer „TÜV-Plakette", also einem gewissen Gütesiegel, versehen. Über solch eine Funktion des Museums als öffentliche „Qualitätspolizei" herrscht grundlegend wenig Zweifel, denn sie entspricht durch die Sammlungstätigkeit und Ausstellungspraxis einer staatlich zugewiesenen Kontrollaufgabe, die dem Museum im Kontext des „institutionellen Dualismus" als gesellschaftlicher Auftrag zugewiesen wird.

Problematisch ist jedoch die Art und Weise, mit der Museen ihrem Aufgabenbereich der Suche nach Qualität in der Praxis nachgehen. Wie von Holger Bonus beschrieben, nutzen Museen den institutionellen Werdegang des Künstlers oder Marktpreise als Informationsbasis für ihre Qualitätsurteile, ein kontroverses Verfahren, das dem Kunstmarkt eine zentrale und primäre Entscheidungsinstanz einräumt. Die Bewertungsmethode des „institutionellen Determinismus" leidet grundsätzlich unter zwei Problemen; urteilstechnische und institutionelle Distanzlosigkeit. Wenn qualitätsbezogene Entscheidungskriterien der Museumsleitung sich an dem Werdegang und kommerziellen Erfolg des Künstlers ausrichten, also beispielsweise Ausstellungserfahrungen in Museen einen hohen qualitativen Stellenwert einnehmen, dann bietet diese Selektionsmethode nicht nur einen inzestuösen Bewertungsrahmen, sondern schädigt durch den Verdacht eines Interessenskonfliktes die Glaubwürdigkeit der eigenen Institution. Ähnlich problematisch ist der Gebrauch von Werkpreisen des Kunstmarktes als Gütesiegel, wenn Museen selber als wertsteigernde Werbeträger der Künstler und Galerien auftreten. Indem Museen die unterschiedlichen Entwicklungen des kommerziellen Kunstmarktes kritiklos als Qualitätskriterium annehmen, handeln sie nicht nur unsachlich und voreingenommen, sondern geben die wichtige Kontrollfunktion öffentlicher Einrichtungen auf, die unter dem Begriff des „institutionellen Dualismus" aufgezeichnet worden ist. Auch wenn Kunstmuseen eine gewisse qualitative „Fehlerquote" eingestehen, stellt sich die Frage, ob es nicht adäquatere Alternativen für öffentliche Entscheidungsträger gibt, als den institutionellen Automatismus einer durch kommerzielle Interessen geprägten Qualitätsbewertung.

Die Thematik des „institutionellen Determinismus" als unkritischen Bewertungsmodus für öffentliche Museen stellt besonders durch eine fehlende Unabhängigkeit zum kommerziellen Kunstmarkt die Rolle des Expertentums ins Rampenlicht. Zu dieser Gruppe gehören alle Fachleute des Kunstbetriebes, die mit Sachkompetenzen und praktischen Erfahrungen ausgestattet sind, wie etwa die Künstler, Kunsthistoriker, Galeristen, private Kunstkenner, Sammler, Kritiker, Museumskuratoren und kulturpolitische Beauftragte. Anhand des auf einem „Gleichgewicht der Machtverhältnisse" basierendem Verständnis von Demokratie und der daraus folgenden gesell-schaftspolitischen Notwendigkeit eines „institutionellen Dualismus" lässt sich der Kunstbetrieb in zwei Teile aufgliedern. Einerseits gibt es den kom-merziell ausgerichteten Sektor, der dem „Geruch des Geldes" folgt und sich dem „institutionellen Determinismus" verschreibt, während anderseits ein „autonomer" Sektor sich bedingungslos der Sache Kunst hingibt und unab-hängig von institutionellen Entwicklungen und kommerziellen Sachzwän-gen handelt. Nach diesem Muster lässt sich auch das Expertentum aufteilen, also in ein „institutionelles Expertentum", das sich am kommerziellen Kunstmarkt und dessen Interessensvertretern orientiert, und ein „autonomes Expertentum", das eigene Wege geht und sich weitgehend durch eine werk-spezifische Handhabung auszeichnet. Anders formuliert richtet die system-orientierte Expertengruppe ihre Aufmerksamkeit auf die Kunst als „institutionelles Gut", während autonome Experten sie vielmehr als „geisti-ges Gut" wahrnehmen. In der Klassifizierung von Kulturgütern muss dem Expertentum seine fachbezogene Bedeutung eingeräumt werden, doch in den folgenden Untersuchungen, die sich genauer und differenzierter mit der Legitimation und Bewertung von Kunst beschäftigen, wächst der Unter-schied zwischen „institutionellen" und „autonomen" Experten zu einem zentralen Thema.

2.5 Institution & Autonomie

Die Kennzeichnung als Gemeingut, kommerzielles Gut und insbesondere Kulturgut demonstriert, dass Kunst nicht nur in einen gesellschaftlichen Rahmen eingebunden ist, sondern die etablierten Institutionen des Kulturge-schehens eine enorm restriktive Rolle spielen können. Trotz juristisch legiti-mierter Freiheit und Autonomie gegenüber systemischen Einschränkungen basiert eine Bezeichnung der Kunst als „institutionelles Gut" auf der Fest-stellung, dass sich zahlreiche Aspekte des Kulturbetriebes an kunstfremden Kriterien orientieren, an Prozessen kommerzieller Interessen, sowie der Willkür öffentlicher Institutionen und politischer Entscheidungsgremien. Es sind diese Elemente des Kunstbetriebes, die durch ihren Widerspruch zu den Idealen einer autonomen Kunst im Sinne eines „geistigen Gutes" zu systembedingten Spannungsfeldern führen. Wie schon die Thematisierung des Expertentums zeigte, spiegelt sich das paradoxe Phänomen der Autonomie und der offiziellen Institutionen auch auf breiter gesellschaftlicher Ebene wieder. Daraus entwickelt sich grundsätzlich die Frage, inwieweit eine sich ausweitende Institutionalisierung mit dem Freiheitsanspruch der Kunst und ähnlichen Bereichen, wie dem Journalismus oder der Wissenschaft, in Einklang zu bringen ist? In welcher Form sich diese unterschiedlichen Kräfte des Kunstbetriebes manifestieren, soll später im Detail erörtert werden, doch der Leitfaden eines Konfliktes zwischen Institution und Autonomie lässt sich nicht nur an den unterschiedlichen Entscheidungsprozessen des Kunstsystems, sondern auch an den Entwicklungen der Kunst selber erkennen.

Die Idee einer autonomen Kunst ist schon sehr alt und offenbart sich im Begriff der Kunst als „geistiges Gut." Zentrale Bestandteile einer Autonomie bestehen darin, dass künstlerisches Gestalten sich von der Repräsentation einer Alltagswelt abwenden darf, Kunst weder einen praktischen Nutzen noch einen moralischen Standpunkt aufweisen muss, und dass sie sich eine Freiheit vor gesellschaftlichen Einschränkungen bewahrt. Besonders der letzte Punkt birgt durch die Thematik der institutionellen Rahmenbedingungen und systembedingten Selektionsverfahren immer wieder die Gefahr, aufgeweicht zu werden. Wie autonom kann und darf die Kunst in einem wirtschaftlich ausgerichteten System wirklich sein? Inwieweit bieten Kunstmarkt und öffentliche Institutionen einen Handelsspielraum, den Künstler benötigen, um geistreiche, originelle und „autonome Kunst" zu gestalten? Eine autonome Kunst zeichnet sich prinzipiell dadurch aus, dass sie ein unabhängiges „Angebot" bietet, auf das die Institutionen des Kunstbetriebes reagieren können, ohne selber darauf Einfluss zu nehmen.

In umgekehrter Weise gibt eine „institutionelle Kunst" zumindest Teile ihrer Autonomie auf, indem sie sich nicht nur auf aktuelle Modetrends und Vermarktungsstrategien des Kunstmarktes ausrichtet, sondern sich auch an den Bedürfnissen öffentlicher Einrichtungen, wie den Museen, orientiert. Zur Bezeichnung „institutioneller Kunst" gehören sämtliche künstlerische

Verfahren, die sich kritiklos den Einflüssen der offiziellen Institutionen des Kunstsystems aussetzen und somit im Gegensatz zur Erstellung eines künstlerischen Angebotes, eine „Nachfrage" der Institutionen bedienen. „Institutionelle Kunst" lässt sich demnach als diejenige Kunstform definieren, die ohne einen systembedingten und institutionellen Rahmen nicht durchführbar wäre. Dazu gehören unter anderem die raumbezogenen Werke, wie Rauminstallationen, die Readymades, oder auch die Gattung „Kunst am Bau". Ebenso können viele Performances nur in einem institutionellen Kontext stattfinden. Die provokanten Tiraden des *Jonathan Meese*, in denen er mit Hitlergruß und „Sieg Heil" Rufen die „Diktatur der Kunst" proklamiert, sind nur im Rahmen einer künstlerischen Aktion mit Unterstützung einer Kunstinstitution möglich. Würde *Meese* oder ein weniger bekannter Künstler als autonome Aktion seine „Show" auf einem Dorfplatz abziehen, würde er mit Sicherheit von der Polizei daran gehindert werden. Wenngleich *Jonathan Meese* gegen die Machtherrschaft des offiziellen Kunstgeschehens rebelliert, nutzt er genau diese etablierten Institutionen, um seine Meinung zu verbreiten. Seine Auftritte mögen versuchen, durch das Spiel mit „Naivität" und „Direktheit" den Eindruck einer autonomen und kritischen Haltung zu erwecken, doch seine Aktionen bieten lediglich Indizien für eine tiefe Verstrickung in die subtilen Vermarktungsprozesse und kommerziellen Strategien des offiziellen Kunstbetriebes und müssen demnach als „institutionelle Kunst" bezeichnet werden.

Trotz des Spagats zwischen kreativer Unabhängigkeit und finanzieller Angepasstheit, der besonders in den oberen Sphären des Kunstgeschehens immer schwieriger zu meistern ist, sind die meisten Künstler in der Lage, sich einen Grad an Autonomie auch im „institutionellen" Kunstbetrieb zu bewahren. Echte Selbstbestimmung und Souveränität im künstlerischen Schaffensprozess kann jedoch nur das systemunabhängige Geschehen des „autonomen Kunstbetriebes" garantieren, ein Segment des Kunstsystems, das sich, wie später ausgeführt, überwiegend in den eigenständigen Strukturen der „freien Kunstszene" und des „informellen Kunstsektors" manifestiert.

3 Was ist Kunst?
Eine Frage der Legitimation

Unter der Bestimmung als „geistiges Gut" lässt sich die Kunst als ein äußerst kreatives und schöpferisches Medium beschreiben, das sich besonders im 20. Jahrhundert durch gewaltige Veränderungen und Vielfältigkeit auszeichnet. Die Eingliederung in einen gesellschaftlichen Bezugsrahmen illustriert eine zusätzliche Seite der Kunst als „institutionelles Gut" und bietet insbesondere durch die Bedeutungsanalyse des Kulturgutes eine neue Fragestellung. Im Gegensatz zum Versuch einer rein werkbezogenen und fragmentarischen Beschreibung und Begriffsbildung stellt sich die Frage nach den Instanzen, die als Entscheidungsträger für eine Definition in Frage kommen. Nach der These des „Institutionellen Determinismus" wird dem Expertentum und besonders dem Kunstmarkt und Museum eine Alleinherrschaft der Entscheidungshoheit eingeräumt, eine Position, die zwar dem Thema einer „Legitimation" von Kunst einen interessanten Arbeitsmodus bietet, doch in ihrer Grundhaltung nicht als ausreichend betrachtet werden kann. Auf den folgenden Seiten wird die Fragestellung, wer denn über eine Definition von Kunst entscheidet, weiterhin verfolgt, doch die Instanzen dieser Entscheidung sollen auf differenzierterer Basis untersucht werden. Anstatt eines institutionellen Bestimmungsmodus, werden die Entscheidungsträger individualisiert, wobei dem Künstler eine primäre Rolle als Legitimationsfigur seiner eigenen Werke eingeräumt wird. Als zweite Instanz dient dann in allgemeiner Form der Betrachter, zu dessen Personenkreis auch der Aussteller oder Betreiber eines Kunstraumes gehört, dem separat eine zusätzliche Bedeutung zugewiesen werden muss.

Zum Gegenstand einer Legitimation von Kunst im Sinne einer „individuellen" Betrachtungsweise lassen sich keine spezifischen, für eine breite Öffentlichkeit zugänglichen Publikationen finden. Eine sehr interessante Ausnahme bieten jedoch die Protokolle dreier Debatten, die 1990-1995 von den Initiatoren „Die Creative Gruppe" geleitet wurden, und deren Texte auf der Webseite „km21.0" zu finden sind. In diesen Debatten kamen Themen, wie Kreativität und die Intention des Künstlers zur Sprache und behandelten Aspekte, die in der folgenden Analyse der Legitimierung von Kunst aufgenommen und erweitert werden sollen.

Neben der vorrangigen Thematik einer Legitimation soll die folgende Untersuchung dazu dienen, weitere Erkenntnisse über die Eigenschaften und Handelsweisen der zentralen Akteure des Kunstgeschehens zu gewinnen. In diesem Kontext bietet die Studie „Kunst der Moderne – Kunst der Gegenwart" von Anne-Marie Bonnet einen wertvollen Beitrag, da sie sich aus kunsthistorischer Perspektive einigen institutionellen Entwicklungen widmet und dabei besonders die veränderten Rollen des modernen Künstlers und des Ausstellers aufzeigt. Zu den Publikationen, die sich ausgiebig mit den Verhaltensmustern der Akteure des Kunstbetriebes beschäftigen, zählt auch das Buch „Tiefer hängen – Über den Umgang mit der Kunst" von Wolfgang Ullrich. Da auf den nächsten Seiten eine kurze Beschreibung des Künstlerdaseins folgt, darf ebenso ein Hinweis auf die kunsthistorische Studie „Was ist ein Künstler?" von Verena Krieger nicht fehlen. Letztlich soll auch das Schriftwerk „Wie kommt die Ordnung in die Kunst?" von Christian Demand erwähnt werden, denn es hinterfragt in origineller Weise die Urteilsbasis und Bedeutung der Kunstexperten, insbesondere die der Kunsthistoriker. Eine ähnlich kritische Position ist schon in einem gesellschaftspolitischen Zusammenhang mit der Thematisierung des „institutionellen Experten" präsentiert worden. Dieser analytische Ansatz wird sowohl in der Frage einer Legitimierung von Kunst, als auch in der späteren Diskussion über die Grundlagen einer Bewertung von Kunstwerken aufgegriffen und weiterentwickelt.

3.1 Der Künstler

Um dem Wesen der Kunst etwas näher zu kommen, müssen wir uns ein wenig mit der Rolle, Situation und Eigenschaften des Schöpfers, also dem Künstler, beschäftigen. Zusätzlich soll im Folgenden mit der Frage einer Legitimation von Kunstwerken begonnen werden, da der Künstler in dieser Thematik wohl als wichtigster Akteur zu bezeichnen ist.

3.1.1 Künstlerdasein: Beruf oder Berufung?

Der „Beruf" des Künstlers ist nicht offiziell geschützt, ein Sachverhalt, der bedeutet, dass jede Person Künstler werden und sich auch so nennen kann. Doch gerade dieser Tatbestand wirft die Frage auf, inwieweit ein Künstler tatsächlich einen Beruf ausübt oder lediglich „künstlerisch tätig" ist? Die Antwort darauf hängt größtenteils von den Motiven des Künstlers und seinen finanziellen Umständen ab. In beiden Fällen spielt das Konzept einer „Berufung" fast immer eine bedeutende Rolle. Da künstlerisches Schaffen von den verschiedensten Beweggründen und Leitgedanken des Künstlers geprägt ist, fließen auch aus Sicht des Betrachters individuelle Eigenschaften und persönliche Charakteristika des Künstlers häufig als Wahrnehmungsfaktoren in eine Auseinandersetzung mit seinen Werken hinein. Demnach bietet die Frage „Beruf oder Berufung?" eine relevante Kulisse, um die Arbeitsweisen des Künstlers und seine gesellschaftliche Anerkennung besser verstehen zu können.

Ein Beruf wird generell als Schaffung und Erhaltung einer Lebensgrundlage betrachtet, eine Definition, die heute bei Künstlern wenig Bedeutung hat, da nur ein sehr geringer Teil der Künstlerschaft von ihrer Produktion und deren Verkäufen leben kann. Nach Angaben des deutschen Berufsverbandes Bildender Künstler (BBK) sind etwa 4% aller Mitglieder in der Lage, von Kunstverkäufen oder Aufträgen ihre Lebensgrundlage zu sichern. Das heißt, Mitgliedschaft in einem Berufsverband und Betätigung als „Berufskünstler" kann nicht nur von der Definition eines kommerziellen Erfolges des Künstlers abhängen. Somit müssen zusätzliche Kriterien hinzugezogen werden, die eine erweiterte Definition zulassen. Dazu gehört eine professionelle Haltung des Künstlers, die dadurch gekennzeichnet ist, dass er ein hohes Maß an Zielstrebigkeit, Geduld und Kontinuität offenbart, möglicherweise eine „professionelle" Ausbildung genossen hat und sich nicht nur der Schaffung seiner Werke widmet, sondern auch ihrer „Vermarktung". Die heutigen Künstler setzen viel Energie und meist auch finanzielle Mittel ein, um Broschüren oder Präsentationsmappen zu erstellen und Ausstellungen in diversen Kunsträumen zu akquirieren.

Das Ziel vieler professioneller Künstler ist letztlich die Vertretung durch eine kommerzielle Agentur oder Galerie, die ihnen die Vermarktungsarbeit abnimmt. Die Absicht von einem Vermittler vertreten zu werden entspricht für viele Berufskünstler dem idealen Werdegang, doch für den Großteil der Künstlerschaft bleiben solche Ziele eine Illusion. Die Realität sieht meist so aus, dass viele Künstler andere Berufe ausüben und zusätzlich finanzielle, räumliche oder zeitgebundene Hindernisse überwinden müssen, um ihrer kreativen Tätigkeit nachgehen zu können.

Der aktive „Berufskünstler" lässt sich generell in zwei Gruppen einteilen, die unbekannten und bekannten Künstler, wobei diese Kategorisierung in weitere Unterkategorien unterteilt werden kann. Zu den unbekannten Künstlern gehören die „brotlosen Künstler", die kompromisslos ihrem künstlerischen Schaffen nachgehen und häufig auf Sozialhilfe oder andere finanzielle Mittel angewiesen sind. Für diese Gruppe der „hauptberuflichen" Künstler bietet die öffentliche Unterstützung der Künstlersozialversicherung etwas Sicherheit, da sie eine geringe Altersrente für Künstler ermöglicht. Von dieser Beihilfe ist jedoch die Untergruppe der „Künstler mit Nebenberuf" ausgenommen, solange sie ihr überwiegendes Einkommen aus einer anderweitigen Haupttätigkeit beziehen. Ihr künstlerisches Engagement ist meist ebenso stark wie das der „brotlosen Künstler", doch sie dulden den Spagat, alternative Arbeitsverhältnisse oder Berufe auszuüben, um nicht nur ihren Lebensunterhalt zu finanzieren, sondern sich auch durch ihre finanzielle Unabhängigkeit einen breiteren künstlerischen Spielraum bewahren zu können. Die dritte Kategorie der unbekannten Künstler besteht aus dem sehr begrenzten Segment der „klassischen Berufskünstler", einer Minorität, die in Zusammenarbeit mit kleineren Galerien und durch effektive Vernetzung und Eigenvermarktung „mehr oder weniger" von ihrer Kunst leben kann. Die breite Schicht der unbekannten Künstler zeichnet sich insbesondere dadurch aus, dass sie fast ausschließlich dem „autonomen Kunstbetrieb" angehört.

Im Gegensatz zum Prekariat des Künstlertums zählt die Oberschicht der bekannten Künstler zu der Minorität, die „es geschafft hat" und als „Erfolgskünstler" bezeichnet werden kann. Sie vertreten eine Gruppe, die nicht nur von ihrer Kunst leben kann, sondern im Kunstbetrieb und meist auf internationaler Basis einen gewissen Bekanntheitsgrad erlangt haben. Obwohl für einige Künstler der kommerzielle „Erfolg" mit Zweifeln, Widersprüchen und Problemen behaftet ist, werden sie fast ausschließlich von international ausgerichteten Galerien vertreten und viele von ihnen haben Professuren an den Akademien inne. Zu diesen Erfolgskünstlern zählt schließlich auch die sehr kleine, aber bedeutende Untergruppe der Künstler mit „Markennamen", im englischen auch „branded artists" genannt. Hier handelt es sich

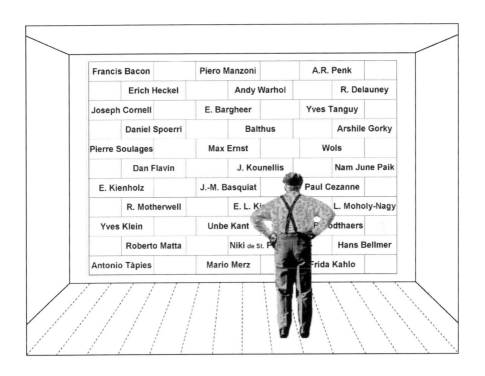

Gegen die Wand gedruckt
Digitaldruck auf Leinwand, 2009

um die Superstars der zeitgenössischen Kunstszene, Künstler, die einen sehr hohen Bekanntheitsgrad erreicht haben. Im deutschen Sprachraum lassen sich zeitgenössische Künstler, wie *Gerhard Richter, Anselm Kiefer, Rebecca Horn* oder *Neo Rauch* in diese Stargruppe einordnen.

Zur Definition des Berufskünstlers gehört üblicherweise das Absolvieren einer Ausbildung, die meist auf Qualifikationen der Akademien beruht. Doch über die Frage nach dem Wert der Studienzeit in Kunstakademien gehen die Meinungen sehr auseinander, besonders bei den praktisch arbeitenden Künstlern selber. Nicht nur die selbstgewählten Autodidakten sehen keinen großen Sinn in einem strukturierten akademischen Lernen, sondern auch offiziell qualifizierte Künstler bezeugen ein ambivalentes Verhältnis zu ihrer Ausbildung. Viele von ihnen behaupten, wenig Relevantes für ihre Arbeitsweise gelernt zu haben und bevorzugen ihren eigenen „Bildungsweg", auch wenn die meisten ihr Studium als eine wertvolle Erfahrung in ihrem kreativen Entwicklungsprozess betrachten. Sie schätzen das Erlernen einer Disziplin, die verlangt, sich mit dem Leben und der Arbeit eines Künstlers auseinanderzusetzen und identifizieren zu müssen. Künstler, die an einer Akademie eine professionelle Qualifikation erreicht haben, genießen in der Regel bessere Vorraussetzungen für eine Kunstkarriere. Doch trotz guter Vernetzung zu Kollegen und besserer Kontakte zu Galerien, die häufig von ihren Professoren vermittelt werden, gelingt es den wenigsten Künstlern, von ihrer Kunst den Lebensunterhalt sichern zu können. Dagegen lassen sich erstaunlicherweise viele bildende Künstler nennen, die als Autodidakten berühmt geworden sind; ein Umstand, der fast immer bei zeitgenössischen Kunstexperten mit Argwohn betrachtet wird. Das „Mauerwerk" des Künstlers *Unbe Kant* unter dem Titel „Gegen die Wand gedruckt" präsentiert – mit einer Ausnahme – eine Reihe bekannter Autodidakten, die zu den kreativsten Künstlern des 20. Jahrhunderts zählen.

Da der weitaus größte Teil aller schaffenden Künstler zu dem Heer der „unbekannten Kultursoldaten" gehört, hat sich besonders seit den 1960er Jahren eine alternative Szene gebildet, in der Künstler sich zielstrebig selber vermarkten, ausstellen und den Verkauf ihrer Werke in die Hand nehmen. Auch um ihre Autonomie und Identität vor dem kommerziellen Druck der privaten Galerien zu bewahren, haben sich Künstler zunehmend in Künstlergemeinschaften, Vereinen oder eigenen Galerien zusammengeschlossen. Diese alternativen Kunsträume bieten spätestens seit den 1990ern einen wichtigen Bestandteil des „informellen Kunstsektors", der in einer späteren Analyse als unterbewertetes, doch sehr bedeutendes Segment des Kunstbetriebes beschrieben wird.

Schon die Definition der Kunst als „geistiges Gut" deutet darauf hin, dass es sich bei dem Schaffensprozess des Künstlers nur in geringem Maße um kommerzielle Wertschöpfung handelt. Die Motivation des Künstlers beruht in der Regel auf einem inneren Bedürfnis, nicht nur einen Selbstfindungsprozess einzugehen, sondern auch die Außenwelt daran teilhaben zu lassen. Der Künstler präsentiert das Produkt seiner persönlichen Auseinandersetzung und Anstrengungen dem Betrachter, lässt ihn an seinem künstlerischen Streben mitwirken und lädt ihn somit zu einem indirekten Dialog ein. Sich diesem Kommunikationsprozess auszusetzen, hat für den Künstler meist wenig mit „wollen", sondern vielmehr mit „müssen" zu tun. Es ist eine Notwendigkeit, die innere Bestimmung oder vielleicht sogar eine Lebensaufgabe, sich der Materie Kunst hinzugeben, die als „Berufung" bezeichnet wird. Es handelt sich um ein Engagement, bei dem der materielle Nutzen in den Hintergrund rückt. Ohne diese auf geistiger Tätigkeit beruhenden Leidenschaft ließe sich der enorme Anteil geringverdienender Künstler kaum erklären.

Die Thematik der Berufung trifft natürlich auch auf andere Berufsgattungen und Arbeitsweisen zu, wie etwa Ärzte, Lehrer, oder Wissenschaftler. Doch anders als bei diesen Professionen ist der Künstler nicht unbedingt an einen konkreten Künstlerberuf gebunden. Die meisten Künstler folgen ihrer künstlerischen Berufung, betrachten sich jedoch nicht unbedingt als Berufskünstler. Die Frage „Berufung oder Beruf?" ist also etwas irreführend, da der Begriff der „Berufung" sehr viel breiter zu verstehen ist als der des „Berufes". Es hängt von der Einstellung und Motivation des einzelnen Künstlers ab, ob er sich und seine Verpflichtung zu künstlerischer Tätigkeit als „Beruf" definiert oder nicht.

Trotz der Tatsache, dass eine nachhaltig kommerzielle Wertschöpfung in der Kunst kaum möglich ist, wird von Kommentatoren immer wieder die Berufung des Künstlers als „Mythos" bezeichnet. Diese Darstellung entspricht einer recht zynischen Betrachtungsweise, wenn man die gesamte Künstlerschaft damit charakterisieren möchte. Sie betrifft lediglich eine relativ geringe Zahl von Künstlern, die sich fast ausschließlich dem Topsektor des kommerziellen Kunstmarktes zuordnen lässt. Bei offiziellen Beschreibungen der wenigen wohlhabenden Künstler, die häufig durch geschickte Vermarktungsstrategien, zu denen auch die gezielte Mythosbildung gehört, in die finanzielle Erfolgszone gelangt sind, fällt es nicht schwer, spöttisch zu werden, wenn ihre persönlichen Eigenschaften mit Begriffen wie „Genie", „Leidensweg" oder „schöpferische Mission" geschmückt werden. Im kommerziell ausgerichteten „institutionellen Kunstbetrieb" und dessen kleiner Schar von internationalen Künstlern kann nicht verleugnet werden, dass sich die Stars zunehmend an wirtschaftlichen Faktoren orientieren und sich ihre künstlerische Anerkennung nicht an der positiven Resonanz der Betrachter und Kritiker, sondern aus ihrer Statusposition und den Verkaufszahlen ihrer Werke ableiten. Wenn auch diese Realität nicht zu bestreiten ist, trifft solch ein Sachverhalt nur für einen winzigen Bruchteil aller Künstler zu, also für weit weniger als die Minorität der Künstlerschaft, die von ihrer Kunst leben kann. Jeder Künstler muss sich mit dem Spannungsfeld zwischen Anpassung und Autonomie auseinandersetzen, doch für den brotlosen Künstler, der finanziell kaum etwas zu verlieren hat, lassen sich natürlich Entscheidungen zu Gunsten der Unabhängigkeit und kommerzieller Ungebundenheit einfacher treffen.

In diesem Zusammenhang sollte das interessante Buch „Zwischen Existenz und Exzellenz" der Künstlerin *Andrea Esswein* erwähnt werden, das sich konkret mit den verschiedenen Facetten der „Anerkennung" künstlerischer Tätigkeit beschäftigt. Anhand einer Reihe von Interviews mit Künstlern zeigt sie auf, dass eine künstlerische Wertschätzung und besonders die persönliche Selbstwertschätzung unterschiedlichste Formen annehmen kann, zu denen natürlich auch eine Bestätigung durch Werkverkäufe gehört. Wie jedoch schon im Vorfeld skizziert, bietet der Kunstmarkt eine sehr fehlerhafte Grundlage für die Selektion von Qualität und gilt somit auch für die meisten Künstler nur bedingt als Maßstab für die Anerkennung ihrer künstlerischen Tätigkeit.

Eine alternative, aber eng verwandte Beschreibung der künstlerischen Anerkennung bietet der Begriff „Erfolg". Auch er weckt ähnlich wie die „Anerkennung" bei den meisten Künstlern Assoziationen, die von einem hohen
Maß an Ambivalenz geprägt sind. Da die Wahrnehmung und Definition von
„Erfolg" sich jedoch stärker an der Verbesserung finanzieller Umstände
ausrichtet, ändert sich im Laufe der Zeit vor allem bei den recht wenigen
„Erfolgskünstlern" die Grundlage einer Beurteilung ihres Schaffens. Ihre
innere Selbstwertschätzung wird zunehmend von den äußerlichen Aspekten
des Ruhmes überlagert. Demnach zeigt sich immer wieder, dass finanzieller
Erfolg als Droge wirken kann und Verhaltensmuster, wie Eitelkeit, Arroganz und Größenwahn fördert.

Abgesehen von der komplexen Thematik einer Handhabung von Anerkennung, Wertschätzung und kommerziellem Erfolg tritt im verhältnismäßig
begrenzten Topsegment der Künstlerschaft ein zusätzliches Problem auf; es
existiert eine kunstgestalterische Wechselbeziehung zwischen Künstler und
Kunstinstitution, das heißt, zwischen künstlerischer Autonomie und institutionellen Druckverhältnissen. Die schon angesprochene Thematik eines
Spannungsfeldes zwischen Autonomie und Institutionen ist für „Berufskünstler" von äußerster Bedeutung, da ein Teil ihrer künstlerischen Glaubwürdigkeit davon abhängt. Besonders die Ansprüche „musealer Kunst"
begünstigen karrierestrategische Kunstformen, die entweder solche Dimensionen annehmen, dass sie nur im Freien oder in den großen Räumen des
Museums präsentiert werden können, oder Werke, die sich ausschließlich
an den spezifischen und großräumigen Gegebenheiten des Museums orientieren. Kunstwerke dieser Art werfen immer die Frage auf, ob es sich dabei
um kreative „Angebote" der Künstler, oder um das Bedienen einer „Nachfrage" des Museums handelt. Wer ist die treibende Kraft hinter Werken mit
enormen Ausmaßen oder raumspezifischen Konzepten? Die klassischen Fotografien eines *Man Ray* oder *Anselm Adams* hatten noch Dimensionen, die
in einem durchschnittlich geräumigen Wohnzimmer aufgehängt werden
konnten. Doch Werke zeitgenössischer Fotografen, wie *Jeff Wall, Wolfgang
Tillmans* oder *Andreas Gursky* nehmen solche Ausmaße an, dass Zweifel
aufkommen, ob diese wirklich nur aus individuell konzipierten und künstlerischen Gründen geschehen, oder nicht vielleicht doch die Bedürfnisse des
großräumigen Museums einen „gestalterischen" Einfluss auf den Künstler

ausüben? Künstler der höheren Schichten des Kunstgeschehens sind heutzutage ständig diesem Spannungsfeld zwischen Autonomie und Anpassung an institutionelle Bedürfnisse ausgesetzt. Es bedarf somit einer sehr kritischen Auseinandersetzung des Betrachters, sich nicht nur mit den inhaltlichen und gestalterischen Aspekten, sondern auch mit den institutionell geprägten Hintergründen eines Werkes zu beschäftigen.

3.1.2 Eigenschaften des Künstlers: Phantasie & Kreativität

Unter dem Begriff „Kreativität" lassen sich einige Eigenschaften des Künstlers bündeln, die wichtige Hinweise auf die Bedeutung und Beurteilung von Kunstwerken liefern. Als wichtigstes Merkmal und Urquelle der Kreativität steht die Phantasie. Sie beinhaltet Vorstellungskraft, Einbildungsvermögen, und Einfallsreichtum und kann somit als die geistige Basis der Gestaltung individueller Kunstwerke betrachtet werden. Die Phantasie prägt sowohl das Entwickeln von Inhalten und Konzepten, als auch die Nutzung diverser Darstellungsweisen, um daraus etwas Einzigartiges zu schöpfen. Ein wichtiges Merkmal der Kreativität besteht darin, die Umwelt mit eigenen Augen wahrzunehmen und sie dann in künstlerischer Form zu beschreiben, zu ordnen, zu analysieren oder auch zu zerlegen. Kreatives Schaffen bedeutet eine reale und imaginäre Welt aus individuellen Perspektiven zu betrachten, die Erkenntnisse mit Phantasie und individueller Formensprache umzusetzen und somit ein geistiges Erfahrungserlebnis zu bewirken, an dem letztlich der Betrachter teilnehmen kann und soll.

Kreativität ist natürlich kein Phänomen, das nur in der Kunst angewandt wird, sondern spielt besonders in der Wissenschaft und Forschung eine zentrale Rolle, da sie zur Bewältigung und Lösung von Problemen beiträgt. Auch in der Gestaltung des „normalen Lebens" wird Kreativität abverlangt, um mit Aufgaben und Schwierigkeiten zurechtzukommen. Viele Künstler sind leider auch der Beweis dafür, dass ihre Kreativität in der Erzeugung von Kunstwerken sich nicht unbedingt auf die Gestaltung ihres Lebens übertragen lässt. Viele künstlerische „Genies" scheiterten trotz oder vielleicht wegen ihrer Kreativität an der Bewältigung des normalen Alltags.

Abgesehen von der Phantasie, braucht der „kreative" Künstler eine gewaltige Portion Toleranz. Künstler beschäftigen sich häufig mit neuen Themen, sei es im Zusammenhang mit Inhalten, der Technik, Ausdrucksformen oder kontextbezogenen Sachverhalten. Das Verarbeiten von Neuem bedeutet, über seinen gesellschaftlichen Tellerrand hinauszuschauen; es bedeutet, anderes kennen zu lernen, andere Herangehensweisen und Sehgewohnheiten erfahren zu wollen, um dann selber dazu neue Beiträge liefern zu können. Die Kunstgeschichte ist geprägt von Stiländerungen und Tabubrüchen, die ohne Toleranz dem Anderen und dem Neuem gegenüber nicht möglich wären. Auch sich selber gegenüber braucht jeder Künstler Toleranz, denn Scheitern ist ein wichtiger Bestandteil seines gestalterischen Lebens. Der Arbeitsprozess des Künstlers ist häufig geprägt von Furcht vor dem Misslingen und der Unvollkommenheit. Um sich dem Scheitern aussetzen zu können, bedarf es deswegen Courage und Standhaftigkeit. In schwierigen Lagen nicht aufzugeben und vielleicht wieder neu anfangen zu müssen verlangt eine Menge Charakterstärke, Geduld, und Abgeklärtheit. Der kreative Künstler braucht eine Menge Selbstbewusstsein, um dem permanenten Spannungsfeld zwischen Zuversicht und Zweifel standzuhalten.

Ein elementarer Charakterzug des Künstlers, der zu seiner Kreativität beiträgt, ist die Neugier und Wissbegierde. Sie ist neben der Phantasie ein wichtiger Motor des kreativen Schaffens, denn sie fördert die Lust, Erfahrungen zu sammeln und zu experimentieren. Als neugieriger Mensch benutzt der Künstler oft den Zufall als integralen Bestandteil des Schaffensprozesses, wobei sich dem Zufall hinzugeben, immer mit Risiko und Chancen verbunden ist. Die Risikobereitschaft gehört zu den fundamentalen Bedingungen für kreatives Gestalten, Forschung und Innovation und lässt sich demnach als eine notwendige Eigenschaft des Künstlers beschreiben.

Selbst wenn viele Kunstwerke das Gefühl einer gewissen Leichtigkeit und Mühelosigkeit aufweisen, gilt der bekannte Spruch von Karl Valentin: „Kunst ist schön, macht aber viel Arbeit". So verläuft die künstlerische Kreativität meist im Sande, wenn sich der Künstler nicht konsequent seiner Arbeit widmet. Vielen Werken sieht man den Fleiß und das Engagement nicht an, doch es gibt Kunstwerke, die von einem sichtbaren Arbeitsaufwand geprägt sind. Neben dem Aspekt kreativer Anstrengungen trifft häufig auch das gegensätzliche Element einer spielerischen Vorgehensweise auf den Schaffensprozess des Künstlers zu. Zahlreiche Kinderspiele benötigen Zielstrebigkeit, Geduld und Konzentration, doch es gibt ebenso viele Spielarten, die durch wenig Regeln gekennzeichnet und dementsprechend von Improvisation und Phantasie geprägt sind. Das kindliche Rollenspiel entwickelt sich spontan, mäandert von einem Einfall zum nächsten. Es ist der Ablauf des Spieles, der letztlich zählt und nicht ein vorgefasstes Endresultat. Für die meisten Künstler gilt ein ähnliches Muster in ihren Arbeitsabläufen, denn die Bearbeitung ihrer Konzepte und Techniken folgt ebenso undefinierbaren Bahnen. So ist in vielen Fällen der Entwicklungs- und Arbeitsprozess wichtiger als das tatsächliche Erstellen des Endproduktes. Unabhängig davon, ob konkrete Ergebnisse entstehen, lassen sich die Grundlagen künstlerischer Tätigkeit aus einer Mischung „spielerischer" Gestaltungsweisen und einem gewissen Maß an Disziplin bestimmen.

3.1.3 Legitimation des Künstlers: Intention

Nachdem das Künstlerdasein und einige wichtige Eigenschaften des Künstlers skizziert worden sind, stellt sich eine der elementarsten Fragen der Kunst: Inwieweit definiert sich der Künstler selbst als „Künstler" und seine Schöpfungen als „Kunst"? In der Antwort auf diese Frage bietet der Künstler nicht nur die erste, sondern auch die vielleicht wichtigste Instanz einer Legitimierung von Kunst. Überspitzt formuliert kann somit die These vertreten werden: Wenn der Künstler sein Werk tatsächlich als „Kunst" definiert, dann fordert er zunächst den Kunstbetrachter, das Expertentum und im weitesten Sinne die Gesellschaft heraus, dieses Werk ebenso als „Kunst" wahrzunehmen und anzuerkennen. Das heißt, andere Personenkreise, tragen erst in zweiter Instanz zu einer Legitimation von Kunst bei. Die Entscheidung des Künstlers, sein eigenes Werk als „Kunst" zu definieren, bietet somit den Ausgangspunkt weiterer gesellschaftlicher Prozesse zur Festlegung künstlerischer Wertekonventionen. Die konkrete Selbstbestimmung des Künstlers kann somit als „notwendige Bedingung" einer Legitimation von Kunst betrachtet werden. Diese Thematik ist annähernd vergleichbar mit dem Argument des Philosophen Benedetto Croce, für den sich ein Kunstwerk rein aus der Vorstellungskraft des Künstlers definiert. Obwohl man über die konkrete Position Croces streiten kann, richtet auch sie dem individuellen Ermessen des Künstlers in der Frage nach der Definition von Kunst einen hohen Stellenwert ein. Interessant ist auch die umgekehrte Frage, inwieweit ein Werk als „Kunst" bezeichnet werden kann, wenn der Künstler es selber nicht so definiert, oder dazu nicht in der Lage ist? Aus dieser Fragestellung wird besonders deutlich, dass im Themenbereich der Legitimation von Kunst das Motiv des Künstlers, seine „Intention", eine zentrale Rolle spielt.

Der Begriff „Intention" bedeutet Absicht und Streben, also der bewusste Wille einem Gedanken zu folgen, oder eine Handlung vorzunehmen. Die Intention setzt sowohl Selbstbewusstsein, wie auch Rationalität und Vernunft voraus, Eigenschaften, die aus der Aufklärung herrühren und in allen Geisteswissenschaften vertreten sind. Die Kunst bietet hier keine Ausnahme, wobei jedoch zwischen der Zielsetzung und einem künstlerischen Anspruch einerseits und dem Handeln und der Ausführung andererseits unterschieden werden muss.

Bei den meisten technisch-orientierten Kunstgattungen braucht der Künstler einen „klaren Kopf" und rationales Handeln, doch besonders bei der Zeichnung und der Malerei können Spontaneität und emotionales Handeln ein wichtiges Merkmal im Schaffensprozess werden. Das Ausschalten von Rationalität gehört in diesen Fällen zur absichtlichen Arbeitsweise des Künstlers, dessen Motiv vielleicht bei der Erforschung seines Unterbewusstseins oder der Intuition liegen mag. Künstler haben in diesem Zusammenhang auch mit dem Einnehmen von Drogen experimentiert, um zu erforschen, inwieweit Bewusstseinsänderungen ihre Arbeit beeinflussen. Das zentrale Merkmal eines Schaffensprozesses, in dem bewusst die Rationalität und der Verstand reduziert oder ausgeschaltet wird, ist die Intuition. Hier handelt der Künstler rein aus dem Unterbewusstsein, um seinem Werk Ausdruck zu verleihen, auch wenn er später wieder rationales Handeln und Denken einsetzt, um die entstandenen Entwürfe und Arbeiten zu prüfen oder zu vervollständigen. Das absichtliche Aussetzen von Rationalität und Vernunft kann demnach als ein wichtiger Aspekt der Intention bezeichnet werden.

Schon in den 20er Jahren kennzeichnete die Dada Bewegung ein hohes Maß an impulsiven Kräften, doch erst nach dem Zweiten Weltkrieg entwickelte sich der „Abstrakte Expressionismus" als Kunststil einer spontanen Malart. Besonders die amerikanischen Vertreter dieser Gattung, wie *Jackson Pol-*

lock, *Willem de Kooning* oder *Robert Motherwell*, sind bekannt für ihre leidenschaftliche und dynamische Arbeitsweise des „Action Painting", wobei die Technik *Pollocks* auch „Drip Painting" genannt wird. Die europäischen Kollegen der abstrakten Expressionisten lassen sich dagegen unter dem Begriff des „Art Informel" zusammenfassen. Dazu gehören Künstler, wie *Wols* und *Hans Hartung* oder der Gattung „Art Brut", mit Verfechtern, wie *Jean Dubuffet*, *Asger Jorn* und *Karel Appel*. Zu den bedeutenden Künstlergruppen des „Informel" gehören SPUR, WIR und besonders die Mitglieder der Gruppe CoBrA. Ähnlich wie die „Drip Paintings" von *Pollock* werden einige spätere Arbeiten des österreichischen Aktionskünstler *Hermann Nitsch* als „Schüttbilder" bezeichnet. Obwohl *Nitsches* Weggefährte des „Wiener Aktionismus", *Günter Brus*, sich später von der informellen Kunst abwandte, waren seine Aktionen der „Selbstbemalung" und „Selbstverstümmelung" ebenfalls geprägt von seinen extrem impulsiven Schaffensprozessen.

In der Frage der künstlerischen Intention sind „Grenzfälle" besonders interessant, da sie die Problematik dieses Themas deutlich charakterisieren und die Intention als „notwendige Bedingung" einer Legitimation in Frage stellen. Der vielleicht wichtigste Fall beschäftigt sich mit der Thematik, ab wann Kinder und Jugendliche, oder „Freizeitkünstler", sich als Künstler definieren und somit ihre eigenen Arbeiten als Kunstwerke klassifizieren. Sowohl Kinder und Jugendliche, wie auch Freizeitkünstler, verfolgen das Ziel, gewisse Motive oder Probleme zu verarbeiten, Abbildungen zu gestalten oder auch Emotionen auszudrücken. In diesen Situationen vermischt sich die Motivation der Akteure meist mit dem Wunsch nach Freizeitgestaltung und einem Anspruch, dekoratives handwerkliches Können zu beweisen. Dieser „künstlerischen" Tätigkeit wird selten die Absicht einer ernsten inhaltlichen und ästhetischen Auseinandersetzung mit dem Werk zugeschrieben. Doch bei Jugendlichen oder Freizeitkünstlern kann über einen gewissen Zeitraum hinweg der Wille entstehen, mit größeren Erwartungen, Ambitionen und einem tieferen Sinn sich der Gestaltung von Kunst zu widmen. Wenn auch die Festlegung eines Prozesses „Künstler zu werden" sehr ungenau und fließend verläuft, mag der Zeitpunkt kommen, an dem ein sechzehnjähriger Schüler sich mit der Idee anfreundet, der Kunst mehr Zeit und Aufmerksamkeit zu widmen und vielleicht sogar eine Qualifikation und

Karriere als Künstler anzustreben. Ebenso erreichen viele Freizeitkünstler den Punkt, an dem sie den Ehrgeiz entwickeln, ihre künstlerischen Techniken und Inhalte soweit auszubauen und zu verfeinern, dass sie die entstandenen Werke selber als „Kunst" einstufen können und die Möglichkeit der Teilnahme an Ausstellungen in Erwägung ziehen. Je nach Selbstbewusstsein, fällt einigen Menschen die Selbsternennung zum Künstler leichter oder schwerer, doch für beide Personenkreise gilt, den Schritt einer ernsthaften Beschäftigung mit der Materie Kunst zu wagen.

Im Falle „angehender Künstler" beruht das Problem einer Legitimation darauf, den Zeitpunkt der Selbstdefinition als Künstler und somit die Klassifizierung ihrer Schöpfungen als „Kunst" zu wählen. Im Gegensatz dazu verursachen die faszinierenden Werke geistesbehinderter Menschen immer wieder neue Rätsel. Hier tritt das Problem der Legitimation ihrer Kunstwerke dadurch auf, dass der Grad ihrer gestalterischen Absichten und ihrer Selbstbestimmung als Künstler meist unbekannt bleibt. Trotz dieser Ungewissheit und der mangelnden Legitimation einzelner Künstler, sind die Werke einiger Geistesbehinderter der Öffentlichkeit präsentiert worden und haben durch ihre starke Ausdruckskraft eine Vielzahl von Betrachtern erstaunt und begeistert. Durch das Ausstellen verlagert sich zwar die Legitimation von ihren Werken als „Kunst" auf andere Entscheidungsträger, doch eine Reihe geisteskranker Künstler haben dadurch über die Jahre einen gewissen Bekanntheitsgrad in der Kunstwelt erlangt. Dazu gehören insbesondere die österreichischen „Gugginger Künstler", wie *August Walla*, *Johann Heuser* und *Oswald Tschirtner*, die trotz ihrer Behinderungen Anerkennung für ihr künstlerisches Schaffen genießen. Eine großartige und permanente Einrichtung, in der Menschen mit geistiger Behinderung sich künstlerisch entwickeln können, ist das „Atelier Goldstein" in Frankfurt am Main. Auch dieses Projekt hat schon einige Künstler, wie *Stefan Häfner* oder *Christa Sauer*, hervorgebracht, die außerhalb des Ateliers ihre Werke präsentieren konnten. Als spannendes Ausstellungskonzept kann ebenso die Werkschau 2010 „Ich sehe was, was du nicht siehst" von 180 Künstlern mit Autismus in der documenta-Halle in Kassel erwähnt werden. Die Ausstellung bedeutete nicht nur eine neue Erfahrung für viele der teilnehmenden Künstler, sondern auch eine besondere Herausforderung für den Betrachter, der sich mit den Thematiken gängiger Sehgewohnheiten von Kunst und den

Vorurteilen gegenüber Autismus als Gesamterlebnis auseinandersetzen musste.

Im Zusammenhang mit geistiger Behinderung ist der Fall des prominenten amerikanischen Malers *Willem de Kooning* von besonderem Interesse. Wegen seiner Alzheimer Krankheit im hohen Alter, behaupteten seine Ärzte, sei der bestimmende Wille nicht mehr erkennbar und somit fehle ihm die Intention beim Gestalten seiner Spätwerke. Die Arbeiten, die er während seines Krankheitszustandes machte, beruhen auf Routine und einem inneren Automatismus, der durch seine Jahrzehnte lange Erfahrung als Maler entstanden sein soll. Die letzten Gemälde vor seinem Tod im Jahre 2004 sind nicht mehr vergleichbar mit seinen bekannten früheren Werken, doch sie sind weiterhin ausdrucksstark, besonders im Kontext seiner Krankheit. Trotz der Ablehnung einiger Kritiker werden diese Spätwerke ausgestellt und mit breiter Übereinstimmung des Kunstbetriebes als legitime Kunstwerke anerkannt.

Nach der Beschreibung einiger Grenzfälle, in denen die Intention der Künstler untersucht worden ist, lassen sich etliche Anekdoten nennen, die durch ihren „tierischen Unernst" auffallen. Obwohl die Frage der Selbstlegitimation in diesen Fällen recht leicht zu beantworten ist, bieten die „Kunstwerke", geschaffen von Tieren, interessante Einblicke in das künstlerische Verständnis ihrer „Mentoren". So hatte etwa die kanadische Kunstszene im Juni 2006 den Tod der expressionistischen „Künstlerin" Miss Chanda-Leah zu bedauern. Als Pudel war Miss Chanda eine ungewöhnliche Künstlerin, die ausschließlich mit „Pinsel und Schnauze" malte und deren Lebenswerk 64 Aquarelle betrug. Auch wenn der Verlust für die kanadische Kunst schmerzhaft war, stellt sich die Frage, mit welcher künstlerischer Absicht Miss Chanda ihre Werke schuf, oder ob sie vielleicht doch eher zu den Hobbykünstlern zählte, die gerne ihre Freizeit mit Leinwand, Pinsel und Farbe verbrachte. Eine ebenso interessante Künstlerin ist Kali, die englische Labrador Hündin, die in Künstlerkreisen als Gründerin der Gattung „Canine Art" gefeiert wird. Der Unterschied zwischen Miss Chanda und Kali ist erheblich, da die Engländerin sich auf eine Hund-spezifische Arbeitsweise konzentrierte und nicht wie Miss Chanda versuchte, den abstrakten Expressionisten Konkurrenz zu machen. So zeigte eine Londoner Galerie 1997 unter dem Titel „Kali Sculpture" eine Ausstellung deformierter Readymades dieser Künstlerin. Zu den Werken gehörte ein angenagtes schnurloses Telefon, ein angeknabbertes Buch über den Bildhauer *Constantin Brancusi* und eine zerstörte Musikkassette. Da bei der Eröffnung der Ausstellung der feinseligen Miss Kali das Kunstgeschwätz der Besucher und Kritiker sowie der hohe Alkoholgenuss zu anstrengend gewesen sein soll, trat sie nur über eine live-geschaltete Videoaufnahme in Erscheinung. Als sehr wichtiges Merkmal der „Künstlerin" gilt, dass sie schon einen Manager oder Agenten, namens *Anthony Rendall*, hatte. Es besteht insgesamt kein Zweifel, dass die „Karrieren" der Künstlerinnen Miss Chanda und Kali weitgehend als „Kunstscherz" zu betrachten sind, da es den Damen wohl am notwendigen Ernst und der geforderten Intention fehlte. Anders sind jedoch die Hüter und Manager der beiden Tiere einzuordnen, da besonders im Falle des Vermittlers *Anthony Randall* die bearbeiteten Objekte seiner „Künstlerin" Kali als legitime Konzeptkunstwerke der Gattung „Zufallskunst" zugeschrieben werden können.

Auch der Künstler und Biologe *Desmond Morris* ist ursprünglich durch seinen Komparsen, dem Schimpansen „Congo", bekannt geworden. Nicht nur entstanden in den späten 1950ern etwa 400 Werke dieses „Künstleraffen", Congo entwickelte sich zu einem Fernseh- und Medienstar und seine abstrakten Gemälde wurden im berühmten Londoner Institute of Contemporary Art (ICA) ausgestellt, wo sie für ihre darstellerische Qualität und „unverkrampfte Lässigkeit" großes Lob der Besucher ernteten. Im Jahre 2005 kaufte ein Sammler in dem Londoner Auktionshaus Bonhams drei Werke von Congo für insgesamt 21.515 €. Wie bei vielen „Künstlern" kam jedoch der finanzielle Erfolg für den Affen leider erst nach seinem Tod. Doch Congo hinterließ Impulse für seine menschlichen Kollegen; so hat sich beispielsweise der österreichische Künstler *Arnulf Rainer* von den Kritzeleien des Schimpansen inspirieren lassen, um dessen „lässigen" Stil zu imitieren. Angeblich erreichte *Rainer* nie die unmittelbare Ausdrucksweise seines haarigen Vorbildes. Auch unser „Hauskünstler" *Unbe Kant* widmete sein abstraktes Werk „Leidenschaft" dem verstorbenen Künstleraffen Congo.

Sich mit den Beispielen „tierischer Kunst" zu beschäftigen, ist nicht so abwegig, da es auf den interessanten Fall des Künstlers *Jonathan Meese* hinweist. Besonders in seinen Performances und Interviews lässt *Meese* keinen Zweifel, dass er sich seiner „metabolischen Kunst" hingibt, also jegliche traditionellen Aspekte der Kunst, wie Kreativität und Intention, ablehnt. Als „Ameise der Kunst" unterwirft er sich bedingungslos der „Diktatur der Kunst" und stellt künstlerisches Schaffen auf die gleichen menschlich-tierischen Notwendigkeiten des Stoffwechsels wie „essen, pinkeln und schlafen". Kunst auf diesen „metabolischen" gemeinsamen Nenner zu reduzieren ist natürlich provokant, da seine Perspektive die gesamte westliche Kunstbetrachtung in Frage stellt. Das Rätsel, das jedoch besonders seine Gemälde und Performances hervorrufen, besteht aus der Frage nach seiner Intention. Da er sich mit den Gugginger Künstlern assoziiert und seinen „Mutti Komplex" öffentlich pflegt, kann ein außenstehender Betrachter nicht ausschließen, dass *Meese* tatsächlich geisteskrank ist. Doch vielleicht spielt er nur diese Rolle? Denn anders als seine geisteskranken Vorbilder scheint er die Geistesgegenwart zu besitzen, sich durch Topgalerien vertreten zu lassen und sich regelmäßig in internationalen Museen zu präsentieren. Da *Meeses* Werke kaum intrinsische Qualitäten aufweisen, wirken sie nur durch seine rätselhafte Persönlichkeit und der Tatsache, dass er den „Marsch durch die Institutionen" geschafft hat. Mit seiner interessanten Thematisierung der künstlerischen Intention, lässt sich sein Oeuvre prinzipiell als reine Konzeptkunst beschreiben. Doch diese Konzeptbezogenheit und starke Orientierung hin zum kommerziellen Kunstsystem schürt den Verdacht, dass *Meese* weniger als „Ameise der Kunst", sondern als „Ameise des Kunstbetriebes" auftritt. Durch seine theoretische Ablehnung einer persönlichen Autonomie und jeglicher Kreativität kann seine Kunst, wie bei den genannten Tierkünstlern, nur durch eine Legitimation von Außen, also dem „institutionellen Kunstbetrieb", bestätigt werden. Unabhängig davon, ob *Meese* geisteskrank ist oder nicht, lässt sich somit durch die institutionellen Umstände seine Karriere und sein „Erfolg" mit dem des berühmten Affen Congo vergleichen.

Die aufgezeigten Fälle „tierischer Kunst" sind zusätzlich von Interesse, da sie auf einen wichtigen Aspekt der Kunst hinweisen, die Urheberschaft. Nach deutschem Recht ist der Urheber ausschließlich Schöpfer eines Werkes und kann nur eine „natürliche Person" sein. Das heißt, Miss Chanda, Kali und der Affe Congo würden in Deutschland nicht unter das Urheberrecht fallen und könnten dementsprechend kopiert werden, ohne eine Anklage wegen „Fälschung" zu erwarten. Im Falle des tierischen Künstlers *Jonathan Messe*, einer „Ameise der Kunst", stellt sich demnach die Frage, ob diese Rechtslage nicht auch auf seine „metabolische Kunst" zutrifft?

3.2 Der Kunstraum

Nachdem der Künstler als primäre Legitimationsfigur dargestellt worden ist, bedarf es einer weiteren Instanz zur Bestätigung dessen, was als Kunst bezeichnet werden kann. Diese nimmt grundsätzlich der Betrachter ein, doch dazu benötigt er einen Zugang zu Kunstwerken, den er meist in den Räumlichkeiten eines Ausstellers findet. Der Aussteller bestreitet somit eine wichtige Vermittlerrolle zwischen Künstler und Betrachter, die ihm dadurch selber eine besondere Funktion als Legitimationsfigur einräumt. Einerseits bestimmt er die Auswahl der zu betrachtenden Werke, trifft also Entscheidungen über das, was der Öffentlichkeit und dem Betrachter präsentiert wird. Andererseits ist er unter gewissen Bedingungen in der Lage, selber den künstlerischen Schaffensprozess aktiv mitzugestalten, da der räumliche Kontext zu den zentralen konzeptionellen Aspekten eines zeitgenössischen Kunstwerkes zählen kann. In beiden Fällen muss dem Aussteller eine wichtige Bedeutung in der Legitimation von Kunst zugewiesen werden. Um diesen Sachverhalt genauer untersuchen zu können, wird auf den folgenden Seiten im besonderen Maße auf die Definitionen des „Gemeingutes" und des „Quasi-Gemeingutes" zurückgegriffen und diese in räumliche Zusammenhänge gestellt. Hierbei spielt der Unterschied zwischen Innen- und Außenräumen als Präsentationsorte eine bedeutende Rolle.

3.2.1 Der inoffizielle Innenraum: Präsentation & Dekoration

Heutzutage wird sehr viel Kunst in Räumen ausgestellt, deren prinzipielle Funktion nicht dazu dient, sich ausschließlich mit den präsentierten Werken auseinanderzusetzen. Hierzu gehören die privaten Räumlichkeiten, wie Büros oder das Wohnzimmer, in denen Kunst die Rolle als „Privatgut" einnimmt und häufig als Dekorationsmittel dient. Doch Kunst wird zunehmend in quasi-öffentlichen Räumen einem breiteren Publikum zugänglich gemacht. Dazu zählen die privaten Innenräume der Institutionen, wie Banken, Kirchen, Restaurants, Anwaltskanzleien, Warteräume in Arztpraxen, oder öffentliche Einrichtungen, wie Rathäuser und Bibliotheken. Hintergrund der Ausstellungskonzepte in diesen inoffiziellen Kunsträumen bietet in erster Linie der implizite Bildungsauftrag, doch auch Aspekte der Dekoration und Raumgestaltung, sowie der Nutzen als Profilierungs- und Werbemittel stellen wichtige Motive dar.

Ein zentraler Gesichtspunkt der inoffiziellen Kunsträume besteht darin, dass es sich bei den ausgestellten Kunstwerken immer um „Quasi-Gemeingüter" handelt, also Kunstwerke, die „ohne Nachfrage" und somit ohne Einverständnis des Betrachters „konsumiert" werden. Der Aspekt eines „unfreiwilligen Genusses" ist sehr wichtig, da er die Auswahl der zu zeigenden Werke einschränkt und sich größtenteils auf „etablierte" Kunst, also Werke, die weder anstößig noch kontrovers sind, konzentriert. Dass eine private Ausstellungsgestaltung nicht immer restriktiv sein muss, illustriert das Beispiel des Gemäldezyklus „Seagram Murals", der im Jahre 1954 als Kommissionsarbeit für das Foyer des New Yorker Seagram Buildings dem damals noch unbekannten *Mark Rothko* in Auftrag gegeben worden war. Dieser Fall ist jedoch auch ein Indiz dafür, dass sich Künstler gelegentlich weigern, solche meist gutgemeinten Ausstellungs- und sogar Kaufangebote anzunehmen, da sie die Kompromissbereitschaft und reduzierte Aufmerksamkeit der Betrachter für ihre Werke ablehnen. Erst als nach Fertigstellung der Werke deutlich wurde, dass die „Seagram Murals" im Four Seasons Restaurant des Gebäudes hängen sollten, gab *Rothko* den für einen brotlosen Künstler sehr lukrativen Auftrag wieder zurück. In einem Flur oder im Foyer hätten die Besucher verweilen und auf seinen meditativen Malstil eingehen können, doch bei dem Geklapper von Geschirr und dem Geräuschpegel der sprechenden Gäste hätten die Werke nur ihre dekorative Funktion ausüben können, ohne die gewünschte geistige Auseinandersetzung mit ihnen zu ermöglichen.

Das Angebot von Kunstwerken „ohne Nachfrage" in inoffiziellen Ausstellungsräumen mag in der Regel positive Assoziationen wecken, besonders da die Kunstwerke auch meist einen dekorativen Zweck erfüllen, doch Reaktionen darauf können auch negativ ausfallen. Im Fachjargon wurde diese Variante als „Gemeingut mit externen Effekten" bezeichnet, wobei wenn der Effekt negativ bewertet wird, es sich um ein „öffentliches Ärgernis" handelt. Ein sehr provokantes Gemälde, das in einer Arztpraxis hängt und sich mit dem Thema des Todes beschäftigt, könnte beispielsweise für Ärgernis und Protest sorgen. Es ist deshalb kein Wunder, dass Kunstwerke, die in inoffiziellen Ausstellungsräumen präsentiert werden, vorwiegend einen „neutralen" Charakter aufweisen.

3.2.2 Der offizielle Innenraum: Präsentation & Gestaltung

Der offizielle Ausstellungsraum zeichnet sich dadurch aus, dass er Kunst der Öffentlichkeit zugänglich macht, wobei dieses Angebot freiwillig vom Betrachter angenommen oder abgelehnt werden kann. Es handelt sich hier dementsprechend um echte „Gemeingüter", die nur auf Basis einer konkreten Nachfrage „konsumiert" werden. Im privaten Bereich zählen in erster Linie die Galerien zu den Organisationen, die Kunst in dieser Form anbieten, doch wichtig sind auch quasi-private Institutionen, wie etwa Kunstvereine oder Künstlervereinigungen, die als gemeinnützige Einrichtungen teilweise von der öffentlichen Hand gefördert werden. In der Frage einer Legitimation spielen die privaten Aussteller dieser offiziellen Innenräume, insbesondere die Galerien, eine zentrale Rolle.

Private Galerien stellen die Speerspitze des Ausstellungsbetriebes dar. Sie sind der erste Anlaufpunkt für viele Künstler und sind in der Lage, kompromisslos „neue" Kunst zu präsentieren. Wenngleich die kommerzielle Galerie durch marktspezifische und institutionelle Sachzwänge keine Garantie für hochwertige Kunst darstellt, bietet ihre künstlernahe Position enorme Möglichkeiten zur Gestaltung und Legitimation von Kunstwerken. Gerade weil die Galerie durch ihre günstige „Startposition" als „Sportwagen" der Aussteller bezeichnet werden kann, sollte ein kurzer Blick auf die verschiedenen Arten dieser Institutionen geworfen werden.

Auf der untersten Ebene des „informellen Kunstmarktes" stehen die „lokalen Galerien", meistens geleitet von engagierten Personen und Künstlern, deren Interessen mehr der Sache Kunst und ihrer Präsentation gelten als dem Gewinnstreben. Kleine private Galeristen können und müssen in der

Regel auf alternative Einkommen zurückgreifen, da sie selten von ihren gewerblichen Einnahmen leben können. Zu diesem „Prekariat" der Aussteller zählen auch die Ateliergemeinschaften, sämtliche Formen der Produzentengalerien, Künstlervereine und eine Vielzahl verschiedener autonomer Aktionen, in denen Künstler sich auf temporärer Basis Ausstellungsräume verschaffen.

Anders als bei den etablierten kommerziellen Galerien bietet das Programm dieser Ausstellungsräume eine sehr breite Auswahl von traditioneller bis hin zu äußerst experimenteller Kunst. Dies sind die Orte, in denen „neue" Kunst gezeigt und entdeckt werden kann, und sie liefern sehr häufig den Nährboden für die Talentsuche der zweiten Galeriengruppe, die sich als kommerzielle „Basisgalerien" definieren lassen. Auch sie zeichnen sich durch eine starke Konzentration auf ihre Lokalität aus, doch positionieren sie sich in betriebswirtschaftlicher Hinsicht durch die Vertretung, Vermarktung und Vermittlung „hauseigener Künstler" und gelegentlich durch den Handel „bezahlbarer" Werke bekannter Künstler, wie etwa limitierte Auflagen von Grafiken oder Fotografien. Demnach unterscheidet sich dieser „regionale Kunstmarktsektor" vom „informellen Sektor" grundlegend durch seine kommerziellere Ausrichtung.

Auf der höchsten Stufe des Kunstmarktes befinden sich die „Topgalerien", rein kommerzielle Unternehmen, die nationale und teilweise internationale Künstler vertreten und neben ihren eigenen Ausstellungsprogrammen durch Teilnahme an Messen aktiv ihre Künstler vermarkten. Anders als die Galerien der unteren Ebenen, zeichnet sich dieser „internationale Topsektor" des Kunstmarktes dadurch aus, dass sich ihr Arbeitsmodus zunehmend am kommerziellen und internationalen Erfolg ihrer Künstler orientiert und weniger an einem Anspruch, anregende Kunst zu präsentieren, wobei sich beide Aspekte nicht unbedingt ausschließen müssen. Eine sehr geringe Zahl der Topgalerien lassen sich als Galerien mit „Markennamen" bezeichnen, die durch ihre ausgeprägte Marktposition weniger einem „Sportwagen" als einem „Rennwagen" gleichen. Ihr internationaler Ruf verhilft ihren „Hauskünstlern" unweigerlich zu „steilen Karrieren", ein Sachverhalt, der großes Interesse bei institutionellen Sammlern hervorruft und somit wiederum die Marktposition der Topgalerien weiter stützt und ausbaut.

Wenn die Galerie als beweglicher und schneller „Sportwagen" beschrieben werden kann, dann lassen sich die offiziellen Ausstellungsräume des Kunstmuseums bestenfalls als „Omnibus" bezeichnen, der zwar mehr Menschen transportieren kann, doch träger und risikoscheuer ist. Auch wenn das Museum sich zunehmend auf das Territorium der kommerziellen Galerien begibt, bleibt es eine Institution, die sich größtenteils auf das Präsentieren etablierter Kunst beschränkt. Wie in der Beschreibung des „institutionellen Determinismus" argumentiert, zählen die Museen durch ihre Bewertungsprozesse der Kunst als Kulturgut zu den wichtigsten Instanzen einer Qualitätsbeurteilung. Wenn auch den neuen Kunstmuseen eine zentrale Funktion in der Verbreitung von neuen Wertekonventionen eingeräumt werden muss, bieten sie durch ihre konservative und risikoscheue Haltung nur eine Hilfestellung in den Prozessen der Legitimation zeitgenössischer Kunst. Begriffe und Definitionen von Kunst gehen erst einmal von den Künstlern und Ausstellern aus, werden von Kritikern aufgegriffen, bevor sie dann von den Kuratoren der Museen wahrgenommen werden.

Der offizielle Kunstraum, sei es eine Galerie, ein Kunstverein oder ein Museum, bietet durch das Angebot eines „Gemeingutes" dem Betrachter etwas, was der inoffizielle Raum nicht vermag: eine ungestörte Aufmerksamkeit und Beschäftigung mit dem einzelnen Kunstwerk. Nicht umsonst werden solche Kunsträume auch „Tempel der Kunst" genannt, denn genauso wie ein Mensch in die Kirche geht, um sich seiner Andacht hinzugeben, besucht ein kunstinteressierter Mensch eine Galerie oder ein Museum, um sich spirituell oder geistig inspirieren zu lassen, in einen Dialog mit der ausgestellten Kunst zu treten und sich am Kunstgenuss zu erfreuen.

3.2.3 Raumkontext & Werkgröße

Es ist schon darauf hingewiesen worden, dass neben der Ausstellungspraxis der offiziellen Kunsträume auch ein Gestaltungselement hinzu kommen kann. Dieser Aspekt trägt in bedeutender Weise zu einer Legitimation von Kunst bei, da der raumbezogene Kontext einen integralen Bestandteil des Kunstwerkes darstellt. Wie schon mehrfach angedeutet, spielt das räumliche Umfeld eine wichtige Rolle, besonders in der Konzeptkunst und den diversen raumspezifischen Installationen. Wenn in den traditionellen Medien, wie Gemälden oder Grafiken, eine künstlerische Legitimierung unabhängig

Wie die Säge den Raum zerteilt
Raumobjekt, 2010

räumlicher Gegebenheiten möglich ist, dann trifft genau das Gegenteil im Falle vieler „neuer Medien", wie der Installationen oder den Readymade Objekten, zu. Nur der veränderte Sinneseindruck, der durch die räumliche Deplatzierung und die folgende Zweckentfremdung entsteht, verwandelt in der Wahrnehmung des Betrachters das alltägliche Objekt, wie *Marcel Duchamps* Urinal oder eine ordinäre Kettensäge, zu einem Kunstwerk.

Eine Kettensäge, die aus ihrem funktionellen Gebrauch herausgenommen und offiziell in einem Kunstraum präsentiert wird, mutiert zu etwas „anderem" als einer Säge. Durch die veränderte Wahrnehmung entsteht eine Metamorphose, die das banale Objekt zu einem Mysterium, einem Rätsel, also zu einem Kunstwerk erhebt. Die Säge wird vom Betrachter in der Atmosphäre eines Ausstellungsraumes automatisch mit anderen Augen auf ihre Form und Gestaltungsart untersucht, zieht also eine intensivere Art der Aufmerksamkeit auf sich. Der Museums- oder Galeriebesucher wird aufgefordert, seine Umwelt und ihre Bestandteile unter ungewohnten Perspektiven und neuen Gesichtspunkten zu sehen. Durch diese veränderte Wahrnehmung wird der Betrachter zu einem wichtigen Teil des Kunstwerkes, denn nur der Prozess seiner ungewohnten Sehweise transformiert die Kettensäge zu einem „künstlerischen" Objekt. Schließlich bleibt eine Kettensäge ohne die veränderte Wahrnehmung des räumlichen Kontextes nur eine Kettensäge. Dieser Verfremdungsaspekt lässt sich vielleicht mit der aufgezeichneten Schlange des kleinen Prinzen von Antoine de Saint-Exupéry vergleichen. Aus der Perspektive des kleinen Prinzen handelte es sich nicht um einen Hut, sondern um eine Schlange, die einen Elefanten verschluckt hat. Um den Erwachsenen dies zu beweisen, fertigte er eine zweite Zeichnung an, eine Handlung, die auch mit der Notwendigkeit von Erklärungen in der Konzeptkunst zu vergleichen ist. Wie die Schlange des kleinen Prinzen, lässt sich eine Kettensäge nur mit einer Portion geistiger Offenheit und „kindlicher" Phantasie als ein Kunstwerk betrachten.

Ein kritischer Aspekt der räumlichen Deplatzierung ist die Zweckentfremdung, die Trennung von einem Objekt und seiner eigentlichen Funktion. Das Werk von *Unbe Kant* „Wie die Säge den Raum zerteilt" demonstriert, wie eine in ihrem Luftschloss gefangene Kettensäge ihre praktische Daseinsberechtigung verliert; sie kann bestenfalls nur noch den Raum zertei-

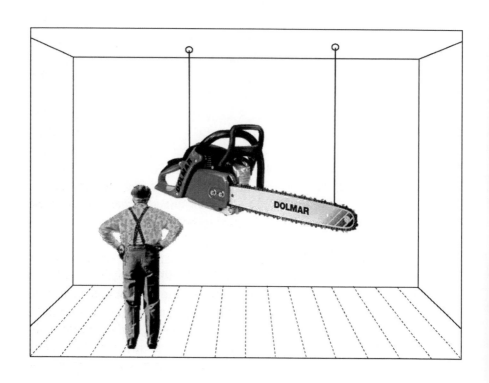

Big is Beautiful
Rauminstallation, 2010

len. Dieses Werk ist natürlich eine Variation zu *Marcel Duchamps* „fountain" oder *Andy Warhols* „brillo boxes", die schon erwähnt worden sind. Als schwebendes Objekt in einem Glaskubus platziert, erinnert es jedoch auch an das Staubsauger Objekt „New Hoover Convertibles" von *Jeff Koons* und das Haifisch Werk „The Physical Impossibility of Death in the Mind of Someone Living" von *Damien Hirst*. Ähnlich wie im Falle des Haifisches, bietet die in dem Kubus schwebende Kettensäge einen Verzerrungseffekt, der sich ausschließlich aus der wahrgenommenen Missdeutung der materiellen Beschaffenheit des Objektes herleitet.

Neben der räumlichen Missplatzierung können auch die Ausmaße eines Objektes eine wirkungsvolle Funktion einnehmen und zu einer veränderten Wahrnehmung des Betrachters führen. Die ungewöhnliche Größe eines Kunstwerkes verzerrt den Sinneseindruck, den ein Objekt auf den Betrachter ausübt und führt ebenso zu der Empfindung einer Zweckentfremdung. Vor dem von unserem Hauskünstler *Unbe Kant* geschaffenen Kunstwerk „Big is Beautiful" wird der Betrachter beispielsweise mit einer überdimensionalen Kettensäge konfrontiert. Seine Wahrnehmung wird sowohl durch die Größe des Objektes, als auch den Bezugsrahmen des leeren Galerieraumes erheblich verwandelt. Ein gewöhnliches Objekt lässt sich demnach mit Hilfe einer visuellen Verfremdung aus dem alltäglichen Zusammenhang reißen und zu einem geistig geprägten Kunstwerk umgestalten. Überdimensionale Ausmaße von Kunstwerken können gegebenenfalls von Künstlern als „Strategie" eingesetzt werden, um durch die Veränderung der Wahrnehmung einen größeren Eindruck beim Betrachter zu erwecken und zu hinterlassen.

Die Thematik der Werkgröße ist prinzipiell unabhängig von der einer raumspezifischen Zweckentfremdung, die bei einem Readymade auftritt. In der Praxis kommen jedoch für die Präsentation überdimensionierter Kunstwerke nur hohe und großflächige Ausstellungsräume in Frage, also geräumige Galerien oder Museen. Somit entsteht eine Verwandtschaft der beiden Verzerrungseffekte durch ihre Ausrichtung auf gewisse Räume, von der sich Bezeichnungen, wie „institutionelle" oder „museale" Kunst, ableiten lassen. Dadurch, dass beide Aspekte der Konzeptkunst fast nur in den großzügigen Räumlichkeiten der Museen oder geräumigen Ausstellungshallen verwirklicht werden können, muss den Institutionen zwangsläufig eine Beteiligung als künstlerische Mitgestalter gewisser Kunstwerke zugeschrieben werden. Die Thematik raumspezifischer Kunst liefert somit einen wichtigen Einblick in die konzeptionelle Unterscheidung zwischen „institutioneller" und „autonomer" Kunst. Jegliche künstlerische Einschränkung durch räumliche Abhängigkeiten von offiziellen Institutionen bedeutet meist einen Autonomieverlust des Künstlers. Der Grad eines künstlerischen Abhängigkeitsverhältnisses hängt jedoch von der Beschaffenheit der jeweiligen Ausstellungsräume ab. Wenn beispielsweise der Künstler eine heruntergekommene und leere Lagerhalle nutzt und mit Installationen ausstattet, dann beziehen sich die Werke zwar auch auf die räumlichen Verhältnisse, doch diese sind unabhängig von den Machenschaften des „institutionellen Kunstbetriebes" und gewährleisten die volle künstlerische Autonomie. Viele solcher selbstbestimmten Aktionen und Kunstprojekte lassen sich deswegen trotz räumlicher Kontexte unter der Kategorie des „autonomen Kunstbetriebes" einordnen.

3.2.4 Legitimation des Ausstellers: Der Kunstraum

Der Raum, in dem Kunstwerke und der Betrachter zusammengeführt werden, ist immer schon eine wichtige Institution der Legitimation gewesen, unabhängig davon, ob die Werke raumspezifisch waren oder nicht. Die frühe sakrale Kunst zeigte schon, dass Werke an die Räumlichkeiten religiöser Institutionen, wie Kirchen und Klöster, gebunden waren und Denkmäler ihren Platz im öffentlichen Raum zugewiesen bekamen. Während es sich hier jedoch noch um traditionelle Medien, wie die Malerei oder die Skulptur, handelte, änderte sich im 20. Jahrhundert die Beschaffenheit der räumlichen Abhängigkeit durch die Verbreitung einer „institutionellen" Kunst, der Konzeptkunst mit ihren Variationen der Readymades und Rauminstallationen. Das Prinzip der verwandelten Wahrnehmung eines ordinären Gebrauchsgegenstands löste mit *Marcel Duchamps* „fountain" eine Entwicklung aus, die notwendigerweise nicht nur den Künstler, sondern auch den Betrachter und Aussteller zum Mitgestalter und Legitimator des dargestellten Werkes macht.

Wenn Kunstinstitutionen „etablierte" Kunst präsentieren, dann sinkt die Signifikanz ihrer Legitimationsrolle, da sich nach Ablauf gewisser Zeitspannen ein breiter Konsens über die Akzeptanz der Werke bildet. In der Frage einer Legitimation „neuer" oder zeitgenössischer Kunst trifft dies jedoch nicht zu. In seiner Kapazität als kreativer Mitgestalter nimmt der Aussteller auch heute noch eine bedeutende Funktion als Legitimationsfigur zeitgenössischer Kunst ein. Eine Verknüpfung der beiden Legitimationsrollen des Künstlers und Ausstellers bietet somit die interessante, doch nicht unproblematische Feststellung: Alles, was in offiziellen Kunsträumen vom Künstler und Aussteller präsentiert und als Kunst deklariert wird, ist Kunst! Es ist dieser gestalterische Aspekt des Raumbetreibers, der seit den 1990ern in besonderem Maße dazu führte, dass Künstler selber die Rolle des Organisators von Kunstprojekten und Ausstellungen übernahmen, um somit die raumbezogene Legitimation ihrer Werke und der anderer Kollegen selber zu bestimmen. Die ursprünglich strenge Trennung zwischen Künstler, Galerist und Kurator ist mittlerweile sehr unscharf geworden und besonders im Modell der Produzentengalerie gänzlich aufgehoben.

3.2.5 Der Außenraum: Präsentation & Kontroverse

Ein Raumkontext, der bis jetzt nicht beachtet wurde, ist der öffentliche Außenraum. Wie schon beschrieben, zeichnet er sich dadurch aus, dass eine klare und konkrete „Nachfrage" des Betrachters nicht existiert und somit der „Konsum" eines präsentierten Kunstwerkes den Aspekt der „Unfreiwilligkeit" aufweist. Kunstwerke, die dieses Merkmal aufweisen, sind als „Quasi-Gemeingüter" bezeichnet worden oder anders formuliert „Gemeingüter mit externen Effekten". Die Problematik, die sich aus diesen „externen Effekten" ergibt, ist die Tatsache, dass sie sowohl positive, wie auch negative Vorzeichen aufweisen können. Bewirken Kunstwerke im öffentlichen Raum gemischte, aber insgesamt positive Reaktionen der Bevölkerung, dann nehmen sie ihre Aufgabe als Bildungsgut deutlich wahr und tragen in kreativer Weise zu einer zeitgemäßen Entwicklung der Gesellschaft bei. Wenn es eine „Gefahr" in dieser Konstellation geben sollte, dann liegt sie darin, dass die öffentlichen Kunstwerke zu „angepasst" und dekorativ sind, um einen wahren Bildungseffekt, im Sinne eines gewissen Maßes an Befremdung, zu bewirken. Obwohl behauptet wird, dass die Mehrzahl aller Kunstwerke im öffentlichen Raum auf positive Reaktionen stoßen, gibt es Ausnahmen, in denen die Einschätzung der breiten Bevölkerung negativ ausfällt. Dieser Fall ist schon ansatzweise als „öffentliches Ärgernis" definiert worden und wirft eine wichtige Frage auf: Darf ein legitimiertes Kulturgut, das mit staatlichen Mitteln im öffentlichen Raum gefördert wurde, als „öffentliches Ärgernis" agieren?

Um eine Antwort auf diese Frage zu geben, sollte prinzipiell zwischen „Provokation" und „Ärgernis" differenziert werden. Die Provokation zeichnet sich in der Regel dadurch aus, dass sie als zeitbegrenztes Phänomen auftritt. Der Schock, die Überraschung und der unausweichliche Streit leisten einen sehr wichtigen Beitrag zur Bildung, da sie den Horizont festgelegter Seh- und Denkweisen erweitern können. Das Problem eines „öffentlichen Ärgernisses" entsteht meist, wenn das Objekt einen „permanenten" Status besitzt und somit von der Öffentlichkeit als langfristiges Übel betrachtet wird. In diesem Fall wirkt das Objekt konträr zu dem gewünschten Bildungsauftrag, da es in den Augen der lokalen Bürgerschaft als Signal einer Beliebigkeit und Lächerlichkeit dient und somit zu einem Prozess der Kunstverdrossenheit beitragen kann. In diesem Sinne bietet die interessante Kontroverse um die *Jeff Koons* Ausstellung „Made in Heaven" in der Galerie Hetzler ein Beispiel für das „private Quasi-Gemeingut" mit negativem Vorzeichen, doch da die Ausstellung nur über einen begrenzten Zeitraum lief, lässt sie sich unweigerlich als öffentliche Provokation, doch nicht als langfristiges „Ärgernis" bezeichnen.

In Bezug auf „Kunst im öffentlichen Raum" können zahlreiche Beispiele genannt werden, in denen nicht nur die hintergründigen Konzepte der jeweiligen Kunstwerke, sondern die Angemessenheit ihres räumlichen Kontextes mit Zweifeln behaftet sind. Zu dieser Kategorie gehört die Klanginstallation „Über den Teichen" von *Andreas Öldörp* auf dem Waldskulpturenweg Wittgenstein-Sauerland. Eine offizielle Beschreibung der Klangskulptur besagt: „Ein lang gestrecktes Tal bei dem Kloster Grafschaft erfährt durch dieses akustische Werk eine mit natürlichen Geräuschen eng verwobene neue Raumplastizität. Lauschen, Spüren und Fühlen weisen dem Wanderer den Weg zu einem eigenen Kunstgenuss in der freien Natur des Waldtales." Leider berichten Wanderer, dass ihr Genuss der Natur beim Spazierengehen in dem Tal durch den „unangenehmen artifiziellen Ton" der Installation äußerst eingeschränkt wurde, worauf die Frage nicht unberechtigt ist, ob solch eine „Zwangsbeglückung" wirklich im Sinne eines Kunstwerkes sein sollte? Eine ähnliche Problematik weist das „Bauschild" einer „urbanistischen Utopie" von *Thomas Huber* an der Remagener Rheinpromenade auf. Bau- und Werbeschilder werden häufig als „umweltfeindlich" bezeichnet, sind also mit „negativen externen Effekten" behaftet und dürfen deswegen meist nur für eine begrenzte Zeit errichtet werden. Im Falle einiger Kunstwerke scheinen solche Normen nicht immer angewandt zu werden, doch werfen sie dann die interessante Frage auf: warum?

Dass Künstler und Kunstvermittler sich meist von öffentlichen Reaktionen nicht beeindrucken lassen, ist nicht weiter verwunderlich, da sie nicht nur an den öffentlichen Aufträgen verdienen, sondern auch meist durch Kontroversen an Aufmerksamkeit ihrer Person gewinnen. Das Problem liegt also oft an den Auftraggebern, meist gewählte Politiker und Kunstverwalter, von denen zu erwarten wäre, dass sie sich mit Sensibilität und Verantwortung öffentlichen Kunstprojekten widmen. Doch äußere Faktoren, wie Vetternwirtschaft, Geltungsdrang und Unkenntnis, fließen allzu häufig in die Entscheidungsprozesse öffentlicher Aufträge ein, besonders wenn das „institutionelle Expertentum" als Befürworter oder Antragssteller einbezogen ist. Für die gesamten Entscheidungsträger solch kontroverser und langfristiger Kunstprojekte im öffentlichen Außenraum trifft deswegen gelegentlich das „Sankt-Florian-Prinzip" zu: bei meinen Nachbarn ja, doch nicht vor meiner Haustür! Es ist sehr unwahrscheinlich, dass permanente „Ärgernisse" künstlerischer Art jemals eine offizielle Zustimmung der Behörden bekämen, wenn sie etwa den Blick aus einem Rathaus- oder Museumsfenster verunstalten würden. Natürlich liegt auch ein hohes Maß an Verantwortung bei dem Künstler, der sich immerzu darüber Gedanken machen muss, inwieweit eine legitime und vielleicht notwendige Provokation zu einem permanenten Ärgernis ausarten darf und er sich auf Kosten anderer sein Einkommen sichert.

3.3 Der Betrachter

Nachdem zwei betroffene Parteien, die Künstler und Aussteller, als wichtige Instanzen einer Legitimation von Kunst untersucht worden sind, lässt sich die Analyse verallgemeinern und auf den gesamten Personenkreis der

„Betrachter" ausweiten. Das Kunstwerk dient einerseits als Kommunikationsmittel und somit als Medium des Künstlers mit einem fiktiven „Ansprechpartner" in einen indirekten Dialog zu treten und ihn indirekt einzuladen, sich mit den dargestellten Belangen und Ausdrucksweisen zu beschäftigen. Andererseits dient der Betrachter auch als „Gutacher" des Werkes, eine Rolle, die ihm nicht nur als Legitimationsfigur, sondern letztlich auch als Beurteiler zukommt. Wenn dem Betrachter nun als allgemeine Instanz neben dem einzelnen Künstler eine Legitimationsaufgabe zuteil wird, dann folgt automatisch die Frage, wie denn der Typus des „Betrachters" zu differenzieren ist, und unter welchen Voraussetzungen gewisse Personenkreise Entscheidungen über die Begrifflichkeit von Kunst treffen.

3.3.1 Das Publikum

Für analytische Zwecke ist es legitim, den „Betrachter" als abstraktes Wesen zu definieren, doch wie beim Künstler sollte auch er auf seine individuellen Charakteristika untersucht werden. Vereinfacht könnte man die Vielzahl der Betrachter als das Publikum bezeichnen, also jeder Mensch, der einen offiziellen Kunstraum, wie ein Atelier, Galerie oder Museum besucht. Der Begriff „Publikum" verdeutlicht, dass es sich beim Betrachter um eine recht heterogene Gruppe von Menschen handeln kann, die sich grob in drei Kategorien unterteilen lässt: die Laien oder gelegentlichen Ausstellungsbesucher, die interessierten Betrachter und die professionellen Akteure des Kunstbetriebes. Alle drei Arten sind nicht nur geprägt von unterschiedlichen Interessen und Kenntnissen, sie weisen auch diverse Motive auf, die sie zu einem Ausstellungsbesuch und der Beschäftigung mit Kunst anregen.

Zu Laien oder „seltenen" Museumsbesuchern zählt die Mehrheit aller Bürger, Menschen, die anderen Interessen als der Kunst nachgehen und somit geringe Kenntnisse aufweisen. Im Gegensatz dazu steht der interessierte Betrachter, der sich regelmäßig die eine oder andere Ausstellung anschaut und sich mit unterschiedlicher Intensität den vielfältigen Aspekten der Kunst widmet. Er ist wissbegierig und genießt die Lernprozesse, die zu einer seriösen Auseinandersetzung mit dieser teilweise anspruchsvollen Materie gehören. Der „interessierte" Kunstkenner stellt gewissermaßen den „idealen" Betrachter dar, da es ihm rein um die Sache Kunst geht und andere Motive, wie etwa das Bedürfnis Werke zu kaufen, entweder wegfallen oder der Aufmerksamkeit für das Werk untergeordnet werden.

Wie der Begriff des „professionellen Betrachters" andeutet, handelt es sich bei dieser Gruppe um Personen, die weitgehend mit dem „Kunstbetrieb" zu tun haben. Hierzu gehören die Künstler als Produzenten, die Aussteller und Vermittler im „Vertriebssystem", Museumsangestellte, Professoren der Akademien, Großsammler, Politiker und Beamte der Kulturpolitik, sowie sämtliche Kommentatoren, wie Kritiker und Publizisten. Ein Großteil dieser Betrachtergruppe lässt sich als „Expertentum" bezeichnen, wobei schon im Zusammenhang mit einer Beschreibung des Kulturgutes der Unterschied zwischen „institutionellen" und „autonomen" Experten vorgestellt wurde. Durch ihr hohes Maß an Fachkenntnissen spielen die professionellen Betrachter eine zentrale Rolle in den Entwicklungen neuer „Wertekonventionen" und somit auch in der Definition und Legitimation von Kunst. Die Herangehensweisen und Motive der diversen Experten variieren jedoch enorm und unterscheiden sich meist von der unkomplizierten Kunstbetrachtung des „interessierten" Galerie- oder Museumsbesuchers. Aspekte, wie Karrieren, Interessenskonflikte, Kaufmotive und Geltungsbedürfnisse spielen im Kreise der Fachleute häufig eine Rolle.

3.3.2 Geschmack & Verstand

Die Bemerkung, „Schönheit liegt im Auge des Betrachters", heißt im Bezug auf Kunst soviel wie „Jeder hat seinen Geschmack" oder „Über Geschmack lässt sich nicht streiten" und spricht eine sehr wichtige Thematik in der Kunst an. Wenn Kunst nur Geschmacksache wäre, dann ließe sich auch nicht über Kunst streiten. Doch einer der wichtigsten Aspekte der Kunst ist gerade die intensive Beschäftigung mit ihr und die daraus folgenden Diskussionen oder Streite. Die Bemerkung, Kunst sei nur Geschmacksache, beruht auf der Annahme, dass Kunst reine Privatsache des Betrachters sei. Doch wo bleibt die Position des Künstlers in dieser Angelegenheit? Was geschieht mit dem Aspekt der Kommunikation, der eine Auseinandersetzung und Interpretation herausfordert? Es bleibt jedem Betrachter überlassen, wie er an ein Werk herangeht, doch es wäre falsch zu sagen, dass eine Auseinandersetzung mit Kunstwerken ausschließlich Gefühlssache sei, die sich nur an einem ästhetischen Empfinden des Betrachters orientiert. Sowohl für den

Künstler, der auf sinnliche Weise Erkenntnisse vermitteln möchte, wie auch für viele Betrachter, die sich eindringlich mit den Anliegen des Künstlers beschäftigen wollen, ist Kunst neben Ausdruck von Emotionen auch ein intellektueller Ansatz des Deutens, Urteilens und Kommentierens. Das Betrachten und Wahrnehmen von Kunst findet also nicht nur im „Bauch" statt, sondern auch im „Kopf", denn es regt zum Denken an und fordert die Geisteskraft und den Verstand des Betrachters heraus. Somit entspricht der gelegentliche Kommentar „Die Kunst beginnt dort, wo der Geschmack aufhört" auch nur einer halben Wahrheit, denn diese Haltung ignoriert wiederum die gefühlsmäßigen Aspekte der Kunst und ihre Wirkung auf den Betrachter.

Beim Begriff des „Geschmacks" handelt es sich größtenteils um eine Wahrnehmung, die ausschließlich von subjektiven Faktoren geprägt ist. Dabei ist festzustellen, dass die emotionale Empfindung meistens einen „ersten Eindruck" beim Betrachten widerspiegelt. Auch wenn dieser Eindruck länger dauern mag, entstehen beim Betrachter Fragen, wie „Was passiert hier?", „Was soll das?", „Was will der Künstler damit sagen?" oder „Was sagt mir das?". Hier werden Rätsel aufgeworfen und somit beginnt eine konkrete Auseinandersetzung mit dem Werk. Gefühle von Verwirrung und Unruhe versetzen den Galerie- oder Museumsbesucher in einen zweiten Betrachtungsmodus, dem Suchen nach Orientierung, Ordnung und Antworten. Dieser „zweite Blick" ist jedoch nicht mehr grundlegend geprägt von subjektiven Gefühlen, sondern von Denkprozessen und einer eher geistig analytischen Behandlungsweise. Der Kopf wird eingeschaltet und es beginnt eine mentale Auseinandersetzung, die sämtliches Wissen und persönliche Erfahrungen einsetzt und verarbeitet, um zumindest Ansätze für Erklärungen zu finden.

Wie bei dem Begriff „Geschmack" ist auch der Ausdruck „Genuss" geprägt von subjektiven Gefühlsempfindungen. Doch genauso wie jemand das Lösen eines Kreuzworträtsels „genießen" kann, bietet die Neugier und Spannung einer Auseinandersetzung mit Kunst ebenso „angenehme" Sinneseindrücke, die zwar emotional empfunden werden, sich jedoch von der Geisteskraft und dem Denkvermögen her entwickeln. Wenn also die Kopfarbeit beim Interpretieren von Kunst mit einem Gefühl von Glück verbunden werden kann, lässt sich auch der Begriff „Kunstgenuss" als ein positiver emotionaler Zustand beschreiben, der durch eine Mischung aus gefühlsbezogener Wahrnehmung und intellektueller Herausforderung herbeigeführt wird.

Eine Alternative, sich mit den Bezeichnungen von Geschmack und Verstand auseinanderzusetzen, bietet ihre Beschreibung als jeweils „subjektiv" und „objektiv". Beide Begriffe treffen in vieler Hinsicht auf das Betrachten von Kunst zu und enthalten gleichzeitig wichtige Merkmale. So wie die Subjektivität das Persönliche und Gefühlsbetonte des Betrachters heraushebt, deutet sie auch auf die Einschränkung der Sozialisation, also eine Anpassung an gesellschaftliche Denk- und Gefühlsmuster hin. Das Betrachten und Wahrnehmen von Kunst wirft somit ein allgemeines Problem auf, ob es sich dabei um einen „persönlichen" Geschmack oder um „gesellschaftliche Normen" von Geschmack handelt. Die Objektivität lässt sich dagegen als nüchtern, sachlich, unbeeinflusst und vorurteilsfrei beschreiben. Doch auch hier spielen gesellschaftliche Einflüsse und das Erlernte eine bedeutende Rolle. Zusätzlich stellt sich die Frage, inwieweit das Erlernte jeweils von Personen verarbeitet worden ist und zu Toleranz und Offenheit geführt hat, um eine individuelle Auseinandersetzung mit der Kunst zu gewährleisten, oder es sich beim Wissen nur um eine „ineffektive" Ansammlung erlernter Fakten, Tendenzen und Sehweisen handelt.

3.3.3 Interesse & Wissen

In der Beschreibung und den philosophischen Erwägungen der Konzeptkunst ist deutlich geworden, dass Kenntnisse und „Erklärungen" über das Werk und gelegentlich den Künstler, anders als bei den traditionellen Medien, notwendig geworden sind. Einen Teil der zeitgenössischen Kunst kann der Betrachter also nur mit einem gewissen Maß an Hintergrundwissen erkennen und beurteilen. Doch Sachkenntnisse alleine reichen nicht aus, um zeitgenössische Kunst verstehen und schätzen zu lernen. Ein zentraler Bestandteil des Betrachters ist seine Wissbegierde, Interesse und eine gewisse Leidenschaft für die Materie Kunst. Kein Mensch kann gezwungen werden, Kunst zu mögen, also bedarf es einer besonderen mentalen Einstellung gegenüber den diversen Aspekten kreativen Gestaltens. Nur eine Grundhaltung von Neugier und Toleranz erlaubt dem Betrachter, sich einem Werk zu „öffnen" und es relativ unvoreingenommen zu studieren. Die Neugier und die Lust, Überraschungen zu erleben, schürt wiederum den Durst nach mehr Fachwissen, um besonders diejenigen Kunstwerke, die durch ihre Konzeptlastigkeit eine größere Portion Kopfarbeit abverlangen, wahrnehmen und beurteilen zu können. Ausgedehnte Kenntnisse über Kunst, verknüpft mit einem Streben nach „neuen Erfahrungen", erlauben nicht nur eine breitere Perspektive und Auswahl von Sehweisen, sondern öffnen auch mehr Möglichkeiten der Assoziation und Interpretation, die dazu beitragen können, einen höheren Grad an Verständnis zu erlangen. Somit lässt sich die These formulieren, dass je mehr sich der Betrachter mit Kunst beschäftigt, er sich gleichzeitig einem Lernprozess hingibt, der langfristig zu mehr Verständnis und Freude führt. Dieser Erfahrungsprozess lässt sich sehr ausdrucksstark mit den knappen Worten „sehen, verstehen, lieben" beschreiben, die als Titel eines Lehrbuches des Bauhauskünstlers *Kurt Kranz* dienen. Jeder Besuch in einer Galerie oder einem Museum ist sowohl ein einzigartiges Erlebnis, doch gleichzeitig Teil einer Bildungsreise, die den Betrachter zu weiteren Kunstabenteuern ermuntert. Diese sich gegenseitig anregende Wechselbeziehung aus persönlichem Interesse und neuen Kenntnissen liefert nicht nur die Grundbedingung des „Kunstgenusses", sondern auch den Ansatz einer Analyse zur Legitimation von Kunst.

Zu einem wissensbezogenen Lernprozess gehört immer die Thematik der Qualität und Unabhängigkeit derjenigen Instanzen, die Wissen erforschen und vermitteln. Wie schon erwähnt, spielen die „autonomen" Experten eine unabhängigere und daher informativere Rolle als diejenigen, die durch institutionelle Verbindungen und Interessen hervortreten. Genauso wie die von externen Gutachtern ausgeführten Analysen über Pharmaprodukte ein höheres Maß an Seriosität besitzen, so sind Kunstexperten, die nicht direkt an den kommerziellen Kunstbetrieb gebunden sind, als ernsthaftere Wissensvermittler einzustufen. Ein komplexeres und tiefgreifenderes Thema, das auch die autonomen Kunstexperten betreffen kann, ist von Christian Demand angesprochen worden. Er hinterfragt die Grundlagen und Kategorisierungsprozesse der Kunstgeschichtsschreibung und fordert letztlich jeden Betrachter heraus, sich nicht nur Fachwissen anzueignen, sondern sich auch kritisch mit diesem Wissen auseinanderzusetzen.

Ein weiterer interessanter Aspekt des kunstspezifischen Lernprozesses, besonders in Bezug auf öffentliche Quasi-Gemeingüter, betrifft die Frage, wie viel Interesse und Sachkenntnisse von einem „Publikum" erwartet werden kann? Kunst im öffentlichen Außenraum fordert die Frage heraus, ob nicht viele Betrachter von einigen äußerst konzeptbehafteten Exponaten überfordert werden und sich somit der positive pädagogische Effekt einer unfreiwilligen Beschäftigung mit der Materie Kunst als kontraproduktiv entwickelt? Die Bezeichnung eines „öffentlichen Ärgernisses" beruht auf der Problematik, dass sich einige Werke sogar Kunstkennern nicht erschließen, geschweige denn eine unmittelbare Auseinandersetzung zulassen, und somit jeglicher Lernprozess verhindert wird. Kunst im öffentlichen Bereich braucht stets ein Minimum an intrinsischen Eigenschaften, die der Öffentlichkeit Möglichkeiten der Interpretation einräumen, denn eine konzeptlastige Überforderung führt vielerorts zu Verärgerung und Kunstverdruss.

Dürfen demnach Betrachter, die ohne Erklärungsmittel keinen inhaltlichen und konzeptionellen Zugang zu gewissen Werken finden können, von Kunstkennern als „Kulturbanausen" bezeichnet werden? Wie in den meisten Professionen, fehlt auch Künstlern und dem Kunstexpertentum häufig eine realistische Einschätzung dessen, was von Außenstehenden an Interesse und Fachwissen erwartet werden kann. Doch im Gegensatz zu anderen Sachgebieten sind gerade Künstler und auch Architekten in besonderem Maße öffentlich exponiert und tragen somit eine gesteigerte soziale Verantwortung. Wie würden Künstler und Kulturverwalter reagieren, wenn von ihnen verlangt würde, sich mit technischen Arbeitsfeldern der Volkswirtschaft, wie der „Heteroskedastizität ökonometrischer Regressionsmodelle" auseinanderzusetzen? Hierbei geht es wie in der Kunst auch um geistig anspruchsvolle und gesellschaftlich relevante Themenbereiche. Doch mit Sicherheit wäre der Kunstexperte etwas überfordert und sähe diese pädagogische „Zwangsbeglückung" weniger als Bildungserfahrung, sondern als Nötigung. Insgesamt kann somit festgestellt werden, dass ein Interesse und gewisse Kunstkenntnisse nicht unbedingt von der großen Mehrheit der Bevölkerung erwartet werden können, doch trotzdem der öffentlichen Bildungsaufgabe, basierend auf einer pädagogisch wertvollen Impulsgebung für ein breites Kunstverständnis, nachgegangen werden sollte. Schließlich bieten die persönlichen Merkmale des Interesses und Wissens nicht nur wichtige humanistische Aspekte der menschlichen Existenz, sondern, wie anhand des auf den folgenden Seiten vorgeschlagenen Modells des „subjektiven Faktors" demonstriert wird, schaffen sie auch das Fundament einer gesellschaftlichen Legitimation von Kunst.

3.3.4 Legitimation des Betrachters: Der „subjektive Faktor"

Um die Rolle des Betrachters in der Legitimationsfrage von Kunstwerken zu untersuchen, dient in der folgenden Analyse die aufgezeigte Dreiteilung des Publikums und ihre verschiedenen Merkmale als hypothetische Grundlage. So haben wir auf der einen Seite des Betrachterspektrums den laienhaften Museums- oder Galeriebesucher. Auf der anderen Seite steht der qualifizierte Kunsthistoriker, Museumsdirektor, Kritiker oder Kunstvermittler, der auf Grund seiner professionellen Kunstkenntnisse als „Experte" einzustufen ist. Zwischen beiden Betrachterkategorien befinden sich folglich eine Reihe unterschiedlicher Personenkreise, denen ein breites Spektrum von bedingt kunstinteressierten Menschen, bis hin zu erfahrenen Kunstkennern angehört. Wie schon ausgeführt, lässt sich eine Charakterisierung des Publikums anhand des Interesses, Wissens und des Verständnisses von Kunst der einzelnen Betrachtergruppen vornehmen. Wenn somit in einer Definitionsbestätigung jemand gefragt wird, ob ein Objekt als Kunstwerk bezeichnet werden kann, dann ist es wichtig festzustellen, wem in dieser Anordnung von Personen die Frage gestellt wird. Antworten auf die Thematik einer Legitimation von Kunst sind also größtenteils vom Urteilsvermögen der Befragten und somit letztlich von ihrem Interesse und Wissensstand abhängig.

Besucher einer Galerie werden beispielsweise gefragt, ob ein gewisses Objekt, wie etwa ein Readymade, ihrer Meinung nach als Kunst bezeichnet werden kann. Im Falle dieser recht extremen Kunstform ist ein sehr hoher Nein-Anteil der Laien, ein sehr hoher Ja-Anteil der Experten und ein gemischtes Ja-Nein Verhältnis von den dazwischen liegenden, kunstinteressierten Betrachtern, zu erwarten. Im Zusammenhang einer Legitimation von Kunst entwickelt der Künstler *Unbe Kant* in seinem Werk „Lineare Struktur Nr. 9" das Modell des „subjektiven Faktors". Darin setzt er den Begriff „Subjektivität" als Synonym für „Geschmack", „Emotionalität" oder „Bauchgefühl" und die Bedeutung von „Objektivität" etwa mit „Sachver-

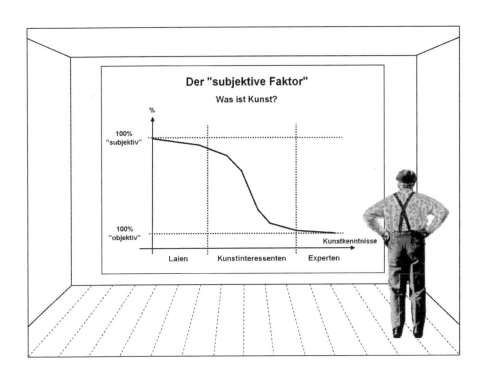

Lineare Struktur Nr. 9
Digitaldruck auf Pappe, 2010

stand", „Fachwissen" oder „Kopfarbeit" gleich. Er verdeutlicht somit die Problematik einer geistigen Wahrnehmung von Kunst, indem er die anteiligen Charakteristika, „Emotion" und „rationale Urteilskraft" der jeweiligen Betrachtergruppen gegenüberstellt.

Das anteilige Verhältnis gefühlsbetonter und rationaler Art, sich dem Thema Kunst zu nähern, bezeichnet er als den „subjektiven Faktor", ein Verhaltensmuster des Betrachters, das wiederum von den zwei beschriebenen Grundeigenschaften abhängt: dem persönlichen Interesse und seinen Kunstkenntnissen. Das Modell vertritt und illustriert somit die These, dass der Grad an „Subjektivität" des Betrachters als eine fallende Funktion seines Interesses und seiner Kunstkenntnisse zu bezeichnen ist. Hierbei dienen die „Variablen", Interesse und Wissen der unterschiedlichen Betrachtergruppen, als Messlatte für die Intensität ihrer Auseinandersetzung mit der Materie Kunst, die am deutlichsten an den stark polarisierten „Ergebnissen" von Experten und Laien zu erkennen ist. Es herrscht demnach ein breiter Konsens unter Kunstinteressierten und Experten, dass ein Readymade als Kunst bezeichnet werden kann. Dies entspricht einer Übereinstimmung, die auf der Basis hoher Sachkenntnisse beruht und dadurch von einem niedrigen Anteil subjektiver Urteilskraft herbeigeführt wird. Das Umgekehrte trifft auf den Laien zu, der an die Frage der Legitimation eines solchen Objektes mit geringem Fachwissen und dafür mehr Emotionalität und Subjektivität herantritt.

Wenn, wie in *Unbe Kants* Grafik dargestellt, eine Vereinbarung des Expertentums darüber herrscht, dass etwa ein Readymade als Kunst definiert werden kann, dann gibt es ebenso Fälle, in denen eine Übereinstimmung nicht mit solcher Eindeutigkeit ausfällt, da subjektive Aspekte auch in die Urteilsfindung der Experten einfließen können. Als der Künstler *Tony Kay* sein Werk, den obdachlosen „Brian", vorstellte, zeigte sich beispielsweise eine erstaunliche Uneinigkeit der Experten darüber, ob dieses Werk tatsächlich als Kunst deklariert werden kann. Überraschend war es jedoch nicht, dass besonders die institutionellen Experten, wie Galeristen und Museumsleiter, den Künstler einen „Scharlatan" nannten, eine Bezeichnung die man sonst eher aus den Reihen der Laien zu hören bekommt. Die ins Mark treffende Kritik von *Tony Kay* am institutionellen und kommerzialisierten Kunstbetrieb ging den betroffenen Experten wohl doch zu weit. Andererseits gab es auch unabhängige Stimmen und Kommentare, die von der Aktion *Kays* schwärmten und sie nicht nur als Kunst bestätigten, sondern auch als einen wichtigen konzeptionellen Beitrag zu zeitgenössischen Entwicklungen.

Trotz einer schematischen Vereinfachung der aufgezeigten Verhaltensgrundlagen unterschiedlicher Betrachterkreise, lässt sich die These vertreten, dass bei einem wachsenden Interesse und ausgeprägten Kunstkenntnissen der Befragte in zunehmenden Maße bereit ist, ungewöhnliche, kontroverse oder schwer verständliche Werke als Kunst zu bestätigen. Diese zwar einfache, doch prozessbehaftete Analyse beschreibt nicht nur die Signifikanz der Betrachterrolle als Legitimationsfigur, sondern liefert weitere Anhaltspunkte und Hintergründe, die zur Formulierung einer Definition von Kunst führen können. Das zentrale Ergebnis des von *Unbe Kant* vorgeschlagenem Legitimationsmodells besteht darin, dass besonders in außergewöhnlichen und extremen Kunstgattungen kein Einvernehmen der Befragten zu erwarten ist. Solch eine Unstimmigkeit wirft daher die spannende Problematik auf, wie sich ein „Konsens" definieren lässt? Konkrete Lösungen für die Festlegung eines Konsenses können prinzipiell nicht gegeben werden und bieten somit stets Stoff für Diskussion. Es kann jedoch ein Vergleich zu anderen kreativen Arbeitsfeldern herangezogen werden, wie etwa die Wissenschaften, um die Thematik ansatzweise zu behandeln. In dieser Hinsicht unterliegt die Legitimation von Kunstwerken keinem „demokratischen Prinzip" und lässt sich ebenso wie andere Spezialfächer nur von gewissen Kreisen beurteilen, also von einem Publikum, das die zentralen Qualifikationen von Interesse und Wissen mitbringt. Man darf also auch in der Kunst von einem „eingeschränkten Konsens" sprechen, der sich aus den Beurteilungen des Expertentums und der breiten Masse kunstinteressierter Menschen zusammensetzt.

Wenngleich dem Expertentum eine sehr wichtige Rolle in der Legitimation eingeräumt werden muss, bietet das Modell des „subjektiven Faktors" einen breiteren Bewertungsrahmen, als er etwa in den Naturwissenschaften zu finden ist. Im Gegensatz zu den elitären Positionen, die besonders dem „institutionellen Expertentum" ein Monopol der Legitimationsfunktion einrichten, spielt in der ausgeführten Analyse die Figur des interessierten

Kunstkenners in der Legitimierung von Kunst eine bedeutende Rolle und ergänzt somit den offiziellen Experten in einer ungewöhnlichen Weise. Das Kunstgeschehen wird von einer Vielfalt unterschiedlicher Teilnehmer und Akteure gekennzeichnet, die nicht nur professionell als Fachkräfte tätig sind, sondern zusätzlich durch ihr Engagement, Interesse und Sachkenntnissen sich als „Nicht-Experte" an dem Prozess einer Legitimierung und Bewertung beteiligen. In diesem Sinne bietet das Modell des „subjektiven Faktors" durch die spezifische Konzentration auf unterschiedliche Betrachtergruppen einen erweiterten Blickwinkel und widersetzt sich dem gängigen Denkmuster, das besonders dem institutionellen Expertentum jegliche Urteilshoheit einräumt. Trotz der hier vertretenden These einer umfangreicheren gesellschaftlichen Partizipation im Umgang mit Kunst muss jedoch festgestellt werden, dass der zahlenmäßige Umfang des interessierten Publikums im Verhältnis zur gesamten Bevölkerung zwar wächst, doch weiterhin relativ gering ausfällt und daher auch den Vorwurf des Elitären schürt. Ein gewisses Maß an wissensbedingtem Elitismus bleibt somit nicht aus, doch durch die Arroganz und Eingebildetheit weniger Experten wird häufig das Image einer berufenen Weltfremdheit gepflegt, eine Haltung, die im scharfen Gegensatz zu einer öffentlichen Bildungsaufgabe steht und somit der Verbreitung und Vermittlung von Kunst als einem lebendigen gesellschaftlichen Medium im Wege steht.

4 Definition oder Diagnose?

Die Frage „Was ist Kunst?" ist einerseits fragmentarisch in der Bestandsaufnahme der Kunst als geistiges, privates, institutionelles oder gesellschaftliches Gut beschrieben worden, doch erst die analytische Thematik der Legitimation und die damit zusammenhängenden Rollen der Künstler, Betrachter und Kuratoren boten neue Ansätze einer konkreteren Antwort. Deskriptive Merkmale, wie das Fehlen einer materiellen Zweckgebundenheit, philosophische Hintergründe oder historische Entwicklungen bieten eine Menge Erkenntnisse und Besonderheiten, die als Gesamtbild zu einem Verständnis von Kunst führen können. Doch eine genauere Begriffsbestimmung der Kunst lässt sich erst über gesellschaftlich geprägte Entscheidungsmechanismen ableiten. Daher erfährt ein Kunstwerk die erste und wichtigste Instanz einer Legitimation, sobald der Schöpfer es selber als „Kunst" definiert. Dass an dieser Stelle auch Grenzfälle und ethische Aspekte auftreten können, zeigte die Thematisierung der künstlerischen Intention. Wenn nach dem ersten Schritt der Selbstlegitimation das Werk des Künstlers zusätzlich den Weg in einen Kunstraum findet und in Ausstellungen der öffentlichen Betrachtung und Kritik ausgesetzt wird, erfährt es nicht nur die Legitimation des Ausstellers, sondern eine breitere künstlerische Bestätigung von „außen", auch wenn diese nur einem enggefassten gesellschaftlichen „Konsens" entspricht, da die Zahl der „qualifizierten" Entscheidungsträger einen relativ geringen Anteil der Bevölkerung ausmacht. Wie das Modell des „subjektiven Faktors" illustrierte, ist die Legitimation von Kunstwerken nicht frei von subjektiven Aspekten, doch das Übereinkommen oder der Konsens einer Begrifflichkeit von Kunst ist in hohem Maße abhängig von den Kenntnissen vorhergegangener Wertkonventionen und Kunstentwicklungen.

Die Thematik der Legitimation ist nicht nur wichtig, weil sie einen prozesshaften Sachverhalt darstellt, der einem, wenn auch eingeschränkten, gesellschaftlichen Konsens entspricht, sondern auch deswegen, weil sie eine Struktur bietet, auf der grundsätzlichere Sinnfragen erörtert werden können. Diese Fragen kommen eher einer Diagnose gleich, also einer systematischen Untersuchung künstlerischer Gestaltungsformen, verknüpft mit einer Qualitätsbeurteilung. Wenn etwa durch eine raumspezifische Zweckentfremdung jedes Gebrauchsobjekt als Kunst definiert werden kann, dann fordert diese Erkenntnis automatisch eine Werteinschätzung heraus, damit die Kunst überhaupt einen Sinn und Wert behält. Um die Problematik künstlerischer Beliebigkeit einzudämmen, muss ein andauernder Dialog über Qualität geführt werden, denn nur eine werknahe Diskussion ist in der Lage, die Materie Kunst am Leben zu halten. Schon der Begriff „Kunstgenuss" beinhaltet wertbezogene Aspekte, die eine Qualitätsbeurteilung voraussetzen. Der Ansatzpunkt einer Definition ist somit konzeptionell von der einer Qualitätsfrage zu unterscheiden, denn er beruht auf der Bestätigung gewisser Gattungen, Konzepte und Begriffe, die jedoch an sich keine deutliche Aussagekraft über qualitative Eigenschaften des einzelnen Werkes besitzt. Eine Bewertung von Kunstwerken geht weit über die Frage einer Legitimierung hinaus und bietet die Grundlage für eine geistige Vertiefung, für das Suchen nach Erkenntnissen und letztlich für den Genuss von Kunst. Nicht die Frage einer Definition, sondern die diagnostische Auseinandersetzung mit dem einzelnen Werk, gibt der Kunst ihren besonderen Reiz und fördert den Wunsch, mehr sehen zu wollen, sich weiter zu informieren, neue Erfahrungen zu sammeln und sich an ihrer Rätselhaftigkeit zu erfreuen.

Dementsprechend wird die beschriebene Thematik der Legitimation auf den folgenden Seiten als Nährboden einer diagnostischen Untersuchung und weiterer Debatten betrachtet, als Grundlage, auf der eine kontroverse und spannende Auseinandersetzung über qualitätsbezogene Themen der Kunst folgen kann. Bevor jedoch der zweite Teil der Reise durch das Dickicht der Kunst weitergeht, sollte ein wenig innegehalten werden, damit den beiden Weggefährten, dem Betrachter Herrn K und dem Galeristen Herrn L, die Möglichkeit geboten werden kann, einige persönliche Kommentare zur Frage einer Definition von Kunst abzugeben.

Interview I

Autor: „Herr K, Haben Sie schon mal über die Frage ‚Was ist Kunst' nachgedacht?"

Herr K: „Da ich gerne die eine oder andere Kunstausstellung anschaue, stellt sich die Frage gelegentlich. Meistens fällt mir die Antwort leicht, wenn traditionelle Techniken gezeigt werden, wie etwa Gemälde oder Grafiken. Auch bei abstrakter Malerei habe ich keine Probleme, doch bei den sogenannten ‚Installationen' kommen mir dann doch Zweifel. Hier rettet mich nur die Tatsache, dass ich in einer Galerie oder einem Museum bin und davon ausgehe, dass die Aussteller sich mit Etikettenschwindel lächerlich machen würden, wenn sie Dinge fälschlicherweise als Kunst bezeichnen."

Autor: „Herr L, Ich nehme an, Sie sehen das ähnlich?"

Herr L: „Ich danke Herrn K für das Vertrauen, denn natürlich versuche ich, in seriöser Weise mit der Materie Kunst umzugehen. Ich muss auch eingestehen, dass ich als Galerist eine besondere Rolle in der Wahrnehmung von Kunstobjekten spiele, denn, wie Herr K es formuliert, ruht eine gewaltige Portion Zuversicht darauf, dass die Galerie keinen Etikettenschwindel betreibt. Jedes ausgestellte Objekt muss somit jeglicher kritischer Betrachtung standhalten und wenn nötig zu erklären sein."

Autor: „Herr K, Würden Sie die Werke, die Sie soweit vom Künstler *Unbe Kant* gesehen haben, wie etwa das Objekt „Schweigender Lecter", als Kunst bezeichnen?"

Herr K: „Ich war schon sehr überrascht, als ich das Werk „Schweigender Lecter" sah und habe mir nach den ersten Eindrücken die Frage, ob dies Kunst sei, auch sofort gestellt. Da ich selber in meiner Arbeit als Handwerker mit Sägen zu tun habe, fühlte ich natürlich eine besondere Nähe zu diesem Objekt und deshalb auch eine gewisse Neugier. Ich habe schon einige Kettensägen in Baumärkten präsentiert gesehen, doch in einer Galerie hatte ich sie nicht erwartet. Sie in einem leeren Raum so ruhig liegen zu sehen, gibt der Säge schon eine ganz ungewohnte Bedeutung. Ich glaube, das Ding wird wohl Kunst genannt, gerade weil es in der Galerie so sinnlos rumliegt."

Autor: „Spielte bei Ihrer Betrachtung der Titel eine Rolle?"

Herr K: „Ja, der Titel war in diesem Falle sehr anregend, da ich die Filme „Das Schweigen der Lämmer" und auch „Texas Chainsaw Massacre" kannte. Ich habe also durch den Titel und die Assoziation zum Mörder Hannibal Lecter sofort an Gewalt gedacht und die Säge plötzlich nicht mehr als Gebrauchsgegenstand, sondern als Mordwaffe gesehen, auch wenn sie so ruhig dort lag. Das war schon ziemlich schockierend, aber auch interessant, da ich ja gelegentlich mit solchen Sägen beruflich zu tun habe und auch weiß, was für einen Lärm sie machen können. Die ausgestellte Kettensäge hat mich also sehr verwirrt und meinen Respekt vor dem gefährlichen Instrument noch um einiges vergrößert. Solch schräge Gedanken in meinen Kopf zu pflanzen, ist schon ein gewaltiges Kunststück!"

Autor: „Herr L, Sie haben das Werk ausgestellt. Was ist Ihre Position als Galerist zu der Frage, ob die Kettensäge Kunst ist?"

Herr L: „Mir ist natürlich bewusst, dass ich bei einer Konzeptarbeit wie der Kettensäge selber einen wichtigen inhaltlichen Beitrag zu dem Werk leiste, denn nur die Verfremdung, die durch die ungewöhnliche Platzierung in einem Kunstraum erreicht wird, bestätigt das Objekt als Kunst. Ich muss aber auch zugestehen, dass dieses Werk eine besondere geistige Herausforderung für viele Betrachter bedeutet. Abgesehen von dem wohl kreativen Beitrag meinerseits, finde ich das Werk und seine Hintergründe vielschichtiger als einige andere schon vorhergegangenen Readymades. Mich fasziniert besonders auch das narrative Element in „Schweigender Lecter" und ich kann nur den Interpretationsvorschlägen und den Eindrücken von Herrn K zustimmen. In diesem Sinne bietet das Objekt mit seinem Titel auch Spielraum für Interpretationen, die es dem weniger informierten Besucher ermöglicht, das Werk interessant zu finden, ohne besondere Kenntnisse des theoretischen Überbaus dieser Art von Konzeptkunst zu besitzen."

Autor: „Herr L, was halten Sie von dem Werk „Strukturierte Improvisation Nr. 9"? Lässt es sich wirklich als Kunst einordnen?"

Herr L: „Dieses Werk ist mit Sicherheit schwieriger als Kunst einzuordnen als viele andere. Es benutzt eine aus der Mathematik herrührende Formensprache, die in der Kunst sehr fremd erscheint, so dass sie eigentlich als Konzeptarbeit betrachtet werden muss. Es gibt jedoch keine Regeln, mit welchen Symbolen oder Ausdrucksweisen gewisse Inhalte vermittelt werden können. So nutzt *Edward Ruscha* Worte als zentrale Objekte seiner Werke, oder der Digitalkünstler *Rolf Peuckert* verfasst Texte mit seinen selbst entwickelten Computerglyphen. Warum dann nicht auch die grafische Illustrationsweise der Mathematik? Schließlich geht es *Unbe Kant* in diesem Werk um eine seriöse Auseinandersetzung mit der interessanten kunsttheoretischen Frage, wer eigentlich in der Kunst beurteilt. Wer entscheidet, was Kunst ist? Sich dieser wichtigen Problematik in einer grafischen Form anzunehmen, finde ich legitim und betrachte somit auch dieses Werk als Kunst. Auch *Joseph Beuys* hat in „Vorlesungen" seine Konzepte mit gezeichneten Abbildungen illustriert und somit seine bekannten Schultafelwerke geschaffen. Solange wir also mit spannenden Inhalten und ungewöhnlichen Ausdrucksformen zu tun haben, besteht heutzutage wenig Zweifel, dass es sich bei solch grafischen Gestaltungstechniken um Kunst handeln kann."

Autor: „Herr K, meinen Sie, ein Kunstwerk wie „Schweigender Lecter" hätten auch Sie machen können?"

Herr K: „Selbstverständlich. Es ist ja nun nicht so schwer, eine Kettensäge im Baumarkt zu kaufen, einen Sockel zu bauen und die Säge draufzulegen. Doch ich muss schon sagen, ich wäre auf solch eine blöde oder eher verrückte Idee gar nicht gekommen. Außerdem glaube ich, schlechte Karten zu haben, wenn ich mich demnächst mit einem Hammerbohrer in der Galerie als Künstler vorstellen würde. Mit Recht würde Herr L mir wohl die Tür zeigen. Also dass der *Unbe Kant* es geschafft hat, eine Säge in der „Galerie Artspaß" ausstellen zu können, muss als Leistung anerkannt werden. Doch hier stellt sich die Frage, wer ist verrückter? Der Künstler oder der Galerist?"

Autor: „Herr L, was meinen Sie dazu?"

Herr L: „Das Herr K diese Thematik mit Skepsis und einem gewissen Misstrauen betrachtet, ist nachvollziehbar. Doch er ist auch sehr kulant, wenn er die Leistung des Künstlers anerkennt, mich zu einer Einwilligung dieser Ausstellung überzeugt zu haben. Ich kenne *Unbe Kant* seit einigen Jahren, und wir haben schon einige Projekte gemeinsam in die Hand genommen. Ich vertraue auf seine künstlerischen Ideen und Gestaltungsformen, denn ich würde nur Konzeptarbeiten von einem Künstler präsentieren, dessen Ernsthaftigkeit als Kunstschaffender nicht in Frage steht und dessen Konzepte mich inhaltlich und darstellerisch überzeugen. In diesem Falle bin ich immer gerne bereit, bei der Umsetzung jeglicher kreativer Verrücktheiten mitzuwirken."

Autor: „Meine Herren, vielen Dank für Ihre aufschlussreichen und anregenden Kommentare."

Teil II
Was ist gute Kunst?

5 Was ist gute Kunst?
Ansätze einer Kunstbewertung

Um der diagnostischen Frage nach Eigenschaften und Qualität in der Kunst nachzugehen, bieten sich zwei verschiedene Verfahrensweisen an. Die erste ist schon im Kontext des Kulturgutes als „institutioneller Determinismus" beschrieben worden und bezieht sich in erster Linie auf die Beurteilungsmethoden der offiziellen Kunstinstitutionen, der Topgalerien und Museen, die sich an marktspezifischen Prozessen und an des „Künstlers Marsch durch die Institutionen" orientieren. Diese grobschlächtige Bewertungstechnik mag zwar ansatzweise den „erfolgreichen" Künstlertypus aufspüren, doch sie ist für die konkrete Beurteilung eines Werkes kaum brauchbar. Dementsprechend beruht die zweite Methode auf einer alternativen werkbezogenen Qualitätsanalyse, denn schließlich betrachtet und beurteilt der Galerie- oder Museumsbesucher in den seltensten Fällen den Künstler, sondern sein Werk. Der Ausgangspunkt jeglicher seriösen Auseinandersetzung mit Kunst und ihrer Bewertung sollte somit erstrangig das Werk sein. „Externe Faktoren", wie etwa die Karriere des Künstlers, können gegebenenfalls zur diagnostischen Qualitätsanalyse hilfreich sein, doch umgekehrt auch vom Werk ablenken und als „Störfaktor" dienen.

Die werkspezifische Beurteilungsmethode beruht prinzipiell auf „traditionellen" Techniken, die sich größtenteils aus den Erfahrungswerten und Bewertungsnormen der Kunstgeschichte ableiten lassen. Aus diesem Grunde kann auch von einer „normativen Qualitätsanalyse" gesprochen werden, die ähnlich wie bei der Legitimationsfrage, in hohem Maße auf Kunstkenntnissen basiert, sich jedoch am Werk und weniger an den institutionellen Rahmenbedingungen des Schaffensprozesses ausrichtet. Durch kunsthistorische Grundlagen, Kenntnisse und Erfahrungen können gewisse „Normen" oder „Aspekte" einer Qualitätsbeurteilung herausgearbeitet werden, die zwar eine sachliche Analyse zulassen, doch andererseits niemals „objektiv" quantifizierbare Lösungen darstellen können. Eine Orientierung an Vergangenem und historischen Entwicklungen als Basis für die Formulierung von Bewertungsaspekten enthält schon deswegen Probleme, weil sich gesellschaftliche Grundvoraussetzungen über Zeiträume hinweg ändern können. Was geschieht beispielsweise, wenn etwas ganz Neues und Unvergleichbares in der Kunst entsteht? Hier haben die Experten in der Vergangenheit immer wieder versagt, da sie durch ihren Rückwärtsblick neue Gestaltungsformen und Entwicklungen nicht erkannten. Es dauerte meist eine geraume Zeit, bis neue und innovative Kunstwerke von einem Konsens des Expertentums legitimiert und dann häufig auch als qualitativ hochwertig eingestuft wurden. Eine historische Grundlage für das Formulieren von Bewertungskriterien ist also unausweichlich, doch diese muss von einer Allgemeingültigkeit sein, die genug Spielraum bietet, qualitätsbezogene Aussagen auch über zeitgenössische Werke mit neuartigen Inhalten und Ausdrucksweisen machen zu können.

Das kontroverse Thema „Qualität in der Kunst" bietet nicht nur Gesprächsstoff für viele Ausstellungsbesucher und das Sachgebiet für Kritiker, sondern hat auch schon den einen oder anderen Buchautor dazu bewegt, sich damit konkret auseinanderzusetzen. Zu den aktuellen Publikationen gehören demnach Bücher wie „Was ist gute Kunst", herausgegeben von Wolfram Völcker und „Plötzlich diese Übersicht" von Jörg Heiser. Einen weiteren interessanten Text liefert das Werk „Bei näherer Betrachtung" von Jean-Christoph Amman. Alle drei Publikationen behandeln das komplexe Gebiet einer Qualitätsanalyse in positiver, sachlicher und informativer Weise, wobei der Fokus ihrer Analysen sich in fragmentarischer Weise an konkreten Gattungen, Stilen und Kunstwerken orientiert. Einen alternativen Ansatz bietet der Beitrag von Wolfram Völcker in dem von ihm herausgegebenen Werk „Was kostet Kunst?" und besonders das provokante Buch „Und das ist Kunst?!" von Hanno Rauterberg. Das Letztere ist deswegen für die folgende Analyse von erheblicher Bedeutung, da es konkrete Formulierungen von Qualitätskriterien mit den aktuellen Praktiken des Kunstmarktes verknüpft und somit eine konzeptionelle Grundhaltung vertritt, die trotz eines anderen stilistischen Ansatzes sich prinzipiell mit den Belangen dieses Textes deckt. Rauterberg schlägt nicht nur den Weg einer „normativen Qualitätsanalyse" ein, sondern er ist im Gegensatz zu den meisten anderen Publizisten bereit, diese in den Kontext der aktuellen, institutionell und wirtschaftlich geprägten Rahmenbedingungen des Kunstbetriebes zu stellen. Ein ähnlich analytischer Denkansatz wird auch in den folgenden Kapiteln aufgegriffen, indem zuerst Aspekte einer Qualitätsbewertung skizziert werden, um dann realitätsnah zu untersuchen, welche „Störfaktoren" das dargestellte „Ideal" einer werkspezifischen Beurteilung einschränken. Es soll aufgezeigt werden, wie die normative Herangehensweise durch „externe" Einflüsse und Bewertungskriterien des „institutionellen Determinismus" verfälscht und korrumpiert werden kann.

Als Ausgangspunkt stützt sich die folgende Untersuchung auf die These, dass Kunst grundsätzlich als kreativer Kommunikationsträger zwischen Künstler und Betrachter zu verstehen ist, wobei in einer Qualitätsbewertung ausschließlich die Perspektive des Betrachters als Gutachter im Vordergrund steht. In der Rolle des Kommunikationspartners lassen sich für den Betrachter drei Bewertungsaspekte nennen, die auch als Fragen formuliert werden können. „Welche künstlerische Belange und Inhalte kommuniziert oder vermittelt ein Kunstwerk?" „Mit welchen Mitteln werden Inhalte transportiert und dargestellt?" „Welche Faktoren eines Kunstwerkes bewirken in besonderem Maße positive und nachhaltige Eindrücke beim Betrachter?" Die analytische Aufteilung einer Bewertungsmethode von Kunstwerken in drei thematische Teile ist nicht ganz unproblematisch, da immer Überschneidungen und Verknüpfungen auftreten werden. Sie liefert jedoch ein intuitiv gegliedertes Gerüst, um sich zumindest ansatzweise der komplexen Qualitätsthematik in der Kunst anzunehmen. Auch wenn die im folgenden Text vorgeschlagenen Bewertungskriterien unzureichend sind, liefern sie zumindest ein Signal dafür, dass über Qualität diskutiert werden kann. Dazu gehört selbstverständlich, dass die dargestellten Ansätze selbst als Ausgangspunkt für Kritik gesehen werden müssen, denn der Sinn derartigen Analyse ist es, den Dialog oder sogar Streit herauszufordern.

5.1 Aspekt I: Motive & Inhalte

In seiner Rolle als Kommunikationsträger bietet das Kunstwerk ein Medium, durch das der Künstler Inhalte vermitteln möchte und der Betrachter als Rezipient sich des Werkes annimmt, um diese Inhalte entschlüsseln zu können. Da es häufig unklar bleibt, was der Künstler mit seinen Arbeiten tatsächlich beabsichtigen möchte, liegt es am Betrachter, sich der Frage nach Sinn und Bedeutung der Werke zu öffnen, den möglichen Motiven des Urhebers nachzugehen und somit in einen indirekten Dialog mit dem Künstler zu treten. Es ist die ursprüngliche Wahrnehmung, die folgende Auseinandersetzung mit dem Werk und die Suche nach Bedeutung, die gemeinsam den Genuss des Kunsterlebnisses ausmachen. Besonders in der Frage nach dem Sinn eines Werkes lassen sich einige inhaltliche Themenbereiche nennen, die einen breiten, wenn auch unvollständigen Überblick verschaffen sollen.

5.1.1 Aussagen & Positionen

Da Künstler häufig eine Außenseiterrolle in der Gesellschaft gespielt haben und diese Position auch heute noch zu einem gewissen Grade einnehmen, ist es nicht verwunderlich, dass sie zu den wichtigen Kritikern und Kommentatoren der Gesellschaft gehören. In diesem Sinn beschäftigen sich Künstler häufig mit aktuellen Ereignissen und den vielen zeitgenössischen Tagesthemen, die ihre Umwelt prägen. Direkte und konkrete gesellschaftspolitische Inhalte lassen sich somit in sehr vielen Kunstwerken erkennen, wie etwa in Grafiken und Gemälden von *George Grosz* oder *Otto Dix*, die zu den ausdruckvollsten Protestarbeiten gegen den Ersten Weltkrieg und die darauf folgende Dekadenz der Weimarer Republik zählen. Die satirisch beißenden Fotomontagen gegen Adolf Hitler von *John Heartfield* sind heute noch einzigartig und legten die Grundsteine für die kompromisslosen Montagen einer späteren Generation politischer Künstler, wie *Klaus Staeck* oder den Engländer *Peter Kennard*. Zu den Klassikern der Protestkunst gehört natürlich das monumentale Werk „Guernica" von *Pablo Picasso* oder das enorm ausdrucksstarke Gemälde „The Citizen" von *Richard Hamilton*, das sich kritisch mit dem Konflikt in Nordirland und dem „dirty protest" der damaligen IRA Häftlinge auseinandersetzt. Auch die neuen Medien bieten immer wieder stark gesellschaftskritische und politisch geprägte Werke. So vertreten die experimentellen schwarz-weißen Zeichentrickfilme des südafrikanischen Künstlers *William Kentridge* eine klare Stellung gegen die Gewalt und die Hilflosigkeit der ethnischen Bewohner während des Apartheid Regimes in seinem Land. Ebenso kompromisslos und direkt manifestiert die Künstlerin *Marion Linke* in ihren Plastiken eine deutliche Position gegen Krieg und Gewalt. Goldglänzend bieten veredelte Skulpturen und Alltagsobjekte ein reizvolles Zerrbild, denn erst bei näherer Betrachtung wird erkennbar, dass sie aus einem schicksalhaften Material geformt sind: Patronen großkalibriger Schusswaffen.

Obwohl die Kunst häufig den Finger in Wunden legt, möchte sie in der Regel nicht belehren, sondern bewegen. Hochwertige Kunstwerke, die konkrete tagesbezogene Aussagen beinhalten und deutliche Positionen einnehmen, werden demnach durch ihren Fokus auf Teilaspekte, Beobachtungen oder Fragmente so verpackt und verarbeitet, dass genug Raum für Interpretation des Betrachters bleibt. Der Ausdruck gesellschaftskritischer Standpunkte soll als Kommentar wirken, um politische Zusammenhänge aufzuzeigen, Fragen aufzuwerfen und Diskussionen anzuheizen.

5.1.2 Existentielle Themen & Fragen

Neben Aussagen und Kommentaren zu konkreten gesellschaftlichen Ereignissen oder Sachverhalten greift die Kunst häufig Themen auf, die weit über die Tagespolitik und Alltagsprobleme hinausgehen und sich geistigen und existentiellen Fragen widmen. So beschäftigen sich zahlreiche Kunstwerke mit Motiven wie Identität, Einsamkeit, Sexualität, Vergänglichkeit, Tod, Liebe, Kommerz oder generell mit der menschlichen Existenz im Verhältnis zu Zeit, Raum und Natur. Anders als bei konkreten Aussagen nimmt der Künstler zu diesen Themen nicht unbedingt Positionen ein, sondern er beschreibt Prozesse, wirft Fragen auf und versucht komplexe Probleme und Grundgedanken gestalterisch zu verarbeiten.

Da existentielle Sachverhalte eine Vielzahl breitgefächerter Themen abdecken, soll nur ein Aspekt davon etwas genauer angesprochen werden. In unzähligen Kunstwerken und künstlerischen Schaffensprozessen wird die Thematik der „Vanitas" dargestellt, wobei es sich um ein philosophisches Konzept handelt, das die existentiellen Fragen der „Vergänglichkeit" und des menschlichen „Scheiterns" aufgreift. Vanitas bedeutet ursprünglich „Nichtigkeit" und „Vergänglichkeit", wird jedoch auch im Zusammenhang mit Misserfolg und Scheitern benutzt, da sie auf die Sterblichkeit und Schwächen der menschlichen Existenz hinweist. Die Problematik des menschlichen Kontrollverlustes und der Demut als Gegensatz zu Selbstbewußtsein und Arroganz ist keineswegs ein neues Thema, sondern beschäftigt die Kunst schon seit dem Mittelalter. Das Thema Vanitas taucht somit auch in der Kunst des 20. Jahrhunderts und in der Gegenwart auf, wie etwa in Objekten des Künstlers *Damien Hirst*, der sich mit dem Kadaver eines Haies in Formaldehyd oder seinem Werk eines brillantenbestückten Schädels explizit mit der Frage des Todes beschäftigt. Ebenso repräsentiert eine brennende Kerze, wie sie in einem berühmten Gemälde von *Gerhard Richter* oder einer Videoinstallation des Künstlers *Gregor Bendel* dargestellt wird, ein altes Sinnbild der Endlichkeit und Vergänglichkeit. Viele Kunstwerke beinhalten die klassische Vanitassymbolik des Kreuzes, ein deutlicher Hinweis auf menschliche Demut und Sterblichkeit.

Das Thema des Scheiterns und menschlicher Schwächen beschreibt nicht nur existentielle Angelegenheiten des alltäglichen Lebens, sondern auch einen zentralen Aspekt kreativer Arbeit, da Künstler sich täglich mit der Problematik des Misslingens und den daraus folgenden Lernprozessen auseinandersetzen müssen. Der Literat Samuel Beckett formulierte die Problematik des Scheiterns in ausdrucksvoller Weise mit seinem berühmten Zitat: „Ever tried. Ever failed. No matter. Try again. Fail again. Fail better." Für viele Künstler bedeutet dieser Ausspruch des notwendigen Scheiterns ein wichtiges Leitmotiv und bot sogar die Grundlage einer originellen Ausstellung in der österreichischen Landesgalerie Linz 2007. Die Thematik des kreativen Missglückens liefert einen interessanten Ausgangspunkt für Diskussionen, da das Scheitern als universelles und existentielles Problem bezeichnet werden kann, das zwar im negativen Sinne in jeder Lebenslage auftritt, doch auch immer Potential für Veränderung und Erneuerung mit sich bringt.

Verwandt mit dem Umstand des Scheiterns und der Vanitas ist das Phänomen und oft angewandte künstlerische Motiv des „Zufalls". Das Konzept des Zufalls beinhaltet meist Aussage und Arbeitsweise gleichzeitig. In diesem Sinne sprach der Dada Künstler *Max Ernst* in ironischer und paradoxer Weise vom „gezielten Zufall", ein Begriff der auch in doppelter Bedeutung auf die Schießaktionen der Künstlerin *Niki de St. Phalle* zutrifft. Auch die „Drip Paintings" von *Jackson Pollock* oder sämtliche Werke der Gattung „Found Art" sind geprägt durch den Zufall. Als Verwandter des Zufalls und des Scheiterns gilt auch der „Unfall". Der Werkzyklus „Death and Desaster Series" von *Andy Warhol*, der Fotos eines Autounfalls in verschieden farbigen Siebdrucken darstellt, bietet ein interessantes Beispiel dieser Thematik. Ebenso greift die Künstlerin *Rosemarie Stuffer* indirekt diese Vanitasproblematik auf, indem sie „Sicherheitsglasscheiben", die durch Unfälle zersprungen sind, als Arbeitsbasis für Collagen und Objekte nutzt.

Ein sehr vielfältiges und weit verbreitetes Themengebiet, das auch mit Vanitas, Zufall und Scheitern verknüpft ist, bietet die Natur. Wie etwa die grafischen Darstellungen verwelkender Pflanzen des Künstlers *Horst Janssen* demonstrieren, gehört zur Natur die Unabwendbarkeit des Zerfalls und die Gewissheit des Todes. Doch die Naturwelt ist längst nicht nur pessimistisch, denn sie beinhaltet auch Erneuerung und Leben. Es ist dieses Wechselspiel, dass viele Künstler anregt, sich mit den Schattenseiten und den Freuden des Lebens oder der Schönheit der natürlichen Schöpfung auseinanderzusetzen.

5.1.3 Selbstreflexion & Kritik

Wie in jeder professionellen Gattung ist es selbstverständlich, dass Künstler sich mit ihrer eigenen Materie der Kunst als gesellschaftlichem Phänomen befassen, wobei es sich hier meist um eine fachinterne Auseinandersetzung mit der Rolle des Künstlers und seinen Schaffensprozessen, sowie mit zeitgenössischen Entwicklungen und ihren jeweiligen Rahmenbedingungen handelt.

Die künstlerische Selbstreflexion beinhaltet meist persönliche Aspekte und daraus folgende Kommentare von allgemeingültiger Aussagekraft. So wird die Rolle des Künstlers häufig in autobiografischen Ansätzen bearbeitet, wobei beispielsweise das Selbstbildnis ein ausdrucksvolles Medium darstellt. Zahllose Künstler haben durch diese Gattung der Malerei ihrer Psyche Ausdruck verliehen und Eindrücke ihres Innenlebens vermittelt. Zu den bekanntesten Exponaten dieser Art gehören Werke von *Max Beckmann*, die

Vorsicht, Kunst!
Mischtechnik, Collage & Acryl auf Leinwand, 2010

nicht nur auf eine zerrissene und zweifelnde Persönlichkeit hindeuten, sondern auch die bedrohliche Stimmung der Weimarer Republik und die Sorge eines nahenden Unglücks widerspiegeln. Ähnlich komplex sind die beeindruckenden Selbstbildnisse von *Horst Janssen*, die sich meist mit den existentiellen Widersprüchen von Selbstzerstörung und Kreativität beschäftigen und somit Ausdruck seines exzessiven Lebensstils und Schaffensdrangs darstellen. Demnach liefern die Werke von *Janssen* neben individuellen Emotionen auch Kommentare zur allgemeinen Problematik des Künstlerdaseins und der öffentlichen Rolle des Künstlers.

In seinem Werk „Vorsicht, Kunst!" spricht auch der Künstler *Unbe Kant* mögliche selbstzerstörerische Aspekte kreativer Arbeit an, doch primär macht er auf die Rolle des unbequemen Künstlers als Außenseiter, Rebell und Widerständler in der Gesellschaft aufmerksam. Er greift jedoch auch gleichzeitig die Frage einer kritischen Haltung und Verantwortung des Künstlers selber auf. Dass viele Künstler zu Wachsamkeit, Kritik und Widerstand gegen reaktionäre Kräfte aufrufen, ist unbestritten, doch in welchem Maße entspricht dies einem Mythos. Inwieweit sind Künstler ebenso bereit, Kritik an sich selber und dem institutionellen Kunstbetrieb zu üben? Kann eine zunehmend systembezogene Kunst mit eingeschränkter künstlerischer Autonomie nicht auch als „gefährlich" bezeichnet werden? Wenn die Kunst als Propagandamittel einer institutionalisierten Gesellschaft zur Verschleierung von Machtverhältnissen beiträgt und durch das Hochstilisieren von Banalitäten sowie das Zelebrieren von Entertainmentspektakel und Starkult gesellschaftliche „Verdummungsprozesse" beschleunigt, kann dann noch von qualitativ hochwertiger Kunst gesprochen werden? Es bedarf sicherlich großer Anstrengungen und einer Unabhängigkeit, sich diesen wirtschaftlich und institutionell geprägten Kräften in der Kunst zu widersetzen. Eine solch engagierte und deshalb „gefährliche" Haltung innerhalb des Kunstgeschehens bietet Kontroversen, aus denen Kreativität und aussagekräftige Kunst entspringen kann. Der professionelle Künstler lebt in einem permanenten Spannungsfeld zwischen Autonomie und Anpassung, dem Drang nach freier Ausdruckswahl und den wirtschaftlichen Sachzwängen, die es ermöglichen, von der Kunst leben zu können. Die Thematik eines Prekariats der Künstlerschaft bietet somit immer Grundlagen für eine engagierte und gesellschaftskritische Kunst.

Mit Fragen der Autonomie, Qualität und Kritik haben sich Künstler immer wieder auseinandergesetzt und unterschiedliche Positionen dazu eingenommen. Ihre Abgrenzung zur Vergangenheit, sowie die Thematisierung der künstlerischen und gesellschaftlichen Selbstständigkeit zieht sich wie ein roter Faden durch die Kunst des 20. und 21. Jahrhunderts. Seien es die Expressionisten, Konstruktivisten, Dada, Surrealisten oder die Nachkriegsgeneration des Informel, Pop Art, Fluxus und Land Art, sie alle widersetzten sich ihren Vorgängern und übten konstruktive Kritik. Erst in den 1970ern begann ein Bruch mit diesen Grundgedanken der „Modernen" und es entstand eine weniger kritische und eher reflektive Bearbeitung von vorhergegangen Kunststilen und Werken, die sich besonders in der „Appropriation Art" widerspiegelt. Doch auch wenn man die postmoderne Zeit insgesamt als weniger kritisch und mehr systemspezifisch bezeichnen kann, bedeutet dies keinesfalls, dass sich nicht immer wieder Widerständler kreativ mit der Kunstwelt auseinandersetzen.

Heutzutage gehört *Jochen Gerz* zu der Art Künstler, der ständig sein Künstlerdasein und besonders die gesellschaftliche Rolle des Kunstbetriebes kritisch hinterfragt. Er beklagt die Übermacht der gegenwärtigen, von der Ökonomisierung geprägten Institutionen und versucht neue Wege außerhalb der traditionellen Kunsttempel einzuschlagen. So ist sein künstlerisches Gestalten von dem Gedanken geprägt, die Kunst weniger als aufzubewahrendes Konsumobjekt zu definieren, sondern als kreativen Gesellschaftsprozess. Dies wird in seinem Kunstprojekt „2-3 Straßen" deutlich, in dem Wohnungen in Dortmund, Mülheim an der Ruhr und Duisburg als „Kunsterfahrung" 100 Kunstlaien zur Verfügung gestellt wurden, um dort ihre Eindrücke über ein Jahr lang in einem Tagebuch aufzuzeichnen, damit daraus ein gemeinsames Buch als künstlerisches Werk entstehen kann. *Gerz* greift mit diesem partizipatorischen Projekt in besonders innovativer Art das *Beuyssche* Konzept, dass jeder ein Künstler sein kann, auf und setzt es in genialer Weise um. Indem er die kreativen Erfahrungen „normaler" Bürger sammelt, kratzt er natürlich kräftig an der typischen Rolle des Künstlers als einsamer Kommentator der Gesellschaft. Ebenso negiert er das Kunstwerk als statisches Objekt, das in Museen bewahrt werden muss. Für *Gerz* ist Kunst prinzipiell vergänglich, sie ist ein gegenwärtiger und andauernder Prozess, der dazu beiträgt, die Gesellschaft kreativ und somit lebendig und „jung" zu halten. Diese gesellschaftliche Teilnahme an kreativen Prozessen wird durch seine Aussage bekräftigt, die Demokratie brauche nicht mehr Kunst, sondern die Kunst mehr Demokratie.

Als besonders humorvoller Kritiker des Kunstbetriebes sollte letztlich auch der italienische Künstler *Maurizio Cattelan* genannt werden. Seine provokanten Plastiken sorgten über Jahre hinweg für Kontroverse und in der berüchtigten Ausstellung unter dem Titel „Another Fucking Readymade" karikierte er 1996 in zugespitzter Weise die postmoderne Kunstwelt und ihre konzeptlastigen Exzesse. Zum spektakulärsten „Werk" mag jedoch seine Entscheidung zählen, das Ende seiner Künstlerkarriere mit einer groß angelegten Ausstellung im New Yorker Guggenheim Museum anzukündigen. Im November 2011 beging er somit ein ähnliches „Verbrechen" wie *Julian Schnabel* zuvor, indem er sich von den kommerziellen Machenschaften des Kunstbetriebes verabschiedete.

5.1.4 Zeitgenossen & Zeitgeist

Die Kunst vermittelt nicht nur konkrete Aussagen zur Gesellschaft und behandelt ernsthafte philosophische Themen, sondern sie agiert als Zeitzeuge und bietet Einblicke in das zeitgenössische Leben, mit seinen Trends, Modetendenzen und Persönlichkeiten. Die Darstellung und Verarbeitung des Zeitgeschehens kann als bewusstes Motiv in Kunstwerke einfließen, doch in vielen Fällen drücken Werke vielmehr eine Stimmungslage oder ein Zeitgefühl aus. Während der markanten Perioden des 20. Jahrhunderts wird diese Stimmung in der Kunst besonders deutlich. Das Gefühl eines Tanzes auf dem Vulkan der dekadenten Weimarer Republik lässt sich in fast jedem Kunstwerk dieser Epoche erkennen. Ebenso ist die Kunst der „wilden '60er" eine Reflektion dessen, was sich auf der Straße, in den Beat Clubs oder in bürgerlichen Wohnzimmern abspielte. Ein vielleicht exemplarisches und bezeichnendes Beispiel für das Dokumentarische in der Kunst sind die Fotografien des RAF Mitglieds *Astrid Proll*, die in den 1990ern begann, ihre aufschlussreichen Werke über die Baader-Meinhof Gruppe auszustellen. Diese Arbeiten zeigen eine frühe „unschuldige" Zeit der Terroristen, besonders Andreas Baader und Gudrun Ensslin, und suggerieren ähnlich wie in der Geschichte von „Bonnie and Clyde" eine gewisse Gangsterromantik, die durch das Wissen eines nahenden, gewalttätigen Todes gekennzeichnet ist. Die Fotografien fragen jedoch auch nach ihrem Hintergrund. Wie und warum konnte solch ein Liebespaar sich zu Terroristen entfalten?

Entwicklungen in der Kunst entstehen immer in einem zeitgemäßen Kontext, wobei Künstler als Kommentatoren sowohl eine passive, doch als Akteure und Wegbereiter auch eine aktive Rolle spielen können. Die Kunst reflektiert somit gesellschaftliche Entwicklungen, trägt jedoch gleichzeitig zu ihren Veränderungen bei. Besonders Künstlergruppierungen entwickelten nicht nur originelle Stilarten, sondern neue Seh- und Denkweisen. Die Arbeiten von *Theo van Doesburg* und *Piet Mondrian* der Gruppe „De Stijl" verkörperten und förderten beispielsweise den neuen Zeitgeist der Moderne, sowie *Andy Warhol* oder *Richard Hamilton* in ihrer Pop Art die Aufbruchsstimmung der 1960er sowohl widerspiegelten als auch vorantrieben. Ebenso lassen sich die englischen YBAs, zu denen *Damien Hirst, Sarah Lucas, Liam Gillick* und *Tracey Emin* gehören, als künstlerische Repräsentanten der 1990er Epoche „Cool Britannia" zählen, in der das Motto „Kunst ist Werbung und Werbung ist Geld", geprägt von dem Kunstsammler Charles Saatchi, als Maß aller Dinge galt.

5.1.5 Gefühle & Sinnesreize

Ein sehr wichtiger Aspekt der Kunst besteht darin, den Betrachter anzusprechen und wenn möglich emotional zu berühren. Ausdruckskräftige abstrakte Malerei hat häufig diesen Einfluss auf die Besucher von Museen und Galerien. So sind die stimmungsvollen Werke der Amerikanischen Abstrakten Expressionisten, wie die von *Jackson Pollock, Cy Twombly* und besonders die von *Mark Rothko*, bekannt für ihre meditative Wirkung. Doch auch gegenständliche Malerei kann starke Gemütsbewegungen hervorrufen, wie etwa die Arbeiten des amerikanischen Malers *Edward Hopper*. Diesem Künstler des „Amerikanischen Realismus" gelang es wie keinem anderen seiner Landsleute, die Melancholie und Einsamkeit der amerikanischen Gesellschaft ausdrucksvoll in seinen Darstellungen alltäglicher Situationen einzufangen. Die zeitgenössischen Künstlerinnen *Danuta Franzen* und *Lena Frings* greifen mit ihren ausdrucksstarken Gemälden eine ähnliche Identitätsthematik auf. Sie transportieren ihre menschlichen Subjekte in räumliche Umbebungen, in denen durch das Fehlen jeglicher Kommunikation ein bedrückendes Bild von Isolation und Vereinsamung entsteht. Auch der deutsche Künstler *Christian Schad*, ein Vertreter der Neuen Sachlichkeit, malte in der Vorkriegszeit beeindruckende Werke, die eine besondere menschliche Kälte und kühle Schärfe in seinen Porträts ausdrückten. Besonders die Künstler des Expressionismus legten Wert darauf, emotionale Empfindungen darzustellen. So sind die kräftig farbigen Aquarelle von *Emil Nolde* oder die expressiven Gemälde von *Max Pechstein* Beispiele für äußerst gefühlvolle und ausdrucksstarke Kunstwerke. Gleichfalls ist der berühmte „Schrei" des norwegischen Künstlers *Edvard Munch* ein Meisterwerk der Vermittlung von seelischem Schmerz, Verzweiflung und Hoffnungslosigkeit.

Als eine moderne Variante des „Schrei" von *Edward Munch* könnte die Videoinstallation „Anthro-Socio" des Künstlers *Bruce Nauman* genannt werden. Sowohl visuell wie auch akustisch, bedeutet das Werk eine Herausforderung für den Betrachter und ist nach kurzer Zeit körperlich und seelisch schwer zu ertragen. Die Überfütterung der Sinne steht als Symbol für die Überforderung des modernen Lebens. Das Werk ist anstrengend für den Betrachter, hinterlässt aber starke emotionale Eindrücke. „Anthro-Socio" von *Nauman* ist zusätzlich von Interesse, weil es durch seine Ausmaße ein sehr „raumbezogenes" Werk darstellt. Installationen dieser Art in Innenräumen großer Galerien oder Museen beruhen auf dem inhaltlichen Konzept, dass der Raum ein integraler Bestandteil des Kunstwerkes ist und in seiner Gesamtheit vom Betrachter als ganzheitliche und sinnliche Raumerfahrung wahrgenommen und erlebt wird. Die Gattung der Rauminstallation, sowohl in Innen- wie Außenräumen, wurde weitgehend von Pionieren, wie *Donald Judd* oder *Robert Morris*, geprägt. Interessante Variationen dazu bietet *Gregor Schneider*, der durch seine Installationen in ungewöhnlichen und nicht-kunstspezifischen Räumen bekannt geworden ist.

Wenn großflächige Rauminstallationen von Videokünstlern, wie *Bill Viola* oder *Bruce Nauman*, auf abgedunkelte Spezialräume angewiesen sind, um die gewünschten Sinneseindrücke zu vermitteln, dann stellt sich die Frage, ob diese räumlichen Abhängigkeiten in den neuen Medien tatsächlich notwendig sind? Ein besonders originales Videoobjekt des Künstlers *Willi Krings* beweist, dass auch die neuen Kunstgattungen nicht unbedingt museale Ausmaße und Raumbedingungen benötigen. Sein Werk „Kleine Landschaft" besteht aus einem alten, verrosteten Fahrrad, das einen Videobildschirm als „Gedächtnis" auf den Gepäckträger führt, worauf sämtliche Fahrten des Rades visuell nachvollzogen werden. Diese Videoinstallation mag zwar eher in einer Galerie als in dem Wartezimmer einer Arztpraxis zu sehen sein, doch inhaltlich spielen die räumlichen Vorraussetzungen keine Rolle. Sie besticht nicht durch Äußerlichkeiten, sondern durch die inhaltlichen Aspekte einer „Lebensgeschichte", die wie in einem „Flashback" erzählt wird und dem Betrachter die Reisen des alten Rades vor seiner Entsorgung noch einmal abgespult. Auch solch ein zeitgenössisches und technikorientiertes Kunstwerk vermag traditionelle Gefühlsmischungen von Freude und Melancholie auszulösen, indem es thematische Aspekte von Lebenslust und Vergänglichkeit in subtiler Weise verknüpft und darstellt.

5.1.6 Harmonie & Kontraste

Die Harmonie als Ausdrucksform eines Einklangs mit der Natur spielte in früheren Jahrhunderten, wie in der Zeit der Romantik, eine bedeutende Rolle in der Kunst. Auch in den Entwicklungen des 20. Jahrhunderts bleibt die Ästhetik einer durch Harmonie und Gleichgewicht geprägten Gestaltungsform wichtiger Bestandteil des künstlerischen Schaffens. So bedienen sich auch heute noch Künstler traditioneller Kunstgattungen alter Regeln der Perspektive und kompositioneller Verhältnismäßigkeiten, wie des „goldenen Schnitts", um harmonische Zusammenhänge und eine ästhetische „Stimmigkeit" herzustellen. Doch auch wenn diese Aspekte gewissermaßen zeitlos geblieben sind, lieferte die Moderne durch das Darstellen von Kontrasten, Missverhältnissen und Gegensätzen wichtige inhaltsbezogene Impulse einer „neuen" Kunst. Besonders die unterschiedlichen Formen der Collage bieten heute die Möglichkeit, zahlreiche Fragmente zusammenzufügen, so dass trotz der Widersprüchlichkeit einzelner Teile ein visuell harmonisches Gesamtwerk entstehen kann. In ähnlicher Weise lassen sich die Werke der Surrealisten lesen; ihre Gemälde mögen zwar eine harmonische Landschaft darstellen, doch die darin fehlplazierten Objekte bewirken bei dem Betrachter häufig Verwirrung und Irritation. Künstler bedienen sich gerne diverser Themen und Techniken, um die Wechselwirkung zwischen Harmonie und Konflikt darzustellen. Konträre Positionen, wie Liebe und Hass, Friedlichkeit und Gewalt oder Wärme und Kälte, bieten inhaltliches und symbolisches Material, um spannungsgeladene Werke zu gestalten. Auf diesen widersprüchlichen Grundlagen basiert beispielsweise das in schwarz-weißen Tönen entstandene Gemälde „Anfang ist Ende" von *Eva M. Töpfer*, in dem die inhaltlichen Aspekte von Licht und Schatten thematisiert werden. Der Betrachter wird in karge Räume geführt, doch ein Bett mit Kissen sorgt für einen emotionsgeladenen Kontrast zwischen den harten und eckigen Kanten des Raumes und den weichen Materialien des Kissens, der Assoziationen von Gespaltenheit, Einsamkeit und Melancholie hervorruft.

5.1.7 Sein & Schein

Das Motiv des Künstlers, den Betrachter dazu auffordern zu wollen, die Welt mit „anderen Augen" wahrzunehmen, um das alltägliche Leben spannender zu gestalten, gehört zu den wichtigsten Aspekten der Kunst. Durch den „anderen Blickwinkel", die „schiefe Perspektive" oder eine „absurde Verzerrung" bietet die Kunst Ausdrucksweisen, die durch besondere Wahrnehmungsstörungen nicht nur zur Reflexion anregen, sondern auch Verwirrung und Überraschung hervorrufen. Vielleicht die bekanntesten Künstler, die sich konkret mit „Sehen und Täuschung" beschäftigt haben, sind die Surrealisten, insbesondere *Salvador Dali, Max Ernst* und *René Magritte*. Ihr Motto war die Welt zu verdrehen und somit gängige Sichtweisen und Erkenntnisse in Frage zu stellen. Ihre Malerei ist geprägt von Illusion und visuellen Verzerrungen. Eine weitere Kunstform, die gezielt eine Irreführung der Betrachtungsweise anstrebt, ist die Op-Art, zu deren bekanntesten Vertretern *Victor Vasarely* und *Bridget Riley* zählen. Weniger spektakulär, doch auch sehr eindrucksvoll ist die künstlerische Arbeitsweise des Künstlers *Jörg Schimmel*, der den Betrachter zwingt, seine Werke immer von Weitem und Nahem anzuschauen. Er spielt mit unterschiedlichen malerischen Gestaltungsformen, wobei ein Werk von weitem schablonenartig als Grafik gesehen werden kann, doch aus der Nähe betrachtet, die Ungenauigkeit der Pinselstriche das Werk in die Abstraktion führt.

Auch der niederländische Grafiker *M.C. Escher* schuf ein bedeutendes Werk, in dem er durch räumliche „Tricks" eine surreale Welt perspektivischer Unmöglichkeiten und optischer Täuschungen darstellte. Verwandt mit den Zerrbildern *Eschers* lässt sich das Werk „Stimmt Nicht" des Künstlers

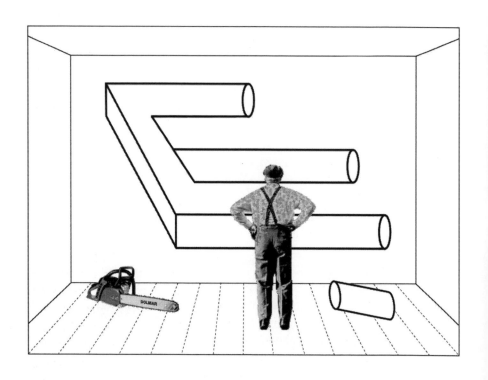

Stimmt Nicht
Wandzeichnung & Installation, 2010

Unbe Kant einordnen. Die optische Verzerrung einer dreidimensionalen Form führt zu Irritation, Verwirrung und stellt konkret die Thematik einer „Wahrheit" in Frage. Der Schweizer Künstler *Alberto Giacometti* beschäftigte sich intensiv mit der Frage nach der Wahrnehmung des Menschen in einem räumlichen Kontext. Seine teilweise kleinen langgezogenen Figuren thematisieren den menschlichen Körper aus einer Distanz, denn von weitem betrachtet, wird der Mensch nur als Strich am Horizont wahrgenommen. Ein Eidgenosse *Giacomettis*, der sich auch mit räumlichen Sinneseindrücken der Rezeption beschäftigt, ist *Markus Raetz*. Einige seiner Werke zeichnen sich durch eine aktive Teilnahme des Betrachters aus, da sie sich nur durch eine Begehung um das jeweilige Werk erschließen.

Unter die Kategorie „Schein & Sein" fällt eine sehr interessante Thematik, die der britische Künstler *David Hockney* aufgeworfen hat und sich mit dem klassischen Konzept der „Wahrheit" auseinandersetzt. Es handelt sich in seiner Untersuchung um die Fragestellung, inwieweit die Fotografie im Vergleich zur Malerei „realitätsnäher" sei. Nur weil eine Fotografie vielleicht schärfere und genauere Konturen zeichnet, heißt dies nach Ansicht von *Hockney* nicht, dass sie damit „realistischer" sei. Im Gegenteil, die Malerei, die möglicherweise freier mit ihren Gestaltungsformen umgeht, beschäftigt sich meistens ernster mit dem Wesentlichen einer Sache als ein fotografischer Schnappschuss. Auf Grund dieser Überlegungen entstand *Hockneys* Werkzyklus „A Bigger Splash", in dem er anhand vieler Gemälde einer Person, die in ein Schwimmbecken springt, versucht hat, den Moment des Aufspritzvorganges festzuhalten. Es besteht tatsächlich kein Zweifel, dass die Dynamik des Malens das Aufspritzen lebendiger darstellt als eine Fotografie. Außerdem bietet der gemalte „splash" eine minimal längere Wahrnehmung als die Momentaufnahme der Kamera. Um diese Zeitverlängerung mit der Fotografie gestalten zu können, hat *Hockney* Collagen angefertigt, die den Ablauf des Sprungs in das Schwimmbad mit einer Reihe von fotografischen Bruchteilen dokumentiert. Das Resultat ist eine komplexere Sichtweise, die wiederum den Vorgang des Aufspritzens um minimale Momente „verlängert". Die Thematik des Wesentlichen lässt sich auch in der Portraitmalerei verdeutlichen. So bat *David Hockney* die englischen Behörden, ein Selbstportrait in seinen Reisepass malen zu dürfen, mit der

Begründung, es sei allemal realistischer als ein Passfoto. Sein Vorschlag wurde leider abgelehnt.

Neben den klassischen Gattungen der Malerei und Bildhauerei haben sich auch viele Objektkünstler des Themas verzerrter visueller Wahrnehmung angenommen. So bieten die glänzenden Skulpturen von *Anish Kapoor* eine ähnliche Wirkung wie die der Op-Art Künstler. Auch die kinetischen Objekte des Engländers *Tim Lewis* sind geprägt von visuellen Überraschungen und Illusionen, ebenso wie die Installationen des Videokünstlers *Willi Krings*. In seinem partizipatorischen Werk „Grüße nach Brüssel", sieht der Betrachter nach Vorlage eines Werkes von *René Magritte* als „live" Videoaufnahme nur seine Rückenansicht in einem „Spiegel" und wird mit der Frage des „Seins und Scheins" direkt konfrontiert. Ein weiteres, besonders ungewöhnliches Kunstwerk, das in genialer Weise mit Konzepten von Raum und Illusion spielt ist „Die Familie Schneider" von *Gregor Schneider*. Im Jahr 2004 präsentierte er zwei benachbarte und identische Häuser in London; nur jeweils ein Betrachter konnte eins der beiden Häuser besuchen. Mit Hilfe von Schauspielern, die nicht auf den Besucher eingingen, wurden die identischen Räume durch skurrile Handlungen so verändert, dass beim Betrachter Gefühle von Verwirrung, Furcht, Klaustrophobie und existentieller Not hervorgerufen wurden. Nicht nur wecken solch innovative Werke beim Betrachter eine Vielzahl unterschiedlicher Assoziationen, sie stellen wichtige existentielle Fragen zur Wahrnehmung der Umwelt und auch zur Rolle der Kunst als visuelles Medium für menschliche Empfindungen und Erfahrungen.

5.1.8 Entwürfe & Konzepte

Bis jetzt wurden inhaltliche Merkmale zeitgenössischer Kunst erörtert, die eines gemeinsam haben, sie werden durch das physische Gestalten des Künstlers umgesetzt. In der Konzeptkunst ändert sich jedoch dieser Grundsatz. Ideen, Entwürfe und Konzepte werden dem Schaffensprozess übergeordnet und müssen nicht vom Künstler selber ausgeführt werden. So treten an Stelle von fertig gestellten Objekten, wie Gemälden oder Skulpturen, möglicherweise nur Pläne und Skizzen, sowie Hintergründe zur Person des

Künstlers. Auch in der Konzeptkunst werden gängige Sichtweisen hinterfragt, doch die Methode wendet sich ab von dem „Gekünstelten" oder „Manierismus" hin zu einer direkten Ausdrucksform, in der Vorstellungen, Kontextveränderung und Assoziationen den Betrachter zum Denken anregen soll. Einer der wichtigsten Vertreter der Konzeptkunst, *Sol LeWitt*, spricht daher von einer „begrifflichen" Kunst, im Gegensatz zu einer „wahrnehmenden" Kunst.

Die Konzeptkunst braucht als Kommunikationsmittel immer Bezugspunkte, seien sie gesellschaftlicher, historischer und räumlicher Art oder bezogen auf den Künstler. Das Werk besitzt keine oder wenige intrinsisch künstlerische Attribute und kann meist nur durch außenwirkende Aspekte als Kunst wahrgenommen und verstanden werden. Die Qualität eines Konzeptkunstwerkes besteht in seiner Beschaffenheit und Ausdruckskraft rein als geistig anregendes Gedankenspiel. Wie schon auf den vorangegangenen Seiten beschrieben, nimmt die Werkgattung des Readymade eine besondere Stellung ein. Anders als etwa die Wirkung der Op-Art Künstler, basiert das Readymade als Kunstobjekt nicht auf visueller Verzerrung oder Illusion, sondern es erzwingt sich als alltägliches Objekt nur durch seine räumliche Kontextveränderung und die dadurch entstandene Zweckentfremdung eine geistig aufgeschlossene Betrachtungsweise und verlangt vom Betrachter ein hohes Maß an Aufmerksamkeit und Konzentration. Zu den vielen interessanten Konzeptkünstlern, die über die Jahre vom Urvater *Marcel Duchamps* beeinflusst wurden, zählen unter anderem *Hanne Darboven* und *Michael Craig-Martin*. Beide sind für Ihre „grafischen Werke" bekannt, die weniger visuelle Sinnesreize ansprechen möchten, sondern vielmehr Konzepte darstellen, wie das Aufzeichnen von Zahlenreihen oder das Präsentieren von Readymades als Wandzeichnungen oder Kunst am Bau. Natürlich muss hier auch *Joseph Beuys* erwähnt werden, der vielerorts als bedeutendster Konzeptkünstler nach *Duchamps* angesehen wird. Nicht nur seine Objekte und Aktionskunst, sondern auch sein Konzept der „Sozialen Plastik", die auf einem Humanismus der Anthroposophie beruht und die er in zahlreichen Vorträgen präsentierte, werden mittlerweile weitgehend als qualitativ hochwertige Kunst betrachtet.

5.2 Aspekt II: Techniken & Gestaltungsformen

Nachdem der kommunikative Aspekt inhaltlicher Aussagen, Themen und Konzepte sowie die Vermittlung von Emotionen und Sinnesreizen skizziert worden ist, folgt die Frage, wie die möglichen Motive des Künstlers tatsächlich umgesetzt und dargestellt werden können. Wenngleich eine rigide Demarkierung zwischen Inhalten und darstellerischen Mitteln nicht möglich ist, soll auf den folgenden Seiten der Aspekt der künstlerischen Tätigkeit als Transportmittel für das Ausdrücken von Inhalten und Gefühlen untersucht werden. Bei der Umsetzung künstlerischer Impulse und Ideen spricht man häufig von der „Technik" des Künstlers, wobei dieser Begriff nicht nur handwerkliches Können beinhaltet, sondern auch die Vielzahl gestalterischer Arbeitsprozesse, Methoden und Ausdrucksweisen. Da das 20. Jahrhundert durch enorme Veränderungen in der künstlerischen Darstellungsweise geprägt ist, wird dieses Thema in drei verschiedenen Kategorien behandelt. Die Aufteilungen sollen darauf hinweisen, dass traditionelle Qualitäten wie handwerkliche Fertigkeit und Erfahrungen zwar heute noch sehr bedeutsam sind, doch nicht mehr allein als notwendige Voraussetzungen für gute Kunst betrachtet werden können. Besonders die Vielfalt und symbolische Wirksamkeit neuer Materialien bringt eine zweite Dimension ins Spiel, die seit dem Beginn des 20. Jahrhunderts zunehmend an Bedeutung gewann. Die Bewertung von Kunstwerken ist somit spannender, aber auch komplexer geworden. Als dritter Beurteilungsaspekt sollen besondere inhaltliche „Gestaltungsformen" thematisiert werden. Auf die Frage, wie kommuniziert und transportiert ein Künstler gewisse Inhalte, lassen sich einige Verfahren nennen, die weder handwerklicher noch materieller Art sind, sondern Vorgehensweisen entsprechen, die als kreative Hilfsmittel bezeichnet werden können. Unter diesem Aspekt sollen drei dieser Gestaltungstechniken genannt werden: die Narration, der Humor und die Provokation.

5.2.1 Handwerk & Fähigkeiten

Der bekannte Spruch „Kunst kommt von können, käme sie von wollen, so würde sie Wulst heißen" zeigt auf, dass trotz ironischer Untertöne den technischen und gestalterischen Fähigkeiten des Künstlers eine zentrale Bedeutung eingeräumt werden muss. Der Begriff „Kunst" lässt sich generell aus dem Altdeutschen herleiten und bedeutet „wissen" und „verstehen". Aus dieser Übersetzung entsteht auch die Bedeutung „Lehre" und „Meisterschaft". Kenntnisse und Fähigkeiten sind also der Ursprung des Begriffs „Kunst". Trotzdem zeigen besonders die Kunstentwicklungen der Moderne, dass meisterhaftes „Können" zwar eine wertvolle und vielleicht notwendige, aber keine hinreichende Bedingung für gute Kunst darstellen muss. Es bedarf somit immer auch der kreativen Impulse des Künstlers, sowie inhaltlicher und ästhetischer Anliegen, Einfallsreichtums und Vorstellungskraft, um qualitativ hochwertige und nachhaltige Kunstwerke zu schaffen.

Für den Künstler ist die Anwendung seiner handwerklichen Technik in der Regel ein „Mittel zum Zweck", das ihm erlaubt gewisse Inhalte darzustellen. Doch um traditionelle Techniken, wie Malerei, Zeichnung, Grafik und Bildhauerei, anwenden und meistern zu können, braucht es in der Regel ein hohes Maß an handwerklichem Können. Dasselbe Argument trifft heutzutage auch für die meisten neuen Medien zu. Videokunst, Sound- und Lichtinstallationen, Fotografie, Collage oder Digitalkunst beruhen auf Verfahren, die erlernt werden müssen und einen hohen Grad an Expertise verlangen. Auch die relativ neue Graffitikunst basiert meist auf einer anspruchsvollen Spraytechnik mit Schablonen, die, wie Arbeiten des Künstlers *Evol* zeigen, nur mit guten Kenntnissen und Erfahrungswerten angewandt werden kann. Seine Spraywerke beruhen größtenteils auf dem Übertragen fotografischer Details von Plattenbauten auf Pappkarton, um quasi neue Gebäude entstehen zu lassen, oder auf der „architektonischen Umgestaltung" von Wänden oder Stromkästen in öffentlichen Außenräumen. Auch für diese ungewöhnliche künstlerische Arbeitsweise gilt die generelle Prämisse, dass ohne inhaltliche Belange und gestalterischer Formensprache die handwerkliche Technik allein nicht ausreicht, um geistreiche Kunst herzustellen.

Die Kreativität des Künstlers manifestiert sich nicht nur in seinen Ideen und handwerklichen Fähigkeiten, sondern insbesondere in der Art der schöpferischen Umsetzung, der Ausdrucksweise und seines „Stils". In diesem Zusammenhang spricht man auch von der „Handschrift" oder „Autorenschaft", um die eigene Arbeitsmethode und Gestaltungssprache des Künstlers zu beschreiben. Es lassen sich zahllose Beispiele von Kunstwerken der verschiedensten Medien aufzählen, die durch hohe künstlerische Ausdrucksweise und eine innovative Gestaltungsart gekennzeichnet sind. Seien es die foto-basierenden Gemälde von *Chuck Close* oder die Textcollagen des Tsche-chen *Jirí Kolár*, die unverwechselbaren Grafiken von *Horst Janssen* oder *Friedrich Meckseper*, sowie die ästhetischen, nach Baukastenart gestalteten, Skulpturen von *H.K. Höcky* oder die partizipatorischen Videoinstallationen von *Willi Krings*; sie alle setzen Ideen und Empfindungen in ihren einzigar-tigen und unverkennbaren Stilarten künstlerisch um. So können zwar tech-nische Aspekte zu hohen Bewertungspunkten führen, doch erst die zusätzlichen Elemente, wie die Phantasie, inhaltliche Aussagen und eine kreative Formensprache, erlauben es, beeindruckende Kunst entstehen zu lassen.

Die Vielfalt der „Gestaltungstechniken" bietet dem zeitgenössischen Künst-ler zwar eine enorme Auswahl unterschiedlicher Medien, doch gleichzeitig wird er mit der Problematik der „Qual der Wahl" konfrontiert. Die Verfüh-rung, ein wenig von Allem zu können, ist groß und somit muss sich der Künstler meist auf bestimmte Techniken konzentrieren, um die notwendi-gen Erfahrungen zu sammeln und sich die erforderlichen Kenntnisse anzu-eignen. In diesem Sinne unterscheiden sich bildende Künstler nicht sehr von Schauspielern, Tänzern oder Musikern. Ohne sein Instrument beherrschen zu können, kann ein Musiker kaum Musik spielen, geschweige denn frei improvisieren. Dieser Vergleich verdeutlicht, dass die Technik zwar ein grundlegendes Mittel zum Zweck der Kommunikation darstellt, besonders in Gattungen, die handwerkliches Können verlangen, doch Fachkenntnisse und Erfahrung bieten dem Künstler gleichzeitig Impulse für Innovation und Kreativität. Somit entstehen gegenseitige Wechselbeziehungen zwischen Konzepten, Gestaltungsformen und dem technischen Umsetzen. Wichtige Aspekte der Bewertung von Kunst, wie „Ausdruckskraft" und „künstleri-sche Handschrift", werden deutlich durch das handwerkliche Können geför-dert. Der technische Aufwand und die Experimentierfreude des Künstlers überträgt sich häufig auf die Wahrnehmung des Betrachters. Besonders wenn dieser sich des Schwierigkeitsgrades der Technik bewusst ist, entwickeln sich Gefühle der Anerkennung und Bewunderung.

5.2.2 Materialien & Werkstoffe

Zur Thematik der Formensprache des Künstlers gehören einige unterschiedliche Faktoren, die neben der technischen Expertise zur kreativen Gestaltung eines Werkes beitragen können. Einige davon lassen sich grob unter den Kategorien „Materialien und Werkstoffe", „Gestaltungskonzepte" und „inhaltliche Formensprache" definieren. Beginnend bei den eingesetzten Arbeitsmitteln und Materialien ist festzustellen, dass die traditionellen Medien der Malerei, Grafik und Bildhauerei im 20. Jahrhundert beispielsweise durch die Acrylfarbe, den Siebdruck und den Gebrauch von Kunststoffen enorme Veränderungen durchliefen. Insbesondere der Gebrauch ungewöhnlicher und neuer Substanzen, Rohstoffe und Mischtechniken führte zu einer Revolution in der Kunst, geprägt von der Nutzung und Zusammensetzung verschiedenster Materialien. So bieten etwa die Objekte der österreichischen Künstlerin *Julie Hayward*, die aus unterschiedlichsten Materialien wie Kunstleder, Polyester, Stahl und Stein, gefertigt werden, interessante Kontraste, sowohl aus visuellen, als auch aus haptischen Gesichtspunkten. Das Zusammenspiel verschiedener Materialien mit unterschiedlichen Attributen, Bearbeitungsweisen und Oberflächen gewährt dem Betrachter ganz besondere Erlebnisse. Bei einigen Künstlern werden Materialien nicht nur aus ästhetischen Gründen, sondern auch als Träger von Inhalten genutzt. So lassen sich *Joseph Beuys* „Fettecken", Objekte, in denen die Ecken von Ausstellungsräumen mit Fett ausgeformt wurden, nicht nur als reine Materialarbeiten betrachten, sondern auch als Symbol für eine humanere Gesellschaft ohne „Ecken und Kanten". Ein weiteres natürliches Material, Wachs, wurde beispielsweise in roter Pigmentfarbe gefärbter Form von *Anish Kapoor* in einer spektakulären Aktion „Shooting into the Corner" im MAK Wien eingesetzt. Mithilfe einer Kanone wurde in regelmäßigen Zeitabschnitten eine „Wachspatrone" in eine Ecke des Museumsraumes geschossen, so dass über die Länge der Ausstellung eine durch Zufall geprägte „blutende Raumplastik" entstand.

Abgesehen von dem Gebrauch neuer Materialien, führt das Konzept der „Found Art" dazu, Abfallprodukte jeglicher Art zu verwenden und in Kunstwerke einzubauen. Die Technik der Collage begann mit der Nutzung überflüssiger Papierfragmente und wurde zum Vorreiter einer gewaltigen Entwicklung von Materialarbeiten, Mischtechniken und Installationen. So arbeitete schon *Marcel Duchamps* mit Glas und *Kurt Schwitters* mit gefundenen Holzteilen, um Assemblagen oder Objekte aus verschiedenen Materialien herzustellen. Erst durch die „Combine Paintings" von *Robert Rauschenberg*, in denen Malerei mit Objektteilen verknüpft wurde, entstanden Begriffe wie „mixed media" oder „Mischtechniken". Bei diesen Gestaltungsformen handelt es sich weniger um die Gewichtung der einzelnen Werkstoffe, sondern mehr um das Zusammenfügen diverser Elemente, Materien und Gegenstände, um multidimensionale und vielfältige Werke zu gestalten. Eine interessante Variation dieser „mixed media" Technik mit ungewöhnlichen Materialien bieten etwa die mehrteiligen und vielschichtigen Arbeiten der Künstlerin *Katja Ploetz*, die in ihrem selbstentworfenem Medium „geschmolzenes Glas auf Leinwand" auf originelle Weise Collageformen mit Glasfusionsplatten verbindet. Prinzipiell lassen sich solche „Mischtechniken" auch als Objekte definieren, doch erst bei der konkret drei-dimensionalen Version, wie beispielsweise den Arbeiten von *Rebecca Horn*, kann man von „Raumobjekten" oder „Installationen" sprechen. Fast alle Formen der Installation lassen sich als dreidimensionale Abwandlungen der Collage bezeichnen und gehören daher zur Gattung der „mixed media" oder „Mischtechnik".

Wie schon in einem vorhergegangenem Abschnitt angesprochen, spielt die Thematik der Vanitas eine bedeutende Rolle in der Kunst des 20. Jahrhunderts. Dieser Themenbereich wird besonders häufig durch die Auswahl von verderblichen und vergänglichen Materialien dargestellt. So ist nicht nur *Joseph Beuys* für seine Arbeiten mit Filz, Fett und Honig bekannt, auch *Wolfgang Laib* setzt in seinen sehr stilistisch und minimal geprägten Werken natürliche Materialien, wie Blütenpollen, Honig und Reis ein. Besonders bekannt sind *Laibs* „Milchsteine", leicht ausgeschliffene Marmorblöcke, die mit Milch aufgefüllt werden. Ähnlich innovativ sind die Objekte von *Marion Menzel*, die alltägliche Objekte wie Schuhe oder Einkaufstaschen mit Tee bearbeitet, so dass amüsante Werke wie „Teebeutel" entstehen. Eine zentrale Künstlerfigur, die sich ausgiebig mit dem Thema Vergänglichkeit beschäftigte und als Vanitassymbole Nahrungsmittel einsetzte, war *Dieter Roth*. Seine „Literaturwürste" und „Schimmelbilder", sowie der Gebrauch von Materialien wie Schokolade, die sich durch ihre natürliche Veränderung und den Zerfall auszeichnen, bieten ausdrucksstarke Symbole der Vanitas. Unter dem Kunstbegriff „Eat Art" ist nicht nur *Dieter Roth* bekannt, sondern auch der Künstler *Daniel Spoerri*, der die Verwendung von Nahrungsmitteln ausweitete und die „Kochkunst" mit in den „Topf" der Bildenden Kunst nahm. Somit ist es nicht verwunderlich, dass einige Jahre später sogar der spanische Starkoch *Ferran Adrià* eingeladen wurde, mit seiner Molekulargastronomie an der documenta 12 teilzunehmen. Weniger in Hinblick auf das ernste Thema Vanitas, sondern mit einem humorvollen Blick auf die kommerzielle Welt werden unter anderem auch die bei großen und kleinen Kindern beliebten Gummibären als Kunstmaterial eingesetzt. Hierzu zählen die „Goldbärenkollagen" und Objekte von *Johannes Cordes*, aber auch die mit Gummibärchen beklebten Objekte von *Günther Siraky*, wie etwa sein alter Mercedes. Dieses Gefährt nutzte er nicht nur für seine neue Kunstgattung „art of gum", sondern auch als Performance Fahrzeug, da er mit seinem Bärenwagen ganz Deutschland bereiste.

Wenn schon über die Vergänglichkeit im Zusammenhang mit Nahrung gesprochen wird, darf auch das Material nicht fehlen, das nach der Nahrungseinnahme als neues Produkt entsteht. Als äußerst existentielles Thema hat sich die Kunst dieser ungewöhnlichen „Materie" menschlicher Exkremente angenommen und durch ihren Gebrauch als „Kunstmaterial" sämtliche Tabus gebrochen. Die Kontroverse des mit Urin gefüllten Werkes „Piss Christ" von *Andres Serrano* ist schon erwähnt worden, doch die Liste der Künstler, die sich mit Material, Motiv und symbolischer Bedeutung von Exkrementen beschäftigt ist recht lang. Für Aufregung sorgten die 1961 entstandenen Objekte „Merda d'Artista" von *Piero Manzoni*, in denen er seine Fäkalien in verschlossenen Metalldosen abfüllte und sie zum gängigen Goldpreis pro Gewicht verkaufte. Auch der belgische Künstler *Wim Delvoye* hat sich einen Namen mit seiner Maschine „Cloaca" gemacht, die den menschlichen Verdauungsvorgang simulieren soll. Nicht weniger kontrovers ist der dänische Künstler *Uwe Max Jensen*, der gerne mit „natürlichen Materialien" wie Blut, Urin und Exkrementen arbeitet. Der Engländer *Chris Ofili* hat mit dem Anbringen von Elefantendung auf seinen Gemälden für gewissen Ärger gesorgt, ebenso wie das Künstlerpaar *Gilbert und George*, da sie wagten, in ihren Werken die Symbolik von Exkrementen mit denen der Religion zu verknüpfen und gegenüberzustellen. Natürlich zählen diese menschlichen Materialien nicht zu den geschmackvollsten „Ausdrucksweisen", doch jeder, der eine Weile im Krankenhaus verbracht hat, kennt die manchmal dramatische Rückbesinnung auf das Körperliche und Wesentliche. Die Kunst versucht, Assoziationen dieser existentiellen Erfahrungen durch die Wahl der genutzten Materialien zu wecken, um nicht nur die Wahrnehmung des Lebens, sondern auch die des Vergänglichen und der Sterblichkeit zu schärfen.

Nachdem eine Reihe ungewöhnlicher Werkstoffe und Substanzen als künstlerisches Arbeitsmittel aufgezählt worden ist, lassen sich noch einige weitere Komponenten nennen, die als „Gestaltungsmaterial" in den Schaffensprozess mit eingebracht werden können. Die meisten dieser Mittel sind schon beschrieben worden, deshalb reicht es, einige davon nur kurz zu erwähnen. In der „Body Art" wird beispielsweise der Körper des Künstlers oder anderer Teilnehmer einer Kunstaktion zum Bestandteil des Werkes. Auch wenn *Yves Klein* mit seinen „Action Paintings" traditionelle zweidimensionale Arbeiten schuf, nutzte er darüber hinaus anstatt Pinsel nackte Frauenkörper als künstlerisches „Handwerkszeug". Ebenso werden viele Installationen und Performances mit Ton und „Soundscapes" bestückt, um eine vielschichtigere Wahrnehmung zu erreichen. Auch Texte können in Performances und Aktionen als zentrales Transportmittel für Ideen oder Konzepte eingesetzt werden, wie etwa die „Vorlesungen" von *Joseph Beuys* deutlich illustrierten.

5.2.3 Gestaltungskonzepte: Dimension & Raumkontext

Die Relevanz der Aspekte „Werkdimensionen" und „Raumbezogenheit" ist schon im Themenbereich der Legitimation von Konzeptkunst diskutiert worden, wobei festgestellt wurde, dass sie als wichtiges Gestaltungsmedium der zeitgenössischen Kunst zu betrachten sind. Trotz oder wegen ihrer aktuellen Bedeutsamkeit gehört es zu einer kritischen Auseinandersetzung, auch diese gestalterische Verfahrensweise unter qualitativen Gesichtspunkten zu untersuchen.

Die überdimensionierte Größe mag eine wichtige werkspezifische Bedeutung haben, doch in solchen Fällen ist sie meist verbunden mit klassischen Kunststilen und besonderen raumbezogenen Hintergründen. Dementsprechend zählen sämtliche Fresken, Wandmalereien oder Arbeiten der „Kunst am Bau" zu Werkgruppen, in denen die Ausmaße vorgegeben sind und einen eigenen und sinnvollen Bestandteil der Werke ergeben. Anders mag dies jedoch bei dem Werk „Big is Beautiful" des Künstlers *Unbe Kant* gedeutet werden. Die übergroße Kettensäge, plaziert in einem Kunstraum, trägt zwar zu einer veränderten Wahrnehmung des Alltagsobjektes bei, wirft aber die Frage auf, ob dieser einzige Aspekt tatsächlich zu einer Bewertung als hochwertiges Kunstwerk ausreicht? Auch die Fresken in der Sixtinischen Kapelle oder die Wandgemälde an zahlreichen Hauswänden in Nordirland sind von außergewöhnlichen Ausmaßen, doch stellen diese Werke durch ihre Inhalte und Ausruckskraft nicht eine übergroße Kettensäge in den Schatten? Stimmt die kunstbezogene Aussage „big is beautiful"? Als Kommentar zur aktuellen Lage der zeitgenössischen Kunst mag der Ausspruch zutreffen, doch solange die Werkgröße als einziges räumlich zweckgebundenes Konzept dient, ist es berechtigt, dieses Motto auf seine künstlerische Qualität hin in Frage zu stellen.

Im Falle überdimensionaler Werke lässt sich häufig eine Qualitätsprüfung durch die Fragestellung klären, inwieweit die präsentierten Werke immer noch wirken, wenn man sie sich in kleineren Ausmaßen vorstellt. Wenn die Antwort positiv ausfällt, dann bietet das Werk genug „Eigenwerte", also intrinsische Gütemerkmale, die eine weitreichende Auseinanderzusetzung über Inhalte und Darstellungsformen ermöglichen. In einigen Fällen können qualitativ hochwertige Arbeiten durch ihre überdimensionierte Größe in der Wahrnehmung und Bewertung leiden, wenn diese Merkmale als irrelevant eingeschätzt werden und als „institutionelle" Faktoren negative Assoziationen hervorrufen. Besonders die großformatige „museale Kunst" stellt in der Beurteilung des Betrachters, berechtigt oder unberechtigt, häufig die Autonomie des Künstlers in Frage. Es entsteht eine verzerrte Wahrnehmung, da durch die Annahme einer systembedingten Kompromissbereitschaft Zweifel an den kreativen Motiven des Künstlers aufkommen. Bissige Kommentare der Kuratoren, das Problem läge an den fehlenden Kenntnissen des Betrachters, überzeugen dann selten, da eine systemische Einbindung in museale Kunst und die daraus folgende Abhängigkeit vom kommerziellen Kunstbetrieb lediglich den informierten Betrachter und Kunstkenner irritiert.

5.2.4 Formensprache : Narration, Humor & Provokation

Neben den technischen Möglichkeiten, den Materialien und Werkstoffen sowie den genannten Gestaltungskonzepten, lässt sich eine weitere Dimension der „Formensprache" nennen. Es gehört zur künstlerischen Ausdrucksweise, gewisse inhaltliche Belange und Aussagen so zu verpacken, dass sie nur indirekt wahrgenommen werden und somit beim Betrachter nachhaltiger wirken. Zu den drei wichtigsten Gestaltungsformen zählen die Narration, also die Geschichtserzählung, der Humor und die Ironie sowie die Provokation.

Abgesehen davon, dass sich Kunstwerke gelegentlich auf konkrete Geschichten beziehen, findet man sehr häufig in ihnen sogenannte „narrative Elemente". Hier handelt es sich um gestalterische Aspekte, die meist durch indirekte Andeutungen und Assoziationen zu tatsächlichen oder imaginären Sachverhalten und Abläufen außerhalb des Werkes inspirieren. Gewisse Bestandteile eines Kunstwerkes können den Betrachter dazu bewegen, gedanklich abzuschweifen und sich in eine andere Welt zu begeben, die Erinnerungen hervorruft oder fiktive Geschichten erzählt. Das Werk „Schräglage" von *Unbe Kant* mag zwar auf den ersten Blick abstrakt wirken, doch der abwärts neigende Rollstuhl kann mühelos imaginäre Geschichten oder Erinnerungen herbeiführen. So mögen beispielsweise Assoziationen zu Filmszenen einer hilflos im Rollstuhl sitzenden Person, die eine abfallende Straße herunterrast, geweckt werden. Solche narrativen Gedankenverknüpfungen entsprechen nicht unbedingt den Motiven des Künstlers, doch die Vermittlung einer existentiellen Not, die das Werk anspricht, mag über den Umweg der individuellen Phantasie des Betrachters in gesteigerter Weise wahrgenommen werden. In den meisten Fällen sind sich Künstler dieser Verstärkerrolle narrativer Elemente bewusst und setzen sie effektiv als Gestaltungsform ein. Ein Medium, das besonders für ausschweifende Assoziationen und phantasievolle Interpretationen geeignet ist, bietet die Collage. Durch ihre fragmentierte Beschaffenheit, die sich sowohl aus visuellen und materiellen, als auch textbezogenen Bruchstücken ergeben kann, regt das imaginäre Zusammenfügen der verschiedenen Teilaspekte dazu an, das dargestellte Rätsel lösen zu wollen und der Phantasie freien Lauf zu lassen.

Schräglage
Acryl auf Leinwand, 2010

Neben der Narration spielt der Humor, meistens in Form von Ironie, eine wichtige gestalterische Rolle in der Kommunikation von Inhalten. Das Kratzen an Tabus, die ironische Verzerrung oder die Karikatur bieten dem Künstler Möglichkeiten, seine inhaltlichen Motive zu verschleiern, sie spielerisch aufzuarbeiten und den Werken eine vielschichtige Formensprache zu verleihen. Die Anwendung von Humor als Gestaltungsmittel kennt keine Grenzen. Häufig sind es die Mächtigen, die in der Kunst einer Gesellschaftskritik ausgesetzt werden. Immer wieder sind es auch die Künstler selber, die durch Selbstironie ihre eigenen Zweifel und Ungewissheiten ausdrücken. Kunstwerke, die mit Humor und Ironie arbeiten, bieten dem Betrachter neue Dimensionen der Wahrnehmung. Besonders das Hervorrufen von Überraschung und Verwirrung sorgt immer wieder für Staunen und Schmunzeln; Sinnesreize, die den Betrachter dazu anregen, sich weiter und tiefer mit dem Werk zu beschäftigen. Hier lassen sich unzählige Beispiele nennen, wobei besonders die surrealistischen Maler solche gefühlsbezogenen Reaktionen auslösen. Dasselbe trifft für die Dadaisten zu, wie die Künstler *George Grosz* oder *John Heartfield*, deren Kennzeichen ihre beißende und kompromisslose Ironie war. Doch auch spätere Arbeiten der Graphiker *Paul Flora* oder *Janko Arzenšek* zeichnen sich meist durch eine gewaltige Prise schwarzen Humors aus. Ebenso sorgen die phantastischen Studiowerke des neuseeländischen Fotografen *Boyd Webb* und die Kreationen vieler Objektkünstler für Verwunderung und Erstaunen. Die beweglichen Objekte von *Jean Tinguely*, *Tim Lewis* oder *Ines Braun* sind meist geprägt von Witz, der zum Schmunzeln einlädt und dazu beiträgt, Besucher der Galerien und Museen in ihren Bann zu ziehen. Auch der Künstler *Unbe Kant* bedient sich in seinem Werk „Schräglage" des Tabubruchs und der Ironie, indem er durch den abwärts geneigten Rollstuhl die Aufmerksamkeit auf die mögliche Schicksalslage Körperbehinderter richtet und somit eine anstößige Problematik aufgreift, die in der Gesellschaft meist verdrängt wird. Wichtig in diesem Werk sind ebenso die Linien, die als Tangenten auf Steigungen und Winkel hinweisen, also die Thematik des „Blickwinkels" und der Betrachtungsweise anspricht.

Als dritte Gestaltungsform zeitgenössischer Kunst gilt die Provokation. Für die meisten Künstler des 20. Jahrhunderts, die Neuland betraten und ursprünglich dafür sehr kritisiert wurden, mag zwar der Moment des Irritierens relevant gewesen sein, doch die Provokation diente selten als Selbstzweck. Erst in den Fluxus Aktionen und Happenings der '60er und '70er wurde die Provokation absichtlich als „Waffe" gegen die Ignoranz einer bürgerlichen und apolitischen Gesellschaft eingesetzt. Irritation und Schock wurden Programm gegen eine Politik des Vergessens und einer kapitalistisch geprägten Marktgesellschaft. Doch auch in diesen Aktionen wurden provokante Gestaltungsmittel weniger als Selbstzweck, sondern als Form einer „kritischen" Auseinandersetzung mit der damaligen Gegenwart gewertet. Erst als die Kunst in den 1990ern von den Young British Artists, vertreten durch Künstler wie *Damien Hirst* oder *Tracey Emin*, zum Medienevent stilisiert wurde, entwickelte sich die Provokation über den Weg überhöhter Selbstdarstellung zu einer durchschaubaren Vermarktungsstrategie. Zu den heutigen „Klassikern" der Selbstinszenierung zählt *Jonathan Meese*, der krampfhaft versucht, mit seinen „Sieg Heil!" Rufen und seinem Plädoyer für die „Diktatur der Kunst" provokant zu wirken. Dieser Fall ist deswegen interessant, da er das zeitgebundene Nachlassen des Wirkungsgrades von Provokation demonstriert. Die faschistisch anmutenden Tiraden in *Meeses* Performances wären tatsächlich vierzig Jahre früher ein Skandal und Fall für die Justiz gewesen. Doch nun bewirken diese theatralischen Ergüsse bestenfalls mildes Kopfschütteln und peinlich berührtes Schweigen. Natürlich gibt es auch heute noch Tabuthemen, wie die aufgezeigten Beispiele unter der Rubrik „Recht & Ethik" demonstriert haben. Dementsprechend können immer noch Werke, die sich mit den heiklen Aspekten der Blasphemie oder der Pornographie beschäftigen, automatisch für Entrüstung und Protest sorgen. Insgesamt ist der Spielraum für Agitation und Provokation durch höhere Toleranzgrenzen sehr viel geringer geworden. Sie mögen weiterhin als legitime Gestaltungsmittel betrachtet werden, doch auch die beachtenswerten Aktionen der Künstlerin *Marina Abramovic*, in denen sie sich selber durch extreme körperliche Herausforderungen an den Rand des Machbaren bringt, bieten dem Betrachter zwar Momente existentieller Bedrohung, können jedoch heutzutage kaum mehr als Provokation bezeichnet werden.

5.3 Aspekt III: Wirken & Bewirken

Auf den vorhergegangenen Seiten sind einige Grundlagen beschrieben worden, die anhand der aufgezeigten inhaltlichen und gestalterischen Aspekte als Bewertungskriterien genutzt werden können. Je nachdem, wie weit gewisse Inhalte künstlerisch dargestellt und transportiert werden, ermöglichen sie dem engagierten Betrachter, sich nicht nur eindringlich damit zu beschäftigen, sondern auch daraus Qualitätsurteile abzuleiten. Neben den genannten Gütemerkmalen, wie Inhalt, Technik und Gestaltungsform, ist es zusätzlich möglich, übergeordnete und gesamtbezogene Kriterien für eine Qualitätsdebatte zu formulieren, die sich zwar an den beschriebenen Aspekten orientieren, doch zusätzlich neue und eigenständige Bewertungsmaßstäbe setzen. Auch wenn eine Beschreibung dieser zentralen qualitativen Eigenschaften nicht vollständig sein kann, soll der Versuch unternommen werden, sich konkret die Frage zu stellen, welche Faktoren beim Betrachten und Analysieren eines Kunstwerkes das Gefühl von Bedeutsamkeit, Tiefe und Qualität bewirken? Welche Eigenschaften benötigt ein Kunstwerk, um die Aufmerksamkeit des Betrachters auf sich zu ziehen und ihn auf eine emotionale und geistige Reise mitzunehmen?

5.3.1 Allgemeingültigkeit

Ein zentraler Aspekt guter Kunst besteht darin, dass die Inhalte des Werkes einen universellen Charakter haben, also der Maxime einer Allgemeingültigkeit folgen. Unabhängig davon, ob die Belange des Künstlers gesellschaftlicher, existentieller, konzeptioneller oder ästhetischer Natur sind, sie sollten wenn möglich grundsätzliche und menschlich relevante Themen ansprechen. Im breitesten Sinn fordern Werke mit allgemeingültigen Aspekten den Betrachter heraus, sich mit seiner Sehweise oder seinen Denkschemata intensiv auseinanderzusetzen. Der Betrachter wird meist von Kunstwerken mit universellen Inhalten angezogen, mit Themen die ihn interessieren, ansprechen oder persönlich betreffen und mit denen er sich inhaltlich identifizieren kann. Eine ernsthafte Vertiefung in ein Werk kann also nur dann zustande kommen, wenn es etwas Spannendes und Relevantes zu vermitteln hat, das dem Betrachter dauerhaft in Erinnerung bleibt und möglicherweise Stoff für weiteres Nachdenken bietet.

In diesem Kontext schafft eine Werkgattung besonderen Grund für Diskussion: die schon in anderen Zusammenhängen beschriebene „Rauminstallation". Wie der Begriff andeutet, sind solche Werke meist „raumspezifisch", also durch die örtlichen Gegebenheiten eingeschränkt. Das künstlerische Gestalten oder Bearbeiten eines Innenraumes wendet sich häufig ab von universellen Konzepten, hin zum konkreten „Raumerlebnis". Die Erfahrungen und Erscheinungen einer Rauminstallation mögen zwar anregend sein, doch muss die Frage beantwortet werden, ob eine spezifische Raumgestaltung tatsächlich generelle Aspekte der Wahrnehmung anspricht und sich stark von alternativen, kunstfernen Erlebnissen abgrenzt. Inwiefern übertrifft beispielsweise das museale Raumerlebnis einer Installation die Reize einer Geisterbahnfahrt oder eines Besuchs im Spiegelkabinett auf Jahrmärkten? Inwieweit handelt es sich im Museum, ähnlich wie auf dem Jahrmarkt, um Unterhaltung, ohne Anspruch auf eine Auseinandersetzung mit geistigen und universellen Themen? Nur wenn die raumspezifische Installation beim Betrachter allgemeingültige Assoziationen weckt und universelle Themen aufgreift, erfüllt sie als geistreiches Kommunikationsmittel ein wichtiges Kriterium hochwertiger Kunst.

5.3.2 Vielschichtigkeit

Ein zweites wichtiges Standbein qualitätsvoller Kunst ist die „Vielschichtigkeit", eine Charakteristik, die über eine flüchtige Wertschätzung bei der Betrachtung eines Werkes hinausgeht und für anhaltendes Interesse sorgt. Je mehr inhaltliche und schöpferische Dimensionen ein Werk enthält, desto vielfältiger sind die Möglichkeiten der Interpretation, Deutung und Beurteilung. Mehrschichtigkeit bedeutet in der Regel, dass beim wiederholten Anschauen eines Werkes der Betrachter immer neue und überraschende Aspekte findet, die seine Neugier und Forschungslust aufrecht erhalten und somit zu einem anhaltenden Kunstgenuss beitragen. Hintergründe für Vielschichtigkeit ergeben sich aus den beiden wichtigen Aspekten des Inhalts und der Gestaltungsform. Werke, die mit mehreren Symbolen und Allegorien arbeiten oder wie bei der Collage durch die Technik der Fragmentierung eine Vielzahl narrativer Elemente erkennen lassen, bieten dem Betrachter ein komplexes Puzzle oder Rätsel, das geradezu nach Entschlüsselung ruft. Zusätzlich spielen ästhetische Aspekte wie die Formensprache,

Techniken und das Nutzen von Materialien eine Rolle, die im Idealfall harmonisch mit den Inhalten übereinstimmen und zu einer präzise abgestimmten Komposition führen.

Obwohl die Thematik der Vielschichtigkeit gleichermaßen für traditionelle und neue Medien zutrifft, lassen sich umgekehrt Schlüsse qualitativer Art ziehen, wenn Kunstwerke durch ihre Eindimensionalität auffallen. Probleme dieser Art treten eher in der Konzeptkunst auf, da meist nur eine Idee im Vordergrund steht und als einziges künstlerisches Merkmal dient. Sollte das Konzept bahnbrechend sein, voller Genialität, dann kann auch so ein Werk nachhaltig in Erinnerung bleiben. Diese künstlerische Strategie ist jedoch mit Risiko behaftet, da sie zu häufig ihren hohen geistigen Ansprüchen nicht gerecht wird. Eindimensionale Kunstwerke leiden oft darunter, dass sie bei der ersten Betrachtung bestenfalls ein „Ah-Ha Erlebnis" hervorrufen, doch weder in Erinnerung bleiben, noch bei der zweiten Betrachtung eine erneute Auseinandersetzung bewirken.

5.3.3 Leichtigkeit

Es mag wie ein Widerspruch klingen, dass bei Abwägungen über Qualität neben dem Aspekt der Vielschichtigkeit auch die Empfindung von „Leichtigkeit" aufgeführt wird. Doch es gibt viele Beispiele von großartigen Kunstwerken, die sich dadurch auszeichnen, dass sie komplexe und vielfältige Themen in einer „leichten", mühelosen und spielerischen Weise darstellen und zum Ausdruck bringen. Seien es die surrealen Gemälde von *Max Ernst*, die menschlichen Figuren von *Käthe Kollwitz* oder *Alberto Giacometti*, die reinen Formen von *Max Bill*, sowie die einfachen und ausdrucksstarken Objekte von *Wolfgang Laib* oder die berühmten Fettecken von *Joseph Beuys*, sie alle bedienen sich einer spärlichen und klaren Ausdrucksform, um ernsthafte und existentielle Aspekte des Lebens anzusprechen.

Die Thematik der Leichtigkeit ist häufig mit Konzepten des Spiels und des Humors verbunden. Beide werden gerne mit Begriffen wie „Unernst", aber auch mit „Ideenreichtum" und „Phantasie" bezeichnet. Wenn Kunstwerke es schaffen, trotz ernster Inhalte, sich spielerisch zu präsentieren, dann entsteht ein kreatives Spannungsfeld, das einerseits zum Phantasieren einlädt und andererseits zum Grübeln anregt. Die anfängliche Wahrnehmung einer „leichten" und spielerischen Oberflächlichkeit des Werkes wandelt sich bei längerer Betrachtung zu einer Auseinandersetzung mit komplexen und tiefsinnigen Themen. Aufgrund dessen lässt sich der Aspekt der Leichtigkeit mit der Vielschichtigkeit verbinden; gemeinsam bilden sie eine verführerische Mischung und liefern durch ihre gestalterischen Formen wichtige Grundlagen für eine hochwertige Kunst.

Das Thema der künstlerischen Leichtigkeit mag sich vorwiegend auf Gestaltungsaspekte beziehen, doch es kann auch im negativen Sinn auf Inhalte und Konzepte angewandt werden. Demnach findet man besonders im Bereich der Konzeptkunst viele Beispiele, in denen Werke „erklärt" werden müssen, wobei die Formulierungen meist sehr gestelzt sind und die inhaltlichen Belange so schwerfällig und maniert herbeigezwungen, dass für eine spannende Interpretation oder Auseinandersetzung kein Raum mehr bleibt. Bewirken die Kunstobjekte des englischen Künstlers *Martin Creed*, die beispielsweise ein zusammengeknülltes Blatt Papier oder ein an die Wand geheftetes Stück Klebemasse darstellen, beim interessierten Publikum wirklich eine intensive Beschäftigung mit den Werken? Ist seine Installation „Work No. 227, the lights going on and off", in der das Licht eines leeren Ausstellungsraumes regelmäßig ein- und ausgeschaltet wird, tatsächlich von solcher qualitativer Bedeutung, dass ihm 2001 dafür der begehrte Turner Prize vergeben werden musste? Unabhängig von einer häufig abgedroschenen Formensprache fehlt es vielen dieser Gattung „institutioneller" Konzeptwerke an nachvollziehbaren Inhalten, Mehrdimensionalität und einfallsreichen Überraschungsmomenten. Sie strahlen eine Passivität aus, die durch ihren forcierten konzeptionellen Überbau und den krampfhaften Versuch provokant zu wirken, nur Interesselosigkeit auslöst. Auch Gleichgültigkeit ist eine menschliche Reaktion, doch hat sie einen Platz in der Kunst?

5.3.4 Autonomie

Die Thematik der „Autonomie" ist schon mehrfach in einem systembezogenen Kontext angesprochen worden und spielt dementsprechend auch eine Rolle in jeglicher Qualitätsbeurteilung von Kunst. Sie bedeutet im weitesten Sinne eine Selbstbestimmung und Unabhängigkeit im kreativen Schaffensprozess des Künstlers, die sich wiederum in Form einer besonderen Eigenständigkeit seiner Werke widerspiegelt. Die uneingeschränkte Entscheidungsfreiheit des Künstlers wird auch als „Authentizität" bezeichnet. Beide Begriffe bedeuten, dass der Künstler und sein Werk weder von äußeren Sachzwängen beeinflusst werden, noch unter gesellschaftsbedingten Einschränkungen leiden. Geprägt durch diese Autonomie des Künstlers werden seine Kunstwerke, die sich in ähnlicher Art durch ihre Eigendynamik, frei jeglicher äußerer Zusatzkommentare auszeichnen, als qualitativ hochwertig eingestuft.

Es besteht kein Zweifel darüber, dass gesellschaftliche Rahmenbedingungen, insbesondere die Mechanismen des Kunstbetriebes, von Künstlern als inhaltliche Themen aufgegriffen und kommentiert werden, doch inwieweit schaffen sie es, eine unabhängige Position gegenüber diesen institutionellen Einrichtungen einzunehmen? Entstehen Kunstwerke tatsächlich aus der Phantasie und dem Innovationsvermögen des Künstlers oder bedienen sie vielmehr eine systembedingte Nachfrage? Trotz der vielen Einschränkungen und Abhängigkeiten, denen der Künstler ausgesetzt ist, sollte der Betrachter den Versuch unternehmen, eine Bewertung von Werken auf ihre uneingeschränkte Selbstständigkeit und Autonomie hin zu untersuchen. Es stellt sich prinzipiell die Frage, inwieweit ein Werk auf der Grundlage intrinsischer Aspekte künstlerischer Intuition und Fähigkeiten, oder auf exogenen Trends und dem institutionellen Druck des Kunstbetriebes beruht? Sobald ein Werk zumindest den Anschein erweckt, systembedingten Anforderungen nachzukommen, verliert es an Autonomie oder Authentizität, ein Sachverhalt, der meist kritisch oder negativ beurteilt wird.

Häufig wird die Thematik der Autonomie mit der einzigartigen „Handschrift" des Künstlers beschrieben. Inhaltliche und gestalterische Aspekte formen sich zu einem individuellen „Stil", der meist als „eigenständig" und „besonders" bezeichnet wird. Wenn diese Ausdrucksform und künstlerische Haltung genug markante Eigenschaften und Alleinstellungsmerkmale aufweist, dann bedeutet dies einen hohen Grad an Wiedererkennung und den damit assoziierten Genuss. Dies ist ein Aspekt der Kunst, der sehr hoch geschätzt wird und somit als wichtiges Qualitätskriterium gilt, solange die „Handschrift" tatsächlich aus der autonomen Schaffensweise des Künstlers

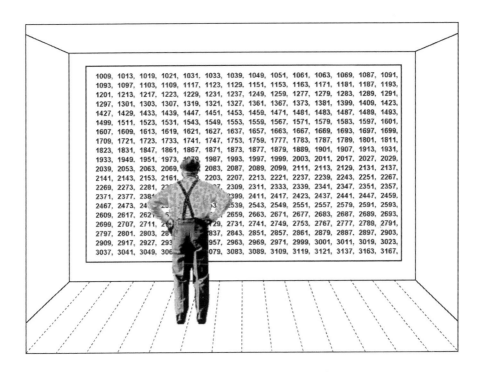

Prima
Digitaldruck auf Leinwand, 2011

und nicht aus den Machenschaften institutioneller Vermarktungsstrategien resultiert.

Wie wichtig das Thema der Autonomie auch für Künstler selber sein kann, zeigt die Arbeit „Prima" des Künstlers *Unbe Kant*. Seine Zahlenreihe mag ästhetisch an Werke von *Hanne Darboven* erinnern, doch *Kant* setzt seine Primzahlen rein als Symbol für die Selbstbestimmung des künstlerischen Schaffens ein. Da Primzahlen nur durch sich selbst und die Ziffer eins geteilt werden können, repräsentieren sie Eigenständigkeit und Autonomie. Primzahlen lassen sich wie gute Künstler nicht „zerlegen" oder kompromittieren; sie repräsentieren eine Priorität der künstlerischen Identität und stehen für kreative Souveränität und Unabhängigkeit.

5.3.5 Originalität

Die Frage nach Autonomie und Selbstständigkeit ist eng mit der Thematik der „Originalität" verbunden. Wenn der Begriff als „Besonderheit" und „Einzigartigkeit" definiert wird, dann leiten sich diese Charakteristika aus einer künstlerischen Unabhängigkeit und Authentizität ab. Originalität bedeutet jedoch auch „Neuwertigkeit" oder „Erstmaligkeit" und bringt somit einen weiteren Bewertungsaspekt ins Spiel. Besonders die aus der Aufklärung entstandenen Ideale des Fortschritts und die dramatischen Entwicklungen der Moderne haben viel „Neues" hervorgebracht, ein Sachverhalt, der weitgehend durch die direkte Verbindung zur schöpferischen Arbeit des Künstlers als wertvolles Qualitätsmerkmal betrachtet wird. Kreativität und Innovation bieten die Grundlagen künstlerischer Tätigkeit und somit bilden die daraus entstehende Neuwertigkeit und Originalität wichtige Teilaspekte der Kunst. Die Frage, die sich jedoch daraus ergibt, lautet: Was bedeutet „neu" und wie kann es eingeschätzt werden?

Das Neue braucht immer einen Zusammenhang, um Vergleichsmöglichkeiten zu schaffen. In der Kunst bietet die Vergangenheit oder das Vorhergegangene die wichtigste Grundlage für Einschätzungen des Neuen. Die Beurteilung als etwas Einmaliges entsteht dadurch, dass zentrale Bestandteile und Aspekte eines Werkes vorher noch nicht behandelt und dargestellt worden sind. Der zeitliche Kontext, sei es ein geschichtlicher oder zeitgenössischer Rahmen, bietet die wichtigste Vergleichsbasis, sowohl unter inhaltlichen, wie auch gestalterischen Gesichtspunkten. Kunstwerke werden also mit vorhergegangenen oder aktuellen Werken der Gegenwartskunst verglichen und nach ihren einzigartigen und abgrenzenden Merkmalen untersucht. Die Thematik des Vergleichs als Hintergrund für Einschätzungen von Originalität beruht nicht nur auf Werken anderer Künstler der Vergangenheit oder Gegenwart, sondern auch auf vorhergegangene Arbeiten des jeweiligen Künstlers. Interessierte Betrachter bewerten häufig Werke eines Künstlers in Verbindung mit dem gesamten Oeuvre, um „neue" inhaltliche oder gestalterische Entwicklungen seiner Schaffensprozesse zu verfolgen.

Wenngleich die Wiedererkennungsmerkmale einer künstlerischen Handschrift sehr wichtig sind, bedeutet dies jedoch keine Abwendung von experimentellem Streben nach neuen Inhalten und Schaffensweisen. Der Autonomiegedanke einer individuellen Autorenschaft steht also in keinem Widerspruch zur Idee des Neuen und der Originalität. In diesem Sinne lässt sich beispielsweise das Oeuvre von *Sigmar Polke* nennen, eine Vielzahl unterschiedlicher Werke, die durch Erneuerung und innovativ gestalterische Entwicklungen geprägt ist und sich trotzdem relativ leicht identifizieren lässt. Ein weiterer Künstler, der hier erwähnt werden sollte, ist *Jean Tinguely*. Nicht nur integrierte er in seine Maschinen Materialien wie Wasser und Klang, er rebellierte permanent gegen die gängigen Normen der Kunstpraxis. So verweigerte er beispielsweise die Idee einer künstlerischen „Handschrift", indem er Zeichenmaschinen entwickelte, um die Identität des Künstlers vom Werk zu trennen. Immer stellte er Gewohnheiten und Sehweisen in Frage, und doch produzierte er ein unvergleichliches und erkennbares Oeuvre. Obwohl er sich konzeptionell dagegen sträubte, schuf er mit seiner Genialität, seiner kreativen Mischung aus Humor und Ernst, eine unverwechselbare Handschrift. Besonders im Zusammenhang mit Humor wird „originelle" Kunst auch häufig als „geistreich" bezeichnet, eine Beschreibung, die nicht nur positiv gewertet wird, sondern auch einen Bogen zum Begriff der Kunst als „geistigem Gut" schlägt.

Trotz der rasanten Geschwindigkeit, mit der sich die Kunst der Moderne durch permanente Veränderung und Erneuerung fast zur Selbstvernichtung gewandelt hat, bleibt die Originalität in der Kunst auch heute noch ein zentrales Qualitätsmerkmal. Es bedarf jedoch einer differenzierteren Betrachtung, in der Originalität als Spektrum gesehen werden muss und nicht als etwas Absolutes. Auf der einen Seite stehen die herausragenden Errungenschaften der Kunst, die Innovation und bahnbrechenden Meisterwerke der Moderne; auf der Gegenseite lassen sich Werke einordnen, die keine neuartigen oder individuellen Merkmale aufweisen. Wenn die heutzutage häufig geäußerte Behauptung stimmen sollte, es gäbe in der Kunst nichts Neues mehr, bezieht sich die Position tatsächlich nur auf die wirklich bedeutenden Innovationen der Kunstgeschichte und deutet darauf hin, dass solch einmalige Entwicklungen vielleicht nicht mehr oder selten zu erwarten sind. Dies bedeutet jedoch noch lange nicht das Ende neuartiger Kunst, sondern nur, dass die Originalität und das Neue auf einem breiten Mittelfeld zwischen Genialität und Trivialität zu finden ist. In einer Bewertung von Kunst spielt die Innovation zwar immer noch eine wichtige Rolle, doch besonders in den postmodernen Entwicklungen geht es vielmehr darum, durch die Verarbeitung, Abänderungen, Verzerrungen oder Vermischungen von Dagewesenem, sich von vorhergegangener Kunst abzusetzen und auf marginaler Ebene etwas Neuwertiges zu gestalten. Besonders die Gattung der postmodernen „Appropriation Art" beschränkt sich mehr auf das Zerlegen existierender Motive durch Formen der Reproduktion und beruht weniger auf Zukunfts- und Fortschrittsdenken oder auf dem Betreten von Neuland. Die Bedeutung von Originalität ist somit heutzutage zunehmend eingeschränkt und bezieht sich größtenteils auf das innovative Verarbeiten neuer Themen mit neuen Ausdrucksweisen innerhalb vorgefertigter Grundlagen und institutioneller Rahmenbedingungen.

Das Werk „Der Schuss" des Künstlers *Unbe Kant* illustriert die Entwicklung weg von einer absoluten Idee der Originalität hin zu einer eingeschränkten Variante, in der die Überarbeitung und das Verwandeln im Zentrum des künstlerischen Schaffens steht. Einerseits beinhaltet das Werk durch die assoziierten Fragen, wer schoss wann und warum auf die Leinwand, einige narrative Elemente, doch gleichzeitig handelt es sich hier um eine Reihe von Variationen zu Kunstwerken bekannter Vorgänger. So erkennt man das schwarze Quadrat von *Kasimir Malewitsch*, die Zerstörung der Leinwand angelehnt an die Schnitte von *Lucio Fontana*, sowie das Schießen von *Niki de St. Phalle*. Mit etwas Phantasie lässt sich der Titel vielleicht als Wortspiel zur bekannten Grafik „Der Kuss" von *Peter Behrens*

Der Schuss
Öl und Schuss auf Leinwand, 2010

lesen. Möglicherweise war doch Liebe und Eifersucht im Spiel als der Schuss fiel? Durch die Vorlage des schwarzen Quadrates von *Malewitsch* kann das Werk der Gattung der „Appropriation Art" zugeschrieben werden und spricht direkt die Problematik der Originalität als künstlerischen Aspekt an. Es bietet wegen seiner narrativen Elemente und der kunsthistorischen Referenzen eine breitere Auswahl an Möglichkeiten der Interpretation als das Original, doch reicht es für eine positive Qualitätsbeurteilung, ein existierendes Meisterwerk durch neue Kontexte und weitere inhaltliche Dimensionen zu verändern? Obschon es durch Ironie, vielfältige Betrachtungsweisen und spielerische Phantasie aufgewertet wird, bleibt dies eine kritische Frage. Somit mag das Werk zwar als „Gesamtpaket" positiv beurteilt werden, doch unter dem Kriterium der Originalität kann es nur mit „mittleren" Bewertungsnoten punkten.

5.3.6 Wiedererkennbarkeit

Das Kriterium einer „Wiedererkennbarkeit" spielt in der Bewertung eine wichtige, doch auch kontroverse Rolle, da es sich als Qualitätsmerkmal nur auf Teilaspekte des Werkes beziehen kann und eng mit den Gesichtspunkten der Vielschichtigkeit und Originalität verknüpft sein muss. Die artgerechte Nachbildung eines bekannten Kunstwerkes mag zwar einen hohen Wiedererkennungswert haben, doch wenn dies als einzig bemerkenswertes Merkmal dient, dann handelt es sich um pure Reproduktion und wird meist als minderwertige Arbeit betrachtet. Somit ist beispielsweise das Werk „Die Nervensäge" von *Unbe Kant* zwar eine amüsante Variation zu dem bekannten Gemälde „Ceci n'est pas une pipe" von *René Magritte*, doch es bietet wenig weitere Qualitätsaspekte, um als hochwertiges Kunstwerk bewertet zu werden.

Wenn der Wiedererkennungswert durch Referenzen zu vorhergegangenen Ereignissen oder Kunststilen nur einer von mehreren inhaltlichen oder gestalterischen Aspekten darstellt, dann gewinnt das Werk an qualitativen Merkmalen. Nicht nur ist die Verarbeitung von vorhergegangenen Kunstwerken, Konzepten oder Gestaltungsformen ein wichtiges inhaltliches Anliegen der Künstler, es spielt auch beim Betrachter eine bedeutende Rolle, da es zu kunstgeschichtlichen Überlegungen und Interpretationsmöglichkeiten einlädt. Wie schon ausgeführt, basiert der Kunstgenuss teilweise auf ei-

Die Nervensäge
Acryl auf Leinwand, 2010

ner intellektuellen Beschäftigung, die durch ein hohes Maß an Interesse und angeeignetem Fachwissen gekennzeichnet ist. Der positive Aspekt der Wiedererkennung beim „Lesen" cines Werkes entsteht aus dem angewendeten Wissen des Betrachters. Ähnlich wie das Lösen eines Puzzles bewirkt das Deuten oder Erkennen von wissensbezogenen Teilbereichen eines Werkes das Gefühl der Genugtuung und stärkt das Bedürfnis, sich weiter damit auseinandersetzen zu wollen. Gleichzeitig bietet eine Bestätigung der angeeigneten Kenntnisse durch die Wiedererkennung weitere Anreize, den Lernprozess und das Sammeln weiterer Kunsterfahrungen fortzusetzen.

Die Kunst bietet dementsprechend ein äußerst interessantes Paradox. Sie produziert einerseits Verwirrung durch das Erfahren von Ungewohntem und Neuem, doch fordert sie auch Orientierung und ein gewisses Maß an Ordnung heraus. Eine Begeisterung für etwas Neues beruht größtenteils auf der Grundlage vorhergegangener Kunstentwicklungen, sowie dem Erfahrungshorizont und persönlichen Vorlieben des Betrachters. Der kunstinteressierte Betrachter sortiert meist ein Werk nach den ihm bekannten Aspekten, um dadurch die dargestellten Besonderheiten und Neuheiten herauslesen zu können. Wenn ein Kunstwerk in der Lage ist, ein Spannungsfeld zwischen dem Wiedererkennungswert des Bekannten und dem Überraschungseffekt des Neuen und Ungewohnten herzustellen, kann dies als besonders wertvolles Qualitätsmerkmal gewertet werden.

Verwandt mit dem Aspekt der Wiedererkennung ist die Thematik der Eigenständigkeit und künstlerischen „Handschrift", doch inwieweit eine leichte Identifikation des Künstlers und seiner Werke positiv zu bewerten ist, hängt dann meistens zusätzlich von anderen Bewertungskriterien ab. So mag ein Oeuvre, dessen schöpferischer Stil relativ leicht zu erkennen ist, zwar ein hohes Maß an Wiedererkennung aufweisen, doch wenn sich die einzelnen Werke über Jahre hinweg nur gering unterscheiden und über fehlende Originalität verfügen, kann sich daraus beim Publikum Verdrossenheit und Gleichgültigkeit entwickeln. Ein klassisches Beispiel dafür bietet der Künstler *Georg Baselitz,* der in den 1970ern für seine „auf dem Kopf stehenden" Gemälde bekannt geworden ist. Wenn die Verfremdung durch das Umdrehen seiner Bilder damals ein originelles und geniales Konzept darstellte und sich auch zu einem enormen Identifikationsmerkmal entfaltete, bieten vierzig Jahre später sein gleicher Malstil und unveränderte Gestaltungsmethode längst nicht mehr die Aufregung, die sie in den früheren Jahren ausgelöst hatte.

5.3.7 Mysterium

Das Beispiel der auf den Kopf gestellten Werke von *Georg Baselitz* weist auf ein wichtiges Problem hin, die Berechenbarkeit oder Eindeutigkeit des Werkes. Besonders wenn Künstler sich eines einfachen Konzeptes bedienen und dies konsequent über Jahre hinweg durchziehen, fehlt den Werken eine wichtige Zutat, das Unbekannte und Mysteriöse. Kunst, die leicht „lesbar" und verständlich ist, leidet darunter, dass sie als belanglos eingestuft wird und ihr das Qualitätsmerkmal der Nachhaltigkeit fehlt. Gute Kunst braucht das Rätselhafte und das Unverständliche, um den Betrachter nicht nur beim ersten Blick zu faszinieren, sondern ihn anzuregen, sich weiterhin mit dem Werk beschäftigen zu wollen. Das Unerklärliche bietet dem Betrachter einen ganz besonderen Reiz. Es fordert ihn bei längerer Betrachtung zu einer intensiveren Auseinandersetzung heraus und schürt seinen Wissensdurst, um vielleicht ein wenig Ordnung und Klarheit zu erlangen. Auch wenn Hintergrundinformationen über das Werk und den Künstler Aufschluss geben können, bleibt das Werk spannend, wenn nicht alle Rätsel gelöst werden und Restbestände eines Mysteriums übrig bleiben.

Auf Grundlage der dargestellten Bewertungsaspekte kann das Kriterium des Unbekannten und Mysterium als alles das beschrieben werden, was sich in einem Werk nicht „lesen" und herausinterpretieren lässt. Das Unwissen generiert eine Form von Spannung und positiver Irritation, die Emotionen und Sinnesreize weckt und dadurch zu einer besonderen Anziehung und Bewunderung beiträgt, die sich wiederum als Kunstgenuss manifestiert. Schon Karl Kraus behauptete: „Künstler ist nur einer, der aus der Lösung ein Rätsel machen kann." Er weist hiermit auf einen wichtigen Aspekt hin, dass die Kunst nicht „erklären" sollte, sondern den Betrachter auffordert, selber die inhaltlichen und gestalterischen Gedankenspiele eines Werkes zu lösen. Kunstwerke, die mit ungenauen Andeutungen, Symbolen, Widersprüchen und Vielschichtigkeiten behaftet sind, bewirken durch ihre Rätselhaftigkeit nicht nur ein gesteigertes Maß an Aufmerksamkeit, sondern bleiben in Erinnerung und sorgen somit für Nachhaltigkeit.

5.3.8 Befremdung

Eine Diskussion über Qualität und Wirksamkeit der Kunst muss sich neben den schon genannten Kriterien auch mit dem Aspekt der „Befremdung" beschäftigen. Nicht nur ist das Befremden in der Kunst sehr nah verknüpft mit den Themen der Originalität, dem Mysterium, der Provokation, aber auch der Wiedererkennung. Die Bezeichnung der Befremdung wird in aktuellen Diskursen über Kunst gelegentlich von Kunstexperten herangezogen, wobei auf den 1989 publizierten Text „Museum - Schule des Befremdens" des Philosophen und Kommentators Peter Sloterdijk verwiesen wird. In seinem Buch „Der ästhetische Imperativ" ist dieser Aufsatz 2007 wieder neu aufgelegt worden.

Wie der Begriff andeutet, liegt der Ursprung jeglicher Befremdung bei etwas „Fremdem", also bei einer Wahrnehmung des Ungewöhnlichen, des Neuen oder Unbekannten. Prinzipiell lässt sich das Befremdliche, das den Betrachter zu einer geistigen Auseinandersetzung einlädt, als einen wichtigen, wenn nicht sogar zentralen Aspekt der zeitgenössischen Kunst bezeichnen. Diese Beurteilung beruht jedoch auf der Einschränkung, dass ähnlich wie die Provokation auch die Befremdung nicht als Selbstzweck eingesetzt werden darf, sondern sich ausschließlich einer kreativen und kunstbezogenen Rolle unterwirft. Die Befremdung verliert ihre anregende Wirkung als Impulsgeber für emotionale Reaktionen und eine intensive Beschäftigung, wenn sie lediglich als Mittel für kunstfremde Belange genutzt wird, wobei zu beachten ist, dass die jeweilige Wirkung sehr vom Urteilsvermögen des Betrachters abhängt.

So mag die Kettensäge des Werkes „Schweigender Lecter" vom Künstler *Unbe Kant* zwar beim Laien das Gefühl der Befremdung auslösen, doch nicht unbedingt beim Kunstinteressierten oder gar beim Experten. Für die beiden letzten Betrachtergruppen bietet das Werk keine besondere Überraschungen, sondern bewirkt Skepsis, da es als eine von vielen Variationen des Readymade kaum Eigenschaften der Originalität und Vielschichtigkeit aufweist und trotz des vielleicht anregenden Titels eher zu Reaktionen von Langweile und Abneigung führt. Der Aspekt einer durch Kunst hergeleiteten Befremdung bietet demnach kein konkretes Qualitätskriterium, sondern dient als Transportmittel, das im Zusammenhang mit werkgebundenen

Aspekten der Autonomie, der Originalität und des Unerklärbaren aufgegriffen wird, um die unterschiedlichsten Emotionen und Gedankengänge hervorzurufen und somit auch zur Formulierung verschiedener Qualitätsurteile beizutragen. Die Befremdung in der Kunst kann demnach sowohl zu positiven Empfindungen des Staunens, einer sinnlichen Irritation, zur Überraschung, Begeisterung, Nachdenklichkeit oder Neugier führen, doch auch zu negativen Gefühlen, wie der Langweile, des Widerstrebens oder des Ärgers. Je nach Qualifizierung des Betrachterkreises vermag das Befremdende zu einer dauerhaften Qualitätsbewertung der Kunst beitragen, indem es anregende Impulse für einen kreativen Dialog bietet. Gleichzeitig kann die Befremdung der Kunst auch schaden, denn sobald sie durch eine überzogene Orientierung auf institutionelle und kunstirrelevante Aspekte als Selbstzweck dient, hemmt sie eine geistreiche und kunstbezogene Auseinandersetzung. Aus diesen Überlegungen lässt sich die vage Erkenntnis ableiten, dass gute Kunst nicht nur zur Vertiefung und Reflexion anregt, sondern langfristig ihrer eigenen Sache dient, indem sie bei Betrachtern den Wunsch schürt, mehr Kunst sehen und erleben zu wollen. Die Thematik der Befremdung mag somit zur künstlerischen Qualität beitragen, bietet jedoch weder eine Garantie, noch kann sie als Richtmaß genutzt werden.

5.4 Aspekt IV: „Transzendenz"

Nachdem einige elementare Bewertungsaspekte skizziert worden sind, lässt sich ein letztes Merkmal nennen, das als „Transzendenz" beschrieben werden soll. Der Begriff Transzendenz wird gewöhnlich im Zusammenhang der Philosophie und Religion genutzt, doch kann er ebenso bei einer Beurteilung von Kunst eingesetzt werden. Transzendenz bedeutet das „Überschreiten" einer Alltagsnormalität, der Vernunft oder des Gewöhnlichen. Die Kunst widersetzt sich meist diesen geordneten Eigenschaften des alltäglichen Lebens und im Idealfall gelingt es ihr, den Betrachter zu verzaubern, ihn in eine zeitlose und kreative Welt zu transportieren. Das Erleben eines solchen Zustandes kann gelegentlich wie eine spirituelle Erfahrung, also als Überschreitung einer materiellen Realität, wirken.

Der Begriff „Transzendenz" beschreibt eine besonders hohe Stufe des Kunstgenusses. Bei der Wahrnehmung eines Werkes treffen sämtliche

Aspekte der Inhalte, Arbeitsweisen und Gestaltungsformen zusammen und berühren den Betrachter sowohl auf emotionale, als auch auf intellektuelle Art. Ein derartig positives, unmittelbares Gefühl entsteht, sobald einige der aufgezählten Eigenschaften, insbesondere die der Autonomie und des Mysteriums, in dem Werk vorhanden sind. Wenn der Betrachter berührt und gefesselt wird, er sich in den Werken „verliert" und Assoziationen geweckt werden, er vielleicht Irritation verspürt und sich daraus Gedankengänge entwickeln, erreicht die Kunst einen Grad an Qualität, den in ähnlicher Weise ein packendes Buch, ein Theaterstück oder ein bewegendes Konzert leistet. Nur Kunstwerke, die einen sehr hohen Effektivitätsgrad ihrer schöpferischen und kommunikativen Ausdruckskraft erreichen, bewirken das geistig emotionale Erlebnis eines gesteigerten oder transzendenten Kunstgenusses.

Über die Jahre ist der hier genutzte Begriff „Transzendenz" in verschiedenen Weisen artikuliert worden. So beschreibt der Philosoph Walter Benjamin den Zustand einer Einmaligkeit des Erlebens bei einem Kunstwerk als die „Aura". In dieser unmittelbaren Erfahrung beim Betrachten spielen nicht nur die einzigartigen Eigenschaften des Werkes, sondern auch die seines Schaffensprozesses, eine Rolle. Benjamin formulierte seinen Begriff der Aura in Hinsicht auf die Malerei, um sie strikt von den neueren Reproduktionstechniken der Massenmedien und Fotografie abzugrenzen. Im Zusammenhang mit der Bedeutung von „Authentizität" oder „Echtheit" lassen sich ebenfalls die Experimente des Werkzyklus „A Bigger Splash" von *David Hockney* in die Thematik der künstlerischen Aura einordnen, da *Hockney* davon überzeugt ist, die Wirklichkeit des Momentes eines Wasserspritzers sinnlicher und „realistischer" darstellen zu können, als die Momentaufnahme einer Fotografie. Trotz dieser berechtigten Argumente hat sich die Fotografie als Kunstform seit 1936, als Benjamin seine Kommentare und Thesen verfasste, enorm weiter entwickelt. So müssen beispielsweise die Werke des Fotokünstlers *G. Roland Biermann* als hochwertige Kunst eingestuft werden. Besonders sein Zyklus „Apparition" spricht sehr spirituelle Themen an und nutzt eine Ausdrucksweise, die sich leicht als Transzendenz beschreiben lässt. Auch seine Werkreihe „snow + concrete" ist so ausdrucksvoll, dass sie jederzeit mit der Malerei als Kunstform mithalten kann.

Ein Begriff, der häufig in der Kunst zur Beschreibung eines qualitätsvollen Werkes gebraucht wird, ist die „Unmittelbarkeit". Sie deutet auf eine besondere Direktheit hin, die ein Werk ausdrückt, also ein Qualitätsmerkmal, das spontane emotionale Reaktionen bei den Betrachtern hervorruft. Dieses Auslösen von Gefühlen, Fantasien und Reflexion bietet die Grundlage für eine tiefere Auseinandersetzung. Werke, die eine eigenständige Kraft besitzen, um den Betrachter „unmittelbar" anzusprechen und ihn in ihren Bann zu ziehen, verfügen über das, was als Transzendenz, also Außergewöhnliches bezeichnet werden kann. Ein Ausdruck, der Ähnlichkeiten mit dem Begriff der Unmittelbarkeit aufweist und sich in verschiedenen Weisen manifestiert, ist die „Intensität". Besonders eine hohe Sättigung der Farbgebung, kräftige und originelle Darstellungsweisen oder starke inhaltliche Aussagen bieten Aspekte, die mit der Bezeichnung „Intensität" beschrieben werden. Die Empfindung von Intensität wird häufig durch widersprüchliche Gestaltungselemente erzeugt. Wenn etwa Kunstwerke von einer gewissen inhaltlichen Ernsthaftigkeit und Schwere geprägt sind, doch gleichzeitig über eine Ausdrucksweise von Leichtigkeit und Humor verfügen, bieten sie Möglichkeiten durch unterschiedliche Stimmungslagen und Mittel der Kommunikation den Betrachter direkt anzusprechen, zu faszinieren und zu einer nachhaltigen geistigen Auseinandersetzung herauszufordern.

Eine alternative und recht traditionelle Beschreibung von Übersinnlichem in der Kunst bietet der Begriff der „Erhabenheit". Er beschreibt etwas, das mit einer religiösen Erfahrung zu vergleichen ist, und kann somit als Ausdruck für etwas Ehrwürdiges und Unerreichbares gewertet werden. Auch Beschreibungen, wie „mysteriös" oder „magisch" fallen unter die Kategorie des Fremden und Außerordentlichen. Besonders durch ihre spirituelle Wesensart lässt sich die Bedeutung der Erhabenheit mit der Transzendenz als Qualitätsbeschreibung von Kunst vergleichen.

6 Was ist gute Kunst
Eine Frage der Urteilsfähigkeit

Ein zentrales Thema in der Bewertung von Kunst betrifft nicht nur die Frage, wer über Qualität bestimmt, sondern wie das Urteilsvermögen des Betrachters oder des Gutachters konstituiert ist. In der Legitimierungsdebatte wurde die Problematik schon durch das Modell des „subjektiven Faktors" aufgegriffen, doch erst in der Qualitätsfrage gewinnt diese analytische Verfahrensweise an besonderer Aussagekraft. Wenngleich in der Fachliteratur die Materie der Subjektivität des Betrachters kaum angesprochen wird, besteht kein Zweifel, dass sie in einer Qualitätsbewertung einen hohen Stellenwert einnimmt. Somit soll nun dieses Modell erweitert werden, damit es auf die Urteilsfähigkeit des Betrachters angewandt werden kann. In diesem Sinn bleiben die ursprünglichen Variablen „Interesse" und „Wissen" zentrale Bestandteile der folgenden Analyse. Anders als im Falle der Legitimation, ist jedoch jegliche Qualitätsbeurteilung nicht nur mit einem gewissen Maß an Subjektivität behaftet, sondern wird zusätzlich durch Einwirkungen geprägt, die eine rein werkbezogene Begutachtung verhindern. Die Berücksichtigung exogener Einflüsse auf die Urteilskraft des Betrachters bietet die Möglichkeit, das Grundmodell auszubauen, um damit neue und interessante Aspekte einer Kunstbewertung aufzugreifen. Nachdem auf den vorherigen Seiten rein werkspezifische Bewertungsmethoden vorgeschlagen wurden, ergibt sich insbesondere aus der Bezeichnung der Kunst als „institutionelles Gut", dass vorwiegend systemische Umstände zur Entwicklung externer und werkfremder Urteilskriterien beitragen.

6.1 Bewertung I: „Weißes Rauschen"

In der Beschreibung werkbezogener Aspekte einer Bewertung von Kunst spielten die Charakteristika des Betrachters erstmal keine Rolle. Wenn überhaupt, wird die Annahme gemacht, der Betrachter sei interessiert, wissbegierig und richte seine Aufmerksamkeit nur auf die Wahrnehmung und Deutung intrinsischer Merkmale des Werkes. Die Hypothese einer reinen Konzentration des Betrachters auf die Eigenschaften des Kunstwerkes muss jedoch relativiert werden, denn sie ignoriert die unterschiedlichen räumlichen und institutionellen Kontexte, sowie die Vielfalt der persönlichen Hintergründe des Betrachters, die in eine Bewertung von Kunst einfließt.

In der Anwendung des Modells des „subjektiven Faktors" zur Legitimation von Kunst wurde festgestellt, dass auf Grund der Notwendigkeit eines hohen Wissensstandes nur ein geringer Anteil an Subjektivität die Urteilskraft der Kunstinteressierten und Experten prägt. Dieser Sachverhalt trifft jedoch im Falle einer Qualitätsbeurteilung nicht mehr in dem Maße zu. Auch hier spielen Kunstkenntnisse und Erfahrung weiterhin eine zentrale Rolle, doch zusätzlich wächst der Grad an Subjektivität aller Betrachtergruppen zu einem signifikanten Bestandteil ihrer Urteilsfähigkeit. Insbesondere den kunstinteressierten Personen, wie auch den Experten, muss nun in der Frage einer Kunstbewertung immer ein gewisses Maß an Subjektivität zugesprochen werden. Dieser Tatbestand lässt sich sowohl durch den „persönlichen Geschmack" einerseits, als auch durch das Auftreten „externer Faktoren" andererseits kennzeichnen. Diese exogenen und werkfremden Einflüsse in Bezug auf Wahrnehmung und Bewertung von Kunstwerken werden in der folgenden Analyse als „weißes Rauschen" bezeichnet. Es handelt sich hier um einen Begriff, der aus der Physik kommt, aber auch in der Statistik genutzt wird, um „Störsignale" zu beschreiben. Das Konzept des „weißen Rauschens" zeigt auf, welche Aspekte dazu führen, dass die reine sachgebundene Beurteilung eines „idealen" Betrachters durch äußere Faktoren nicht nur beeinflusst, sondern sogar eingeschränkt wird. Zu den wichtigsten Störfaktoren gehören diverse Techniken der Präsentation von Kunstwerken, die Relevanz und Qualität von Werkinformation, die Thematik „Kunstwerk oder Künstler", sowie die Problematik eines „Realitätsverlustes" der Experten. Gebündelt sollen in der darauf folgenden Analyse diese Störelemente in das erweiterte Model des subjektiven Faktors eingeführt werden.

6.1.1 Präsentation & räumlicher Kontext

Zur Betrachtung von Kunstwerken gehört immer ein räumlicher Kontext. Besonders in den Kunsträumen, wie der Galerie oder dem Museum, spielt die Präsentation der Werke eine wichtige Rolle, da in diesen Orten die ganze Aufmerksamkeit der Wahrnehmung von Kunstobjekten gilt. Zyniker behaupten gerne, dass in Ausstellungen die „Verpackung" der Kunst häufig besser sei als ihr Inhalt. Was die Präsentation von Kunstobjekten anbetrifft, greift dieser Spruch in überzogenem Maße ein wichtiges Thema auf, nämlich inwieweit kann oder soll der Aussteller die Wahrnehmung eines Kunstwerkes „zu seinen Gunsten" beeinflussen. In dieser Frage streiten sich die Gelehrten, doch wie wichtig sie ist, wird schon dadurch deutlich, dass es im deutschen Sprachraum Studiengänge in Museumspädagogik gibt und im angelsächsischen Raum, besonders in den USA und England, das Gebiet „Arts Management" angeboten wird.

Die Museumspädagogik beschäftigt sich neben praktischen pädagogischen Aspekten auch mit sehr theoretischen Problemen, wie beispielsweise der „Rezeptionsästhetik", einer wissenschaftlichen Untersuchung der Wahrnehmung von Kunstwerken in Ausstellungsräumen. So werden raumbezogene Aspekte, die als Bestandteil zur Wahrnehmung von Kunstobjekten gehören, auch als „Leerstellen" bezeichnet. Zur Aufgabe des Kurators gehört also das „Optimieren" von Kunstwerk und Leerstelle, so dass durch den entstehenden Wahrnehmungsprozess der Betrachter bewusst oder unbewusst an Werkinhalte herangeführt wird. Inwieweit dies als pädagogische Maßnahme oder Manipulation gewertet werden kann, muss letztlich vom Betrachter selber beurteilt werden, soweit er sich dieser Thematik bewusst ist.

Wichtig in dieser Angelegenheit ist die Frage, ob die vom Kurator geschaffenen Präsentationspraktiken tatsächlich zum Gesamtkonzept des Werkes passen und vom Künstler beabsichtigt sind? In diesem Zusammenhang lassen sich etwa die „Seagram Murals" von *Mark Rothko* nennen, die in der Tate Modern zu sehen sind. Sie werden in einem besonders gedämpften Licht präsentiert, so dass der meditative Eindruck der Werke verstärkt werden soll. Dies entspricht den Vorstellungen von *Rothko*, der recht genaue Auffassungen zur Präsentation seiner Werke hatte und somit düstere meditative Räume bevorzugte. In ähnlicher Weise werden vielerorts Museumsfenster mit unauffälligen Materialien abgedeckt, um einerseits Sonnenlicht zu vermeiden, aber auch den Blick nach draußen zu verhindern, damit die volle Aufmerksamkeit den Werken gilt.

Der konzeptionelle Gesamtkontext von Ausstellungen und musealen Präsentationen ist über die Jahre zunehmend wichtiger geworden. So laufen heute immer häufiger Ausstellungen unter gewissen Motiven und Titeln, die schon vor der eigentlichen Betrachtung Aufschluss über thematische

Aspekte der gezeigten Werke vermitteln. In den Museen werden meistens die Sammlungen nach Künstlern oder nach Zeitabläufen präsentiert, doch die Tate Modern in London wählt ein anderes Muster. Hier werden Teile ihrer Sammlung größtenteils nach Themen präsentiert, so dass zu den unterschiedlichen Inhalten immer passende Werke etlicher Künstler aus verschiedenen Epochen ausgestellt werden. Jedes Stockwerk des Museums bietet somit eine andere inhaltlich geprägte Ausstellung. Dieses kuratorische Vorgehen ist keinesfalls negativ zu bewerten, mag jedoch zu einer „gelenkten" Wahrnehmung der Betrachter beitragen, die wiederum zur Verengung der Interpretationsmöglichkeiten führen kann.

Ein weiteres interessantes Thema kuratorischer Arbeit mit räumlichen Gegebenheiten ist das Einsetzen von Farbe auf den Museumswänden. Demnach gilt heutzutage die Regel, Wände neutral und weiß zu streichen, damit so wenig wie möglich von der Wirkung der Farben in den Werken abgelenkt wird. Doch auch das Nutzen weißer Farbe beruht auf einer bestimmten Sehweise, die überwiegend von der Strenge der klassischen Moderne geprägt ist. Als Kontrast sieht man somit alte Gemälde häufig auf farbigem Hintergrund hängen. Dies soll dem Werk eine zeitgemäße Authentizität erteilen und ist bei sehr dunklen Gemälden legitim. Wenn jedoch besonders kräftige Farben eingesetzt werden, kann diese kuratorische Handelsweise problematisch werden. Besonders im Falle moderner oder zeitgenössischer Gemälde können Wandfarbe und Räumlichkeiten die Wahrnehmung des Betrachters stark beeinflussen, so dass der Aussteller mit Techniken dieser Art weniger zu einem Kunstgenuss des Betrachters beiträgt, als zu einem Raumerlebnis.

Im Zusammenhang mit dem Aspekt des musealen Raumerlebnisses spielt vielfach das ganze Gebäude eine Rolle. Viele neue Museen werden von Stararchitekten in aufwendigem Stile so errichtet, dass der Bau interessanter ist als die darin ausgestellte Kunst. Dies kann zu einer Überfütterung von Eindrücken führen, die zwar für den Besucher interessant sein mögen, doch insgesamt für die Aufmerksamkeit und Beschäftigung mit den einzelnen Werken hinderlich sein kann. In der heutigen „Zapping-Generation", bestimmt durch zunehmende Entwicklungen der Schnelllebigkeit und immer kürzer werdenden Konzentrationsspannen, reicht es wohl nicht mehr, „nur"

Muhna Lisa
Öl auf Leinwand, 2009

176

Kunstwerke zu betrachten. Ein Museumsbesuch muss weitgehend ein „Gesamterlebnis" aus Kunst, Architektur, Cafe und Shopping bieten. Ob dies einer konzentrierten Betrachtung, Verinnerlichung und Bewertung von Kunstwerken förderlich ist, darf bezweifelt werden. Die räumlichen Umstände vieler neuer Kunstmuseen können demnach als Element des „weißen Rauschens" bezeichnet werden.

6.1.2 Hype & medialer Kontext

Warum strömen Besucher zu groß angelegten Ausstellungen und „Mega-Events", die meist mit Werken berühmter Künstler bestückt sind? Die Antwort liegt in den verschiedenen Motiven, die den Besucher dazu animieren, eine Ausstellung in einem Museum oder einer Galerie zu besuchen. In einer idealisierten, rein werkgebundenen Betrachtung und Bewertung von Kunst spielen externe gesellschaftliche Faktoren, wie etwa der mediale Kontext und die Werbung keine Rolle. Doch die Realität sieht oft anders aus, denn die Motive des Publikums, eine Ausstellung anzuschauen sind vielfältiger und weniger kunstbezogen als die Annahme eines „idealen" Betrachters vorgibt.

Menschen haben häufig das Bedürfnis, an spektakulären oder sensationellen Veranstaltungen teilzunehmen. Doch auf welcher Basis beruht dieses Interesse an Großveranstaltungen? Das Verlangen nach solchen Ereignissen entsteht in der Regel als Ergebnis gezielter Vermarktungsstrategien der Veranstalter und der Medien, die mit ihren aufwendigen Reklameaktionen und Berichterstattungen zu einem Hype beitragen. Doch solch kostspielige Werbekampagnen lohnen sich nur, wenn das potentielle Publikum geködert wird und sich tatsächlich an der öffentlichen Begeisterungswelle orientiert. Somit gehört zum Phänomen des Kunstspektakels immer auch die Frage nach den Bedürfnissen der Besucher. Für viele Betrachter hat der Museumsbesuch mehr mit dem Gefühl zu tun, „dabei sein zu wollen" oder „unterhalten zu werden", als sich einer seriösen und geistigen Auseinandersetzung zu widmen. Anstelle eines privaten Erlebnisses wird der Besuch einer Großveranstaltung zum öffentlichen Event, wobei das Motiv des Besuchers darin besteht, die Ausstellung als Profilierungsmittel oder als gesellschaftlichen Treffpunkt zu nutzen. Ebenso wichtig ist „dabei gewesen zu sein", denn wenn dies etwa mit einem fünfstündigen Schlangestehen verbunden ist, um in die Ausstellung hineinzugelangen, dann wird die „Opferleistung" zu einem wichtigen Bestandteil oder Anlass des „Kunsterlebnisses". In solchen Fällen besteht kein Zweifel, dass die ausgestellten Werke nur mit den höchsten Wertschätzungen und Empfehlungen beschrieben werden, da sich das Opfer ja gelohnt haben muss. Entweder disqualifiziert sich dieser Personenkreis als „interessierter Betrachter", oder er zeichnet sich dadurch aus, dass er von einem hohen Maß an „weißem Rauschen" beeinflusst wird. Hier wird jegliche ernsthafte Auseinandersetzung mit den ausgestellten Kunstwerken zur Nebensache entwertet.

In spektakulären Großausstellungen bewegt sich die Motivation der Veranstalter weg von der Gestaltung eines reinen Kunsterlebnisses hin zu einem gesellschaftlichen Ereignis, das mit Hilfe des Medienrummels von einem „Rekord" der Besucherzahlen zum nächsten schreitet. Als Veranstaltung, die gern den Anspruch erhebt eine ernste Auseinandersetzung mit der Kunst zu fördern und den Wahrnehmungshorizont der Besucher zu erweitern, kann dieser Kunsttourismus nicht bezeichnet werden. Massenveranstaltungen mit bekannten Kunstwerken, die auf viel Werbung und Hype beruhen, bieten eine verschärfte Form des Kunstkonsumierens und trüben möglicherweise die Fähigkeiten der Betrachter sowohl zur Wahrnehmung, als auch einer Beurteilung von Kunstwerken. Megaausstellungen mögen zwar die Kassen der Museen füllen, doch sie verfehlen damit meist ihre Bildungsaufgabe. Ein ernsthaftes Betrachten von Kunst bedarf Zeit und Raum. Beides ist nicht gewährleistet wenn Massen von Besuchern wie eine Schafherde durch Ausstellungsräume geschoben werden. Groß angelegte institutionelle Kunstereignisse, eine Partnerschaft aus kommerziellen und medialen Interessen, dienen kaum der Materie Kunst und einem Bildungsauftrag. Sie können sogar zu einem „Verdummungsprozess" beitragen, indem eine fehlende Vertiefung und Auseinandersetzung die Urteilskraft des Publikums in beträchtlichem Maße verzerrt.

6.1.3 Information I: Sehen & Verstehen

Die bildende Kunst ist ein visuelles Medium und wirft somit prinzipiell die Frage auf, wie viel Hintergrundinformation dem Betrachter zugemutet werden darf. Wo liegt das Mittelmaß an Auskünften, die einerseits dem Publikum wichtige Grundlagen zur Betrachtung, Auseinandersetzung und einem

Verständnis bieten, es andererseits jedoch nicht bevormunden und in übertriebenem Grade beeinflussen. Neben der räumlichen Gestaltung und der Präsentation von Kunstwerken leisten Galerien und Museen einen bedeutenden Beitrag, die Wahrnehmung des Betrachters anzuregen, indem sie relevante Information und Hintergrundmaterial zur Verfügung stellen. Die Form und das Ausmaß der Auskunft variiert von kurzen Informationsblättern in Galerien bis zu aufwendigen Tafeln, Führungen und Katalogen in Museen. Diese Informationsquellen können sehr wertvoll sein, weil sie die Wahrnehmung und Sichtweisen des Betrachters durch neue Hintergründe und Zusammenhänge schärfen und seine Kunstkenntnisse erweitern. Besonders in der Konzeptkunst gilt Informationsmaterial mit Erklärungen oder Kommentare und Anmerkungen der Museumsführungen als wichtiger Bestandteil der Vermittlung von Kunstwerken. Doch auch wenn die Bereitstellung von Information, besonders bei sehr konzeptlastigen Werken, positiv zu werten ist, stellt sich die Frage, ab wann eine Beeinflussung stattfindet und der Betrachter in seiner Wahrnehmung „geführt" wird.

Ein aufschlussreiches Indiz des „weißen Rauschens" in der musealen Informationspolitik bieten die kleinen Werktafeln, die wichtige Auskunft über den Künstler, Titel, Kunstgattung und Materialien, sowie das Schaffensjahr der jeweiligen Werke liefern. Über die Relevanz solcher Information besteht kein Zweifel, doch warum muss dem Betrachter zusätzlich mitgeteilt werden, wer der Leihgeber der einzelnen Kunstwerke ist? Diese Praxis mag als Höflichkeitsgeste dienen, manifestiert jedoch ein werkfremdes und institutionell geprägtes Stück Information und darf somit als „Störelement" bezeichnet werden. Schließlich könnte den Leihgebern auf einer separaten Tafel und durch Erwähnung im Katalog gedankt werden, wobei fraglich ist, wer denn wem zu danken hat, da das Museum als Werbeträger dem Leihgeber meist einen gewinnträchtigen Dienst erweist.

Wichtiger als die Informationstafeln, Audioguides und Führungen sind möglicherweise die Kataloge, mit denen sich der Betrachter nach dem Anschauen einer Ausstellung im Detail beschäftigen kann, um das Kunsterlebnis nachhaltig zu festigen. In der Frage der Vermittlung von Information bietet jedoch die Galerie insgesamt optimalere Möglichkeiten als das Museum. Nicht nur ist der räumliche Rahmen kleiner und persönlicher, der Betrachter kann sich neben den schriftlichen Unterlagen auch in ein Gespräch mit dem Galeristen und gelegentlich dem ausstellenden Künstler einlassen. Die Galerie bietet prinzipiell die Möglichkeit einer interaktiven Auseinandersetzung zwischen Werk, Betrachter und Aussteller. Obwohl Besucher sich meist in Stille mit der Kunst beschäftigen möchten, nehmen viele die Möglichkeit wahr, sich mit dem Galeristen auszutauschen. Dabei spielt das Bedürfnis des Betrachters, gewisse Bewertungen vorzunehmen und zu artikulieren, eine sehr wichtige Rolle.

Wenngleich schriftliche oder verbale „Hilfsmittel" nicht unbedingt negativ zu bewerten sind, stellt sich doch immer die Frage, wieviel „Subjektivität" in die Publikationen und Kommentare der Aussteller fließt und möglicherweise mit Hype und Übertreibungen eine Werbefunktion einnimmt. Nicht nur Künstler, sondern auch ihre Agenten, sind häufig Meister der Hybris. Information, die auf solchen Grundlagen beruht, ist dementsprechend mit Vorsicht zu genießen und kann als „Störfaktor" zu einem „weißen Rauschen" in der Bewertung von Kunstwerken beitragen.

6.1.4 Information II: Kunstwerk oder Künstler?

Bei dem Thema der Hintergrundinformation tritt ein interessantes Problem auf, über das kräftig gestritten werden kann. Was ist wichtiger, das Kunstwerk oder der Künstler? Da es sich in der bildenden Kunst prinzipiell um visuell wahrzunehmende Objekte handelt, die der Künstler gestaltet, um Sinneseindrücke zu vermitteln und Kommunikationswege zu öffnen, muss das Kunstwerk im Zentrum der Aufmerksamkeit stehen. Dieser Sachverhalt entspricht nicht nur dem Grundgedanken dieses Buches, sondern wird von einer breiten Mehrheit der Künstler selber vertreten. Dazu kommt die Tatsache, dass die Eindrücke, die der Betrachter von einem Werk gewinnt, nicht unbedingt mit den Anliegen des Künstlers übereinstimmen müssen. Die Kommunikation zwischen Künstler und Betrachter läuft indirekt über das Werk ab, so dass man in diesem Dialog auch nicht immer von einer Verständigung oder Übereinkunft zwischen Künstler und Betrachter sprechen kann. Bei der Bewertung eines Kunstwerkes spielen somit die Motive des Künstlers nur eine untergeordnete Rolle, doch es hängt von seiner Arbeitsweise ab, inwieweit er seine Ideen und Inhalte offen legt oder verschlüsselt. Wenngleich die Grundhaltung einer werkbezogenen Beurteilung insgesamt als Selbstverständlichkeit betrachtet werden kann, ist das Problem „Kunstwerk oder Künstler" nicht ganz so einfach zu lösen und wird auch in verschiedener Weise gehandhabt.

In der Bewertung von Kunstwerken muss grundsätzlich gefragt werden, inwieweit Einblicke in das Privat- und Arbeitsleben des Künstlers zu einer Erweiterung des Betrachtungshorizontes, einem besseren Verständnis und zu einer Bereicherung des Kunsterlebnisses führen kann. Hintergrundinformation sollte nur werkgebunden sein, sich also weitgehend auf Schaffensprozesse und inhaltliche Thematiken beschränken. Eine wichtige Ausnahme sind Kenntnisse über das breitere Oeuvre des Künstlers, die sich aus vorherigen Ausstellungsbesuchen und Publikationen ergeben. In diesem Falle können zurückliegende Werke und das existierende Oeuvre Aufschluss über die Entstehungsweise oder den Werdegang neuer Arbeiten abgeben. Einblicke in die Schaffensweise und Konzepte des Künstlers verhelfen nicht nur zu einem besseren Verständnis eines Werkes, sondern ermöglichen dem interessierten Betrachter, Vergleiche von Arbeiten innerhalb des Oeuvres vorzunehmen und sie in den Kontext des Gesamtwerkes und seiner Entwicklung zu stellen.

Gute Kunst spricht in der Regel universelle Themen an, Aspekte des Lebens, die weit über die individuelle Existenz des Künstlers hinausgehen. Doch es ist die spezifische Perspektive, der Blickwinkel, die Handlungsweisen und die Technik des Künstlers, die bei einer Erforschung und Bewertung des Werkes auch die Person des Künstlers mit in die Betrachtung einfließen lässt. Das Pendel schwingt immer mehr in Richtung des Künstlers je direkter er persönlich Teil des Kunstwerkes wird. Ein Beispiel wäre die Performance, in der der Künstler als Akteur und Medium eine zentrale Rolle spielt, auch wenn die inhaltlichen Themen allgemeingültiger Art sind. Einen extremen Fall bietet die „Confessional Art", eine Kunstrichtung, in der die Geschichte und Persönlichkeit des Künstlers das zentrale Konzept seiner Werke darstellt. Diese Kunstrichtung ist deswegen problematisch, da es nicht immer leicht ist, das Allgemeingültige aus den Werken herauszulesen. Geht es hier um Selbstinszenierung als Selbstzweck und Voyeurismus, oder haben die Arbeiten einen breiteren, gesellschaftlichen Interpretationsradius?

Trotz der genannten Einschränkungen ist die These aufrecht zu erhalten, dass eine Bewertung von Kunst prinzipiell vom Werk ausgehen muss, und wenn Erläuterungen geboten werden, diese nur zur Bereicherung des Wahrnehmens dienen sollten. Der Lebenslauf des Künstlers ist somit für die Beurteilung seiner Werke zunächst von recht geringer Relevanz. Trotzdem wird diese Information „traditionell" bei Ausstellungen mitgeliefert und nimmt einen Stellenwert ein, der in seiner Bedeutung sehr unterschiedlich eingeschätzt wird. Insoweit der Lebenslauf durch Aufzählung vorhergegangener Ausstellungen Aufschluss über Aspekte, wie „Professionalität" und „Bekanntheitsgrad" bieten, haben seine Inhalte kaum Relevanz bei der Betrachtung und Beurteilung einzelner Werke. Der Lebenslauf oder das Pflegen eines künstlerischen Mythos, wie etwa der von *Markus Lüpertz* betriebene „Geniekult", besagt nichts über die Qualität seiner Werke. Die Künstlerbiografie zeigt meist nur auf, dass er sich mit dem Kunstbetrieb arrangiert hat und daher in der Lage ist, Ausstellungen zu akquirieren, von Galerien vertreten zu werden, Verkäufe an Sammler zu tätigen und sich als Künstler zu vermarkten. Solange diese Informationen bei dem Betrachter einen unerheblichen Stellenwert einnehmen, kann auch nicht von dem Effekt eines „weißen Rauschens" gesprochen werden, da sich daraus keine Verzerrungen in der Wahrnehmung und Bewertung von Kunstwerken ergeben. Fließen jedoch solche werkunabhängigen Faktoren in die Beurteilung von Kunst ein, dann treten tatsächlich Probleme in der Urteilsfindung des Betrachters auf.

Der Fall, in dem die Biographie des Künstlers keine erheblichen Auswirkungen auf die Bewertung seiner Werke ausübt, tritt meist bei unbekannten und lokalen Künstlern ein. Dies ändert sich jedoch sobald kommerzielle Interessen von Galerien ins Spiel kommen und Erwartungen eines aufstrebenden „shooting stars" mit steigendem Bekanntheitsgrad geweckt werden. Demnach hört man häufig Galeristen über ihre Schützlinge schwärmen und Kommentare abgeben, die eine rosige Zukunft des Künstlers vorhersagen. Hybris dieser Art hat meistens wenig direkten Bezug zu der Qualität ihrer Werke, sondern bedeutet im Subtext, dass der Künstler aufgrund seiner Professionalität als zukunftsträchtig zu bewerten ist und somit sich der Kauf seiner Arbeiten mit steigendem Bekanntheitsgrad finanziell lohnen könnte. Da in diesem Falle der spekulative Aspekt eines wachsenden Bekanntheits-

grades die Wahrnehmung und Bewertung des Betrachters positiv beeinflussen kann, lassen sich diese kommerzielle Faktoren als „weißes Rauschen" beschreiben.

Indem sich in der kommerziellen Welt des „institutionellen Kunstbetriebes"
die Qualität eines Kunstwerkes weniger aus seinen eigenen normativen Eigenschaften heraus, sondern über den Bekanntheitsgrad des Künstlers definiert, treten besonders in den höheren Regionen des Kunstmarktes enorme
„Störfaktoren" in der Beurteilung von Kunst auf. Die Problematik des Bekanntheitsgrades eines Künstlers als Merkmal für Qualität hat jedoch nicht
nur mit den betriebswirtschaftlichen Handels- und Vermarktungsprozessen
eines relativ kleinen Teilaspektes des Kunstmarktes zu tun, sondern trifft
auch auf andere Segmente des gesamten Kunstsystems zu. Sobald Kunstakademien, Museen, Galerien, Auktionshäuser und Massenmedien sich an
den limitierten Informationsquellen der Preise für Werke bekannter Künstler als Bestätigung für hochwertige Kunst orientieren, breitet sich das „weiße Rauschen" über das gesamte „institutionelle Expertentum" und sämtliche
Institutionen des Kunstbetriebes aus. Wie schon in der Legitimationsfrage
beschrieben, lässt sich die Vorgehensweise des kunstinteressierten Betrachters eher als „ideale" und werkbezogene Bewertungsgrundlage bezeichnen,
da er durch eine breite Auswahl von Ausstellungen und Publikationen ein
vielseitiges Informationsspektrum nutzt, sich durch Interesse und Engagement relevante Kenntnisse aneignet und sich kaum an den Störfaktoren des
Kunstmarktes orientiert. Demnach leidet der kunstinteressierte Betrachter
bei der Bewertung von Kunst weniger am „weißen Rauschen" als das
„institutionelle Expertentum".

6.1.5 Information III: Theorie & Praxis

Wenn dem Gutachter eines Werkes der Bekanntheitsgrad eines Künstlers
stellvertretend für Qualität dient, also seine Urteilsfindung auf einer verein-
fachten Marktinformation beruht, dann existiert auch ein gegensätzliches
Phänomen, nämlich das Problem der Informationsfülle. Die Tatsache, dass
Kunstkenntnisse in der Auseinandersetzung mit Kunst eine wichtige Rolle
spielen, ist schon erörtert worden, doch besonders in Fachbereichen, die einen hohen Grad an wissenschaftlichen und theoretischen Arbeitsprozessen
aufweisen, kann sich eine breite Kluft zwischen Theorie und Praxis entwi-

ckeln. In allen Forschungsgebieten, den Natur-, Sozial- oder Geisteswissenschaften lässt sich das Phänomen erkennen, das im Sprachgebrauch als „den Wald vor lauter Bäumen nicht sehen können" bezeichnet wird. Der Überfluss an Wissen und theoretischen Erkenntnissen führt besonders bei Experten dazu, dass sie häufig etwas Offensichtliches nicht bemerken, das Naheliegende nicht sehen oder etwas wegen einer enormen Informationsfülle nicht wahrnehmen. Sehweise und Urteilsvermögen werden durch dieses „weiße Rauschen" getrübt und eingeschränkt, besonders wenn es sich um reale Probleme und spontane Entscheidungen handelt. Ein Wirtschaftskorrespondent ist zum Beispiel besser geeignet, konkrete Vorkommnisse in der Wirtschafts- und Finanzwelt zu kommentieren, als Theoretiker der Wirtschaftsfakultäten. Ein ähnliches Verhalten trifft man häufig in der Kunstwelt. Wird ein Kunsthistoriker oder Museumsdirektor unvorbereitet und direkt nach seinem Urteil zu einem Werk gefragt, reagiert er häufig mit Befangenheit und ausweichenden Antworten. Fragen dieser Art ließen sich nicht so leicht beantworten, man müsse sich der komplexen Hintergründe bewusst sein und könne nicht spontan ein Urteil abgeben. Sogar die Antwort, man könne nicht alles verstehen und bewerten, ist schon von Museumsdirektoren in solchen Situationen geäußert worden. Worin liegt also das Problem der Experten, das ihre Urteilsfähigkeiten einschränkt?

Die Schwierigkeiten liegen einerseits in der absoluten Fülle der Information, die dem Experten zur Verfügung steht, doch wichtiger ist die Beschaffenheit seines Wissens. Wenn Kenntnisse sehr theoretischer und abstrakter Art sind, dann tun sich Experten sämtlicher Fachgebiete recht schwer, klare Aussagen zu formulieren, geschweige denn diese einem Normalbürger zu vermitteln. Ein Überfluss an theoretischem und konzeptlastigem Wissen kann dann in der konkreten Situation einer Stellungnahme zu einem Hindernis werden. Die Problematik solch eines „weißen Rauschens" lässt sich meistens an einer Inkonsequenz in den Argumentationsabläufen und den Formulierungsschwierigkeiten der Experten erkennen. Obwohl es übertrieben wäre, solches Verhalten der Experten als typisch zu bezeichnen, ist es auffallend, wie unsicher viele Kunstexperten mit ihrer Materie umgehen und an dem Übermaß an theoretischem und marktbezogenem Wissen leiden, wenn ihnen konkrete und praktische Fragen zu einzelnen Kunstwerken gestellt werden. Das „weiße Rauschen" zwingt sie geradezu, sich von den

Werken abzuwenden und ihre Bewertungen mit Äußerlichkeiten, wie der Marktposition des Künstlers, zu begründen.

Ebenso wie das Urteilsvermögen der Experten durch diese Form der Überfütterung von marktorientiertem und theoretischem Wissen eingeschränkt werden kann, lässt sich aufzeigen, dass viele kunstinteressierte Betrachter und Künstler, die nicht unbedingt als Experten bezeichnet werden können, mit sehr viel mehr Leichtigkeit und Offenheit an die Problematik einer Beurteilung herantreten. Dies liegt einerseits an ihren ausgedehnten, doch meistens weniger theoretischen, Kunstkenntnissen, sowie anderseits an ihrer Beanspruchung vielseitiger Informationsquellen. Während Kunstexperten sich fast ausschließlich auf Ausstellungen in Akademien, Topgalerien und anderen Museen als Informationsquellen konzentrieren, nutzt der engagierte Kunstkenner zusätzlich das breite Ausstellungsangebot der Ateliers, kleineren Produzentengalerien oder Künstlervereinen. In diesen Räumen wird eine größere Vielfalt von Kunst vermittelt und die Sehweise der Kunstinteressierten weniger durch theoretische Abhandlungen oder die Beanspruchung von Marktkriterien gestört.

6.2 Bewertung II: Der „subjektive Faktor"

Wie das im Vorfeld entwickelte Modell des „subjektiven Faktors" verdeutlichte, hängen persönliche Auffassungen über Kunst weitgehend von dem Grad an emotionaler Urteilskraft des Betrachters ab, wobei dieser Grad wiederum von seinem Interesse und Kunstkenntnissen bestimmt wird. Die Bestätigung eines Objektes als Kunst konnte von dem wichtigen Personenkreis der Kunstinteressierten und Experten mit einem hohen Maß an „Objektivität" geliefert werden, da sich in der Frage einer Legitimation das Urteil fast ausschließlich aus Wissen und Kunstkenntnissen ergab. Im Zusammenhang einer Qualitätsbewertung von Kunstwerken lässt sich das Modell zwar auch anwenden, doch der hohe Stellenwert von faktischem Sachwissen muss eingeschränkt werden. Neben dem Sachverstand, der weiterhin wichtige Impulse einer Beurteilung bietet, kommt nun bei jeder Einschätzung eines Werkes ein gewisser Anteil „persönlicher Subjektivität" dazu. Die Thematik der Bewertung von Kunst lässt sich daher mit einem erweiterten Modell des „subjektiven Faktors" analysieren, wobei jedem Betrachter immer ein gewisser Grad an Subjektivität eingeräumt werden muss. Dies wird besonders dadurch deutlich, dass auch der gebildetste Experte von seiner Sozialisierung geprägt wird und somit nicht frei von persönlichen Vorlieben und subjektiven Urteilen sein kann. Angewandt auf das Modell des „subjektiven Faktors" bedeutet dies, wie im Werk „Lineare Struktur Nr. 13" des Künstlers *Unbe Kant* illustriert, dass die durchgängige Urteilslinie flacher und höher liegt, also allen Betrachtergruppen einen Anteil an Subjektivität zuweist. Wie im Falle der Legitimation, beurteilen die laienhaften Betrachter weiterhin Kunst ausschließlich aus dem Bauch, also mit fast purer Subjektivität. Mit steigenden Kenntnissen und wachsendem Interesse kommt eine größere Bereitschaft des Betrachters ins Spiel, sich mit dem zu beurteilenden Werk geistig auseinanderzusetzen, also auch zunehmend den Kopf einzuschalten. Dieser Prozess bewirkt einen fallenden „subjektiven Faktor", der verständlicherweise bei den Experten auf den niedrigsten Wert fällt. Doch auch sie verfügen über einen beträchtlichen Anteil an persönlichem „Geschmack", an eigenen Präferenzen und Vorurteilen, die durch einen positiven „subjektiven Faktor" gekennzeichnet sind.

Soweit bietet das Modell ein ähnliches Bild wie das im Falle der Legitimationsfrage, mit der Ausnahme, dass die durchgängige Bewertungslinie immer einen positiven Wert aufweisen muss. Diese Linie beruht jedoch auf der Annahme, dass der Betrachter sich ausschließlich mit den intrinsischen Eigenschaften des zu beurteilenden Werkes beschäftigt und somit der idealen werkgebundenen Bewertung nachkommt.

Wenn nun die Analyse des „weißen Rauschens" mit in das Modell eingefügt wird, dann lässt sich eine Änderung in der Subjektivität des Betrachters aufzeigen, die der Künstler *Unbe Kant* durch die gestrichelte Linie illustriert. Die Auswirkung der genannten Störfaktoren auf die Subjektivität der unterschiedlichen Betrachtergruppen wird demnach grafisch in Form des Abstandes zwischen gestrichelter und fester Urteilslinie dargestellt. So ist es kein Wunder, dass die laienhaften Betrachter mit ihrem Desinteresse kaum durch externe Faktoren beeinflusst werden. Bei einem limitierten Interesse und geringen Kenntnissen mögen dann jedoch Aspekte, wie Prominenz, Marktposition und Medienhype zu einem gewissen Maß an „weißem Rauschen" führen. Mit dem zunehmenden Grad an Sachkenntnissen, Interesse und Er-

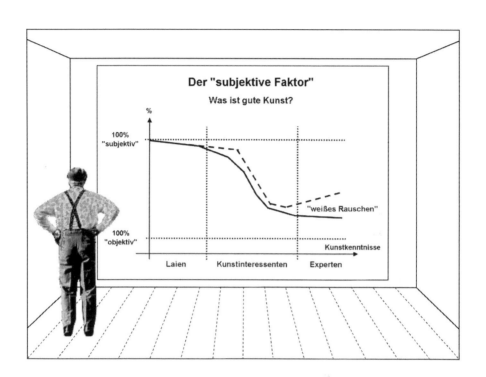

Lineare Struktur Nr. 13
Digitaldruck auf Pappe, 2010

fahrung eines engagierten Publikums sinkt dagegen der Einfluss externer Faktoren, da mediale und institutionelle Aspekte an Bedeutung verlieren. Dieser Abwärtstrend des Rauschens wird wiederum beim Expertentum gebrochen und die steigende Linie demonstriert, dass mehr Störfaktoren in das Urteilsvermögen dieser Betrachtergruppe einfließen. Zum Phänomen einer höheren Subjektivität der Fachleute trägt die starke werkfremde Orientierung an Entwicklungen des kommerziellen Kunstmarktes und die dadurch geprägte Nutzung eingeschränkter Informationsquellen, sowie die Überfütterung durch theoretisches Wissen bei.

Im Falle des Expertentums muss jedoch immer zwischen den „autonomen" und „institutionellen" Fachleuten unterschieden werden. Bei den unabhängigen Experten, die sich kritisch und sachlich mit den institutionellen Kräften des kommerziellen Kunstmarktes, der Museumslandschaft und der Medien auseinandersetzen wird der Grad des „weißen Rauschens" und der Subjektivität in ihrer Urteilsfähigkeit dementsprechend geringer ausfallen als bei ihren systemkonformen und institutionell eingebundenen Kollegen. Was die Letzteren betrifft, bietet das erweiterte Modell des „subjektiven Faktors" eine alternative und detaillierte Analyse des „institutionellen" Expertentums und lässt sich somit auch als Kritik der Bewertungsmethode des „institutionellen Determinismus" verstehen. Die Monopolposition des Museums mit seinen institutionellen Experten, die sich selber als äußerst befähigte Gutachter betrachten, muss in Frage gestellt werden, wenn auch nur Teilaspekte des beschriebenen „weißen Rauschens" auf sie zutreffen.

7 Gute Kunst? Schlechte Kunst?

Die beiden vorherigen Kapitel haben versucht aufzuzeigen, dass eine werkspezifische Qualitätsanalyse zumindest ansatzweise möglich ist, doch gleichzeitig durch gesellschaftliche und institutionelle Aspekte untergraben werden kann. Dieses Argument spiegelt gewissermaßen den Unterschied der Kunst als „geistiges" und „institutionelles" Gut wieder. Wenn also über Qualität in der Kunst diskutiert werden kann, dann sollte dies auch getan werden. In diesem Sinne werden auf den folgenden Seiten zwei zeitgenössische Kunstwerke beschrieben, die jeweils eine Position als „gute" und als „schlechte" Kunst einnehmen, wobei betont werden muss, dass es meist schwieriger ist, über schlechte Kunst zu urteilen, als über gute. Auch wenn sich minderwertige Kunst durch Fehlen oder Aberkennung positiver Qualitätskriterien erklären lässt, bleiben Fragen übrig, die sich insbesondere mit der Intention des Künstlers befassen.

Dass die Thematik „schlechte Kunst" nicht nur Diskussionsstoff sein kann, sondern auch ein Ausstellungskonzept, zeigt das „Museum of Bad Art" (MOBA) in Massachusetts, USA. Eine ernsthaftere Auseinandersetzung mit „schlechter Kunst" bot jedoch die 2008 im Wiener Museum Moderner Kunst präsentierte Ausstellung „bad painting - good art". Hierbei ging es um das Thema „schlechte Malerei" als künstlerische Ausdrucksform gesellschaftskritischer Belange und einer Infragestellung des Begriffs eines „guten Geschmacks". Diese Ausstellung vertrat die interessante Position, besonders durch Werke der Gattung „Art Brut": „What you see is not what you get." Das heißt, vor allem bei der Beurteilung „schlechter Werke" reicht nicht immer eine rein werkbezogene Betrachtung, sondern es müssen die Hintergründe und Motive des Künstlers befragt, aber auch hinterfragt werden.

Das erste Werk, das als interessantes Beispiel „guter Kunst" vorgeschlagen werden soll, ist die „Pinkelnde Petra", eine Skulptur des Dresdner Künstlers *Marcel Walldorf*, der dafür 2011 einen Nachwuchspreis der Leinemann-Stiftung für Bildung und Kultur bekommen hat. Das Werk besteht aus Silikon und stellt eine lebensgroße Polizistin dar, die in voller Kampfmontur eine hockende Stellung einnimmt, um ihre natürliche Notdurft zu erledigen. Der enthüllte Unterkörper und die aus Gelatine hergestellte Pfütze stehen in starken Kontrast zur ihrer mächtigen Polizeimontur, einem Symbol staatlicher Autorität. So ist es kaum verwunderlich, dass die Reaktion vieler konservativer Politiker und der Boulevardpresse auf das Werk äußerst negativ ausfiel und als Beleidigung oder Verunglimpfung staatlicher Ordnungsträger bezeichnet wurde. Trotz oder gerade wegen dieser öffentlichen Entrüstung sollte die Frage gestellt werden, warum die „Pinkelnde Petra" tatsächlich ein gutes Werk sein kann?

Abgesehen von einer hohen technischen Qualität, zeichnet sich das Werk dadurch aus, dass es eine Reihe spannender inhaltlicher Gegensätzlichkeiten darstellt. So trifft die öffentliche Staatsgewalt in Form der Polizistin auf existentielle und private Aspekte des Individuums. Interessant ist weiterhin, dass es sich um eine weibliche Person handelt, also auch ein Aspekt, der mit Fragen behaftet ist, da Personen in Kampfmonturen selten mit Weiblichkeit und Frauen verbunden werden. Der Ausdruck von Peinlichkeit und Verletzlichkeit steht nicht nur im Widerspruch zur staatlichen Macht, sondern bricht mit Tabus. Nicht nur unterliegt das Ansprechen oder Aufzeigen rein menschlicher Bedürfnisse, wie das Pinkeln, einem gewaltigen gesellschaftlichen Verdrängungsprozess, diese Thematik schafft ein besonderes Spannungsfeld, wenn es zusätzlich in einen institutionellen Rahmen, wie der Polizei, gestellt wird. Der Kontrast einer privaten und öffentlichen Welt spricht somit sehr universelle Themen an, die weit über das Objekt der „Pinkelnden Petra" hinausgehen. Gerade diese allgemeinen Fragen über die Rolle der Staatsgewalt im Gegensatz zum Individuum waren es, die für die Entrüstung der Politik gesorgt haben. Dabei gehört es zu einer engagierten Kunst, solche kontroversen gesellschaftlichen Aspekte aufzugreifen und das Auslösen einer öffentlichen Diskussion zeigt deutlich, wie wirksam das Werk letztlich ist. Durch die Treffsicherheit, den Humor und einer leicht spielerischen Arbeitsweise beeindruckt das Werk des jungen Künstlers *Marcel Walldorf*.

Als Beispiel „schlechter Kunst" soll der Werkzyklus der „dot paintings" von *Damien Hirst* aufgeführt werden. Hier handelt es sich um Gemälde, die farbige Punkte in regelmäßiger Formation auf weißem Hintergrund darstellen und meist von Studenten als Auftragsarbeit in recht großer Zahl angefertigt werden. Da die Arbeiten Ähnlichkeiten mit Gardinen in Kinderzimmern aufweisen, lässt sich darüber wenig sagen, doch da sich die Werktitel an chemischen Stoffen orientieren, sollen Assoziationen zu Medikamenten und Pillen hervorgerufen werden. Obwohl dieser Umstand ein wenig Raum für inhaltliche Gedankenspiele öffnet, können die Werke auf visueller und gestalterischer Basis nur als Banalitäten bezeichnet werden.

Anders als die „Pinkelnde Petra", die aus reinen werkgebundenen und intrinsischen Aspekten den Betrachter anregt oder aufregt, können die „dot paintings" nur als triviale und minderwertige Kunst bewertet werden. Doch wie schon unter dem Konzept „bad painting - good art" angesprochen, sollte auch hier gefragt werden, ob nicht hinter diesen Banalitäten mehr steckt? Die Antwort darauf muss erstmal mit „ja" beantwortet werden, doch diese Position ist auch für viele Kunstkenner schwierig zu vertreten, da sich die Analyse weg vom Werk und hin zum Künstler und seinem institutionellen Umfeld richtet. Wir bewegen uns nun auf dem Territorium einer „institutionellen Kunst", die nur durch Legitimations- und Bewertungsprozesse des kommerziellen Kunstbetriebes realisierbar ist. Die zentrale Frage, die sich daraus ergibt, ist, inwieweit der Künstler diese institutionellen Aspekte des Kunstmarktes, der Museen und Kritiker als Konzept aufgreift, um sie entweder anzuerkennen oder sie mit subversiven Mitteln zu untergraben? Im letzteren Falle mag der Künstler zwar vom System finanziell profitieren, doch gleichzeitig sägt er am Ast, auf dem er sitzt. Diese widersprüchliche Position des Künstlers ist nicht ganz uninteressant, da sie die Konflikte des modernen Künstlerdaseins gut repräsentiert.

Die subversive Haltung gegenüber dem kommerziellen Kunstsystem lässt sich kurz mit der Aussage „Art is anything you can get away with" des amerikanischen Kritikers Marshall McLuhan zusammenfassen. Fälschlicherweise wird dieser Spruch auch dem Künstler *Andy Warhol* zugeschrieben, besonders weil die Idee, den Kunstbetrieb bis zum letzten ausreizen zu wollen, auf die gesamte Arbeitsweise von *Warhol* zutrifft. Mitmachen einerseits und Widersetzen anderseits fordert den institutionellen Kunstbetrieb permanent dazu heraus sich zu fragen, wann eine „Verspottung" stattfindet und wann nicht. Da sich die meisten Teilnehmer des kommerziellen Kunstbetriebes jedoch viel zu ernst nehmen und kaum in der Lage sind, sich oder ihr

Handeln selbstkritisch zu hinterfragen, bieten sie vielen Künstlern die Möglichkeit, das System ins Lächerliche zu ziehen. Vielleicht der erste und interessanteste Künstler, der eine Formulierung für das Phänomen solch „institutionskritischer Konzeptkunst" bot, war *Hans Christian Andersen*, der mit seinem Märchen „Des Kaisers neue Kleider" auch heute noch aktuelle Sachverhalte und Erkenntnisse der Kunstwelt beschreibt. Die Herausforderung an den Kunstbetrieb, verursacht durch Künstler wie *Damien Hirst*, besteht somit darin, zu entscheiden, inwiefern Kunstwerke als „leere Hüllen" bewertet werden sollen oder als kritische Auseinandersetzung mit ihrem System. Zieht also *Hirst* absichtlich mit seinen „dot paintings" den Galeristen, Großsammlern und Museen, die für solche Arbeiten enorme Summen zahlen, die "Hose runter"? Wenn sich diese Frage mit einem vorsichtigen „ja" beantworten lässt, dann bekommen seine Banalitäten tatsächlich einen positiven Glanz, denn sie führen die Großakteure des Marktes, ähnlich wie die Angestellten des Kaiserhofes, als systemhörige Idioten vor. Anders als viele weitere Künstler der Gattung „institutionskritischer Konzeptkunst" kann die Glaubwürdigkeit von *Damien Hirst* besonders durch seine private Auktion im Jahre 2008 ansatzweise belegt werden. Durch diesen Streich gelang es ihm, nicht nur seine Großsammler, sondern auch seinen eigenen Galeristen dazu zu zwingen, „Notkäufe" seiner Werke, wie etwa die „dot paintings" zu tätigen, damit der Gesamtwert ihrer Sammlungen nicht zusammenbricht. Grundsätzlich kann also die These vertreten werden, dass die „dot paintigs" von *Damien Hirst* zwar aus werkbezogener Sicht schlechte Kunst darstellen, doch im institutionellen Kontext gewinnen sie durch das Auslösen einer klammheimlichen Freude an Bedeutung, da sie ein subversives Gefühl wecken, das kommerzielle Kunstsystem werde durch solche trivialen Arbeiten ordentlich aufs Glatteis geführt.

Die etwas weitläufige Argumentation, „institutionskritische Konzeptkunst" durch ihre subversive Haltung als Qualitätsmerkmal zu definieren, leidet meist an fehlender Glaubwürdigkeit und bietet als einzige „positive" Eigenschaft keinen rationalen Grund, diese Werke aus intrinsisch qualitativen Aspekten als kaufenswert einzustufen. Wenn sich private Sammler derlei Spielereien hingeben möchten, dann kann dies als Privatsache kaum kritisiert werden. Ein potentielles Problem entsteht jedoch dann, wenn die systemhörigen „Tölpel des Kaiserhofes" öffentliche Angestellte sind und die

Ausgaben ihrer Institutionen nicht aus ihrer privaten Kasse, sondern aus staatlichen Steuermitteln gezahlt werden. Dieser Sachverhalt fordert natürlich die Frage heraus, wem denn hier die „Hose heruntergezogen" wird und ob nicht vielleicht letztlich der Bürger der Idiot ist? Die Frage soll im folgenden Teil des Textes weiter erörtert werden und bietet gleichzeitig die Möglichkeit einen genaueren Blick auf die Zusammensetzung und Effektivität des gesamten Kunstbetriebes zu werfen. Bevor jedoch das nächste Kapitel beginnen kann, sollten in der Frage nach der Qualität von Kunst zwei weitere Meinungen eingeholt werden. Was haben also Herr K und der Galerist Herr L zu diesem schwierigen Thema zu sagen?

Interview II

Autor: „Herr K, wie schwer fällt es Ihnen, Kunstwerke zu beurteilen, also gute von weniger guten zu unterscheiden?"

Herr K: „Hier haben Sie mir ja eine richtig schwere Frage gestellt. Da ich mich für Kunst interessiere und mich auch besonders in der Galerie Artspaß wohl fühle, versuche ich mir beim Anschauen der Werke viel Zeit zu lassen. Meistens entsteht dabei ein erster Eindruck, der sozusagen ein Bauchgefühl widerspiegelt. Beim längeren Betrachten stellt sich meist die Frage, was mir das Werk sagen will? Wenn mich diese Fragestellung weiter beschäftigt und ich zunehmend den Wunsch verspüre, mich damit auseinandersetzen zu wollen, dann ist das meistens ein Zeichen, dass es mir irgendwie gefällt. Wenn mich jedoch bei erster Betrachtung das Werk nicht ansatzweise anspricht und ich mich dem nächsten Werk widmen möchte, dann fehlt vielleicht etwas Wichtiges oder ich verstehe es einfach nicht. Bei einem Werk, das ich gut finde, gehe ich meistens wiederholt dahin zurück, um es mir noch mal genauer anzuschauen, denn es spricht mich irgendwie an und weckt mein Interesse."

Autor: „Wie wichtig ist es, dass Sie über die Werke Kenntnisse haben oder Information zur Verfügung gestellt bekommen?"

Herr K: „Das hängt sehr von den Kunstwerken ab. Die Arbeiten von *Unbe Kant* sind nicht immer zugänglich und dann ist ein bisschen Hintergrundwissen recht nützlich. Herr L ist da wirklich sehr hilfreich. Er lässt mich meistens erstmal schauen und fragt dann, ob ich etwas Informationen zu den einzelnen Werken oder der Ausstellung bekommen möchte. Manchmal, wenn er mir dabei hilft, ein Werk in gewisse Zusammenhänge einzuordnen, bin ich sehr überrascht, wie viele Gedanken sich der Künstler wohl zu dem einen oder anderen Kunstwerk gemacht hat."

Autor: „Herr L, Sie müssen häufig Kunstwerke beurteilen und über gut und schlecht entscheiden. Wie machen Sie das?"

Herr L: „Die Grundlage einer Qualitätsbewertung besteht darin, über eine Menge Kenntnisse zu verfügen, also sich viel mit Kunstwerken auseinandergesetzt zu haben. Darüber hinaus bedarf es einer großen Portion Toleranz und Offenheit gegenüber der enormen Vielfalt, die man heutzutage zu sehen bekommt. Am besten bewertet man Kunstwerke, von denen man ursprünglich nicht weiß, wer der Künstler ist. Dadurch kann man sich leichter ausschließlich dem Werk widmen. Bei der Bewertung zählen meistens Inhalte, eine Leichtigkeit des Ausdrucks und Originalität. Wenn dann noch der X-Faktor vorhanden ist, also etwas Mysteriöses oder Unverständliches, das ein Gefühl auslöst, etwas ganz Besonderes und Herausragendes vor Augen zu haben, kann man meistens von guten Werken sprechen. Ich persönlich werde gerne überrascht und genieße es, wenn ein wenig Humor und Ironie dazukommt. Es sollte jedoch bedacht werden, dass eine Bewertung von Kunstwerken einerseits auf fachlichen Kenntnissen basiert, wobei die Frage offen bleibt, wie das Fachwissen konstituiert ist und ob es tatsächlich zu einem Verständnis beiträgt. Andererseits beruht eine Beurteilung immer auf persönlichen Geschmacksrichtungen und Vorlieben."

Autor: „Herr K, haben Sie ein Lieblingswerk des Künstlers *Unbe Kant?*"

Herr K: Es fällt mir recht schwer, eins seiner Werke auszusuchen, doch lassen sie mich die Collage „Der Dandy" wählen. Es zeigt das Portrait einer Person vor dem Hintergrund einer aus Fragmenten bestehenden Menschenmenge, wobei ein Fernrohr den Kopf darstellt. Somit ist der Dandy sehr hässlich, doch er hält sich wacker, da er sich mit einer großen Schleife schmückt und sich wohl nicht um die Ansichten der Außenwelt kümmert. Ich mag den Kerl, da er als Außenseiter trotzdem eine gewisse Würde behält und sein Anderssein geradezu pflegt. Auch die Idee des Fernrohrs ist interessant, da es etwas mit Sehweisen und Blickwinkeln zu tun hat, also Aspekte, die in der Kunst von hoher Bedeutung sind."

Autor: „Herr L, welches der ausgestellten Werke gefällt Ihnen am besten?"

Herr L: „Auch ich habe Schwierigkeiten, ein Werk von *Unbe* auszusuchen, doch vielleicht sollte ich Herrn Ks Richtung folgen und das Werk „Prima" auswählen. Dadurch dass es nur Reihen von Primzahlen aufzeigt, ist die Ausdrucksweise sehr spärlich, doch diese Zahlen symbolisieren eine besondere Unabhängigkeit, da sie nur durch eins und sich selbst teilbar sind. Die Primzahl seht als Sinnbild für Autonomie, sowohl angewandt auf den speziellen Fall des Künstlers, sowie auf alle Menschen, die sich wie der Dandy gegen die Mehrheiten der Gesellschaft abgrenzen und ihre Eigenständigkeit bewahren. Gerade wegen der einfachen Formensprache finde ich das Werk geistreich und tiefsinnig."

Autor: „Herr K, haben Sie einen Lieblingskünstler?"

Herr K: „Vor einiger Zeit habe ich mal eine wirklich tolle Ausstellung gesehen; der Künstler war Schweizer und hieß so ähnlich wie *Tingili*."

Herr L: „Ich glaube, Sie meinen *Jean Tinguely*."

Herr K.: „Genau. Er hat fantastische Objekte gebaut, die sich meist in verrückter und vielfältiger Weise bewegten und auch einen ziemlichen Lärm machten. Wegen meines handwerklichen Hintergrundes war ich natürlich im siebten Himmel. Was sich da alles abspielte, war großartig und wie Sie sehen, bin ich heute noch ganz fasziniert von dieser Erfahrung."

Autor: „Herr L, dieselbe Frage an Sie?"

Herr L: „Die Frage eines Lieblingskünstlers ist kaum zu beantworten, da sich meine Vorlieben über Zeiträume hinweg ständig ändern. Deswegen kann ich nur sagen, dass ich momentan sehr von dem Maler *Tim Eitel* angetan bin. Durch die Verbindung abstrakter Hintergründe, die sich an Meistern der Abstraktion, wie *Barnet Newman*, *Marc Rothko* oder *Piet Mondrian* orientieren, mit der vordergründigen Darstellung gegenständlicher Figuren, entstehen in *Eitels* Gemälden durch diese Mehrschichtigkeit beeindruckende Spannungsfelder. Einerseits haben wir die kühle Abstraktion und anderseits die Menschlichkeit der Figuren. Diese sind zwar auch mit einer gewissen Distanz und Gegenständlichkeit behaftet, doch bei näherer Betrachtung zeigen sie auf, dass es sich mitunter um obdachlose Personen handelt. Trotz einer reservierten Sachlichkeit werden die Gemälde von einer starken Melancholie begleitet, die einen nachhaltigen Eindruck auf mich machen. Ich nenne diese Art der vielschichtigen Gegensätzlichkeiten gerne die „süß-sauer" Methode, eine Gestaltungsform, die sowohl eine visuelle Ästhetik als auch sozialkritische Aspekte in origineller Art vereint. Ich finde *Tim Eitel* gelingt dieser künstlerische Spagat sehr gut und er hat sich auch damit eine sehr selbstständige Handschrift geschaffen."

Autor: „Meine Herren, Ich bedanke mich sehr für ihre interessanten Ausführungen."

Teil III
Kunst in der Gesellschaft

8 Kunst und Gesellschaft I: Bedeutung & Funktion

Die vorhergegangenen Kapitel haben sich mit Aspekten der Legitimation und Bewertung einzelner Kunstwerke beschäftigt, wobei nicht nur werkspezifische Betrachtungsweisen, sondern auch die Einflüsse institutioneller Bewertungsprozesse berücksichtigt worden sind. Nun sollen die systemischen Gesichtspunkte des Kunstbetriebes in den Vordergrund gerückt und in einen breiten gesellschaftlichen Rahmen eingebunden werden. Da es sich im Kunstbetrieb um kulturell geprägte Strukturen handelt, stellen sich automatisch Fragen nach Sinn und Funktion von Kunst in der Gesellschaft. Lassen sich gesellschaftspolitische Aufgabenbereiche der Kunst tatsächlich definieren? Aus dieser Fragestellung heraus entwickelt sich die Thematik, wie das aktuelle System des Kunstbetriebes konstituiert ist und den gesellschaftlichen Aufgaben von Kunst gerecht wird. In den folgenden Kapiteln wird somit der Versuch unternommen, sowohl Funktionen der Kunst, als auch die Strukturen des Kunstbetriebes zu untersuchen. Es soll ein Zusammenhang zwischen einer Bewertung von Kunst und den Handlungsweisen der einzelnen Teile des Kunstbetriebes hergestellt werden, eine Verknüpfung, die schon in vorhergegangenen Kapiteln angedeutet und in das Modell des „subjektiven Faktors" eingeflossen ist. So wird der Frage nachgegangen, inwieweit der Kunstbetrieb Qualität hervorbringen und garantieren kann und somit dem Anspruch einer „kulturpolitischen Effektivität" gerecht wird. Nach einer kritischen Analyse soll im letzten Kapitel untersucht werden, ob nicht durch alternative Konzepte einer „autonomen Kulturpolitik" wirkungsvollere Aufgabenbereiche und Strukturen innerhalb des aktuellen Kunstbetriebes geschaffen werden könnten.

8.1 Identität, Identifikation und Integration

Warum braucht die Gesellschaft Kunst? Um dieser Frage auf den Grund zu gehen, sollte kurz definiert werden, was unter Gesellschaft zu verstehen ist. In einem sozialwissenschaftlichen Sinne, besteht eine Gesellschaft grundsätzlich aus einer Gruppe zusammenlebender Menschen, die aus geographischen und kulturellen Aspekten sich als Gemeinschaft verstehen. Zu dieser Gemeinschaft gehört ein hohes Maß an Zugehörigkeit und Teilnahme. Menschen, die über längere Zeitabläufe hinweg in einer Gemeinschaft leben, benötigen meist eine Affinität zu ihrer Umwelt, ein Nebeneinander mit Nachbarn und Gleichgesinnten, Kommunikation und Zusammenarbeit, um ihren Lebensbereich gestalten zu können. Untersuchungen und Bewertungen gesellschaftlicher Strukturen und Prozesse beschäftigen sich in der Regel mit zeitgenössischen Sachverhalten, doch der Begriff einer Gesellschaft beinhaltet immer auch eine Rücksichtnahme auf vorhergegangene und zukünftige Generationen. Dieser „intertemporale" Aspekt spielt in der Suche nach dem Sinn oder der gesellschaftlichen Funktion der Kunst eine bedeutende Rolle.

8.1.1 Kunst & Vergangenheit: Kulturelles Erbe

Zu der Suche nach Identität und Identifikation mit einer Region, sowie der Thematik gesellschaftlicher Integration, gehört meist eine historische Dimension. Die Vergangenheit prägt die Gegenwart und somit kann auch die Kunst durch eine Bestimmung als „kulturelles Erbe" zur Wahrnehmung einer gesellschaftlichen Identität beitragen. Kulturgüter stehen für einen Zeitgeist, für gemeinsame Erkenntnisse, Denken und Handeln. Die Kunst gilt als wichtiges Kulturgut, denn sie verkörpert Erfahrung und Erinnerung. Sie ist kein rein zeitgenössisches Phänomen, sondern basiert auf geschichtlichen Entwicklungen. Über Jahrhunderte lieferte die Vergangenheit eine Vielzahl unterschiedlicher Ereignisse und Entwicklungsprozesse, die in evolutionärer Weise zu sozialen Veränderungen führten und insgesamt unter dem Banner der Aufklärung als „Fortschritt" bezeichnet werden können. Eine zentrale Rolle in der Aufklärung spielen die Wissenschaften, die quasi als Motoren des Fortschritts zu betrachten sind. Wie schon angedeutet, lässt sich die Kunst insoweit mit den Wissenschaften vergleichen, da sich beide durch Forschung, Innovation und Erneuerung kennzeichnen. Anders als die

Wissenschaften, weist die Kunst jedoch eine viel selbstkritischere Haltung auf. Sie stellt sich selbst und ihre historischen Grundlagen permanent in Frage und trägt somit zu einer kontinuierlichen Diskussion über kulturelle Entwicklungsprozesse und gesellschaftliche Strukturen bei. Ideen der Vergangenheitsbewältigung, des Fortschritts und der Kritik liefern dementsprechend drei wichtige Pfeiler einer freien und lebendigen Gesellschaft.

Die Vergangenheitsthematik des kulturellen Erbes enthält eine interessante zeitliche Perspektive, die zu jedem Zeitpunkt entscheidungsrelevante Auswirkungen mit sich bringt. Schließlich wird heute beschlossen, was morgen als Kulturgut gilt. Die Berücksichtigung zukünftiger Generationen spielt eine wichtige Rolle in der aktuellen Bestimmung gewisser Kunstwerke als Kulturerbe, die sich demnach auch als „zukünftige Erinnerungsgüter" bezeichnen lassen. Hierbei tritt jedoch die kritische Problematik der Selektionsmechanismen auf, die in der Beschreibung des Kulturgutes als „institutionelles Gut" in Kapitel 2 skizziert worden ist. Nicht nur handelt es sich in der Bestimmung von Kulturgütern prinzipiell um eine Qualitätsfrage, es ist auch aufgezeigt worden, dass unterschiedliche Auswahlverfahren zu verschiedenen Urteilsfindungen führen können. Demnach ist das gesellschaftliche System des „institutionellen Dualismus" thematisiert worden, das als Ideal ein ausgeglichenes Kräfteverhältnis zwischen privaten Marktprozessen und öffentlichem Interesse herstellen und bewahren soll. Als Alternative dazu lässt sich die Qualitätsfindung als Funktion „institutioneller" und „autonomer" Kräfte nennen. Die Bestimmung der Kunst als Kulturgut oder kulturelles Erbe ist somit ein sehr vielschichtiges Unterfangen, doch aus gesellschaftspolitischen Gesichtspunkten reduziert sich die Aufmerksamkeit in erster Linie auf die Position der öffentlichen Institutionen. Werden sie ihrer Aufgabe gerecht, eine unabhängige und autonome Position gegenüber den kommerziellen Interessen und Entscheidungsprozessen des Marktes zu behaupten und somit allen kreativen Akteuren des Kunstgeschehens eine Stimme zu geben? Lässt sich die Position vertreten, Selektionsverfahren gesellschaftlicher Kulturgüter ausschließlich auf der aktuellen Monopolstellung des Kunstmarktes und des Kapitals auszurichten? Bedarf es vielleicht eines Umdenkens hin zu einer Kulturpolitik der Inklusion, indem die gesamte Breite des Kunstschaffens wahrgenommen wird, um somit ein repräsentativeres Kulturbild für zukünftige Generationen zu hinterlassen?

8.1.2 Kunst & Gegenwart: Gesellschaftliches Bindemittel

Die meisten Menschen suchen eine Zugehörigkeit und Teilhabe an ihrer aktuellen Umwelt, um ihrem Leben eine Struktur und einen Sinn zu geben. Diese Eingebundenheit in die Gemeinde bietet ihnen Ordnung, Sicherheit und Trost. Es entsteht eine Identifikation mit den gesellschaftlichen Strukturen und trägt zu einem hohen Maß an Zusammenhalt und Gemeinsamkeit bei. Zu dieser Entwicklung von Identifikation und Identität gehören nicht nur geschichtliche Ereignisse, sondern auch gegenwärtige kulturelle Strömungen, wie etwa die Religionsgemeinschaften, Vereine oder die Popkultur. Im Mittelalter existierte die Kunst als Ausdrucksmittel der religiösen Institutionen, doch durch die Entwicklungen der Aufklärung und des Humanismus hat sie sich weitgehend davon befreit. Die Kunst ist eine selbständige geistige Kommunikationsform geworden, die in der zunehmend säkularen Welt eine zentrale Rolle in der Sinnfindung einnimmt. Die Musik, Literatur und bildende Kunst beschäftigen sich in verschiedenen Formen mit existentiellen und spirituellen Fragen, die für viele Menschen in vorhergegangenen Zeiten von den Religionen „beantwortet" wurden. In einer säkularen Welt vermag die Kunst zwar keine Antworten zu geben, doch ihre Auseinandersetzung mit wichtigen geistigen Themen und ihre Herausforderung zur gesellschaftlichen Teilnahme bietet den nichtgläubigen Menschen ein Medium, das gegebenenfalls als Religionsersatz betrachtet werden kann. Das Herausragen aus dem Alltag und die geistige Beschäftigung mit existentiellen Problemen ist in einem vorherigen Kapitel als „Transzendenz" beschrieben worden, ein Begriff, der aus der Religion hergeleitet worden ist. Die Kunst bietet demnach Möglichkeiten, eine gesellschaftliche Identität zu schaffen, die nicht auf den Dogmen der Religionen beruht, sondern auf emotionaler, intellektueller und geistiger Auseinandersetzung.

Kulturelle Entwicklungen, zu denen auch die bildende Kunst ihren Beitrag leistet, bieten eine Vielfalt unterschiedlicher Identifikationsgrundlagen, wobei zu beachten ist, dass diese Strömungen sowohl lokaler, regionaler, nationaler und internationaler Herkunft sein können. So wurden zum Beispiel Ereignisse und kulturelle Bewegungen, wie Rock & Roll und die Pop Art, über den Atlantik nach Deutschland transportiert. Solche Ausdrucksformen können einen Zeitgeist entwickeln und erreichen durch die verschiedensten Medien gesellschaftliche Gruppierungen, bis hin zu den entferntesten ländlichen Gegenden. Durch die Globalisierung werden kulturelle Einflüsse immer internationaler und somit können auch fernliegende Entwicklungen das Denken und Handeln beeinflussen und formen. Kulturelle Strömungen dieser Art, häufig gepaart mit einer Portion Widerstand und Rebellion, prägen die Rolle und Identität vieler Jugendlicher in der Gesellschaft. Die Kunst agiert somit als zentraler Mechanismus, der in einer Mischung aus Bewegung und Widerstand zumindest den jungen Menschen dazu verhilft, ihrer Umwelt einen Sinn zu geben. Das Phänomen einer Sinngebung durch kulturelle Einflüsse ist jedoch nicht beschränkt auf junge und heranwachsende Menschen. Einmal bewegt und begeistert von Formen der Rebellion und alternativen Ausdrucksformen, bietet die Kunst auch den Erwachsenen immer ein Forum für Diskurs und Engagement, häufig verknüpft mit Elementen von Nostalgie und dem Wunsch „jung zu bleiben". Die Kunst wird deswegen auch gelegentlich als Medium beschrieben, das eine Gesellschaft „beweglich und jung" halten soll.

Abgesehen von der Festigung einer kulturellen Identität, die als gesellschaftliches Bindemittel zu verstehen ist, trägt die Kunst dazu bei, dem Individuum durch ihre Möglichkeiten der persönlichen Ausdrucksformen zu einer eigenen Identität zu verhelfen. Menschen mögen zwar Herdentiere sein, doch vielleicht gerade deswegen suchen sie ständig nach Wegen, sich in unterschiedlichen Maßen von Anderen abzugrenzen. Dieses Bedürfnis nach Selbstständigkeit und einer eigenen Identität führt zu verschiedenen Strategien, sich der Umwelt und ihren Normen zu widersetzen, sei es in den diversen Subkulturen oder neuen Modetendenzen und Trends. Auch der private Alltag bietet den Menschen Möglichkeiten, durch ihren Lebensstil persönliche Signale auszusenden, um sich durch individuelle Merkmale in der Gesellschaft definieren zu können. Als Mittel hierzu gehört der Konsum, die Art der Kleidung, das Auto und die Einrichtung von Wohnung oder Haus. Beim Bau eines „Nestes" spielt der Dekor und die Kunst eine wichtige Rolle. So sagt das eine oder andere erworbene Kunstwerk an der Wand im Wohnzimmer eine Menge über seinen Besitzer aus. Wichtig ist hier nicht nur die Bedeutung der Suche nach individueller Identität aus der Perspektive des Individuums, sondern ihre Rolle als Mechanismus für eine gesellschaftliche Ausgeglichenheit und Ordnung. Die Gesellschaft braucht die Widersprüchlichkeit der Kunst, geprägt durch Individualität und Autonomie einerseits, sowie Angepasstheit oder Kompromissbereitschaft andererseits, um als Bindemittel zu wirken und eine lebendige Gemeinschaft zusammenzuhalten.

8.1.3 Kunst & Zukunft: Visionen

Wenn die Kunst einen wichtigen Beitrag zu kultureller Identitätsfindung und sozialem Zusammenhalt in der Gesellschaft leistet, dann gilt dies nicht nur für vorhergegangene Entwicklungen, die gegenwärtige Momentaufnahme, sondern auch für Erwartungen und Visionen der Zukunft. Menschen leben zwar in der Gegenwart, doch sie setzen sich ständig mit der Zukunft auseinander, um Ziele und Perspektiven zu schaffen. Außerdem reizt die Zukunft durch ihre vielen ungelösten Fragen und Rätsel, wobei die allergrößte Ungewissheit sicherlich durch die Endlichkeit des Lebens ausgelöst wird. Menschen suchen nicht nur nach dem Sinn ihres Lebens, um ein spirituelles Gleichgewicht zu finden, sondern auch weil nach einem erfüllten Leben der Tod einen Sinn bieten kann. Menschen beschäftigen sich mit der Zukunft, weil sie vielleicht nach ihrem Ableben etwas hinterlassen möchten, wobei neben den Kindern als die vielleicht wichtigsten „Hinterlassenschaften" auch eine Vielzahl kreativer „Lebenswerke" zu zählen ist.

Die Kunst übt in der Entwicklung zukünftiger Perspektiven eine wichtige gesellschaftliche Funktion aus, da sie einerseits einen historischen Rahmen bietet, doch gleichzeitig eine geistige Haltung zu Kritik und Dialog herausfordert, um sich mit Fragen der Zukunft zu beschäftigen. Hierbei kennt die Phantasie und Kreativität des Künstlers keine Grenzen und erlaubt eine Auseinandersetzung mit Visionen und Utopien. Das Alltägliche darf verworfen und das Unmögliche gedacht werden. Nur die Kunst schafft es mit Einfallsreichtum und Schöpferkraft, „verrückte" Themen und Zukunftskonzepte anzusprechen, die für Spannung, Humor und Freude sorgen können. Diese außergewöhnliche Position der Kunst, die sich in einem stetigen Wechselspiel zwischen einem rückwärts und vorwärts gewandten Blick befindet, wird besonders in dem originellen Konzept der „Retro-Futuristischen" Perspektive des Künstlers *Jörg Schimmel* deutlich. Aus einer Synthese aus Vergangenheit, Gegenwart und Zukunftsphantasien lässt sich engagierte und kreative zeitgenössische Kunst gestalten, die als gesellschaftlicher Stabilisator einerseits und Motor für Erneuerung andererseits zur Entwicklung und Stärkung einer gesellschaftlichen Identität beiträgt.

8.2 Widerstand & Entwicklung: Kritische Bildung

Wenn unter der Thematik einer Suche nach Identität und Integration der Aspekt einer gesellschaftlichen Einbindung, Ordnung und Stabilität herausgehoben worden ist, dann trägt die Kunst gleichermaßen zu einer alternativen und nahezu konträren gesellschaftlichen Funktion bei, die generell als „kritische Bildung" bezeichnet werden kann. Der Kunst werden also zwei widersprüchliche Funktionen zugeschrieben. Sie trägt einerseits zu einer gemeinschaftlichen Zugehörigkeit, Identität und Integration bei, stellt jedoch gleichzeitig die Strukturen der Gesellschaft permanent in Frage. Somit schafft sie ein besonderes Spannungsfeld, das Dialog und Auseinandersetzung herausfordert und somit einen wichtigen Beitrag zu einer andauernden Identitätsfindung leisten kann. Eine Gesellschaft, die sich stets weiterentwickeln und erneuern möchte, braucht eine „kritische Bildung", um nicht in Dekadenz und Selbstherrlichkeit zu zerfallen, sondern tolerant und lebensfähig zu bleiben.

Ein wichtiger Bestandteil guter Bildung ist nicht nur das „Erlernen", also die Aufnahme vieler Fakten und Sachverhalte, sondern primär die angemessene Anwendung des gelernten Materials, sowie das Fördern einer kritischen Haltung gegenüber jeglichen „Wahrheiten". Besonders bei Kindern trägt die Bildung durch den Kunstunterricht zu einer Stärkung kreativer Impulse und der Umsetzung gestalterischer Ausdrucksweisen bei. Die Beteiligung an phantasievollen Kunstprojekten bietet wirksame pädagogische Arbeitsweisen, um bei Schülern nicht nur persönliche Charakteristika, wie Selbstvertrauen und Durchsetzungsvermögen, sondern auch soziale Kompetenzen, wie Kommunikationstechniken und Teamgeist zu fördern. Da die Kunst jedoch eine Bildungsfunktion für alle Altersgruppen ausübt, bezieht sich der Begriff „kritische Bildung" nicht nur auf das Fördern von Neugier und Spontaneität der Kinder, sondern auch auf die Herausforderung an Jugendliche und Erwachsene, sich permanent mit persönlichen und gesellschaftlichen Themen auseinanderzusetzen. Obwohl das Erlernte als Informationsbasis einen hohen Eigenwert besitzt, wird aus dem Wissen nur dann ein gesellschaftliches Gut, wenn es von allen Altersgruppen zu kreativen Anwendungen führt, seien sie praktischer oder geistiger Art. Eine kritisch ausgerichtete Bildung regt dazu an, erlernte Kenntnisse als Grundlage für weitere Fragestellungen und für kreatives Umsetzen und Gestalten zu betrachten. Die Kunst bietet hierzu ein Modell, ein Denkmuster, das in vielen anderen Lebenssituationen angewandt werden kann. Nicht jeder Mensch muss künstlerisch kreativ sein, indem er Bildhauer, Musiker oder Schauspieler wird, doch er kann schöpferisch und phantasievoll seine Arbeitswelt gestalten. Dies mag sowohl auf die Produktion von Gütern und Dienstleistungen zutreffen, als auch auf den allgemeinen Umgang mit anderen Menschen und der Umwelt. Eine kritische Bildung kennt keine Tabus und liefert Impulse für Vertiefung, Auseinandersetzung und Gestaltung. Sie bietet ungewöhnliche Blickwinkel, hinterfragt gängige Normen und Strukturen, fordert Kritik heraus und erweitert Horizonte.

Als Ausdrucksform und Kommunikationsmittel bietet die Kunst ein besonderes Forum für Diskussion über Unabhängigkeit, Selbstbestimmung und Freiheit. Dies trifft sowohl für den einzelnen Menschen zu, als auch auf gesellschaftliche Gruppen. Durch die Auseinandersetzung mit häufig fremden Sichtweisen und Inhalten wird der Betrachter automatisch Teil gesellschaftlicher Fragen und Denkprozesse. Was heißt, der Mensch und die Kunst seien frei? Was bedeutet „Narrenfreiheit", durch die der Künstler, aber auch Institutionen wie Museen und Galerien gekennzeichnet sind? Wie werden Begriffe, wie Selbstbestimmung, Mündigkeit und Toleranz durch Kunst dargestellt und manifestiert? Der Betrachter wird in der Kunst immer wieder mit diesen gesellschaftlichen Fragen konfrontiert und kann somit als Individuum Teil eines geistigen Prozesses werden, der Themen dieser Art aufgreift und Debatten provoziert.

Genauso wie der Einzelne mit solch existentiellen Fragen herausgefordert wird, kann die Kunst auch breite soziale Gruppierungen mit Themen der Emanzipation ansprechen. So verwundert es nicht, dass im Rahmen der Frauenbewegungen seit den frühen 1970ern, sich auch Künstlerinnen in größerem Maße als zuvor im Kunstbetrieb etablierten. Wenngleich es immer schon Ausnahmen wie *Käthe Kollwitz*, *Hannah Höch*, *Louise Bourgeois*, *Maria Lassnig* oder *Niki de St. Phalle* gegeben hat, wurden ursprünglich andere großartige Künstlerinnen, wie *Paula Modersohn-Becker*, *Sophie Taeuber-Arp*, *Sonja Delauney*, *Frida Kahlo*, *Barbara Hepworth* oder *Lee Krasner* meistens über ihre berühmten Ehemänner definiert. Erst

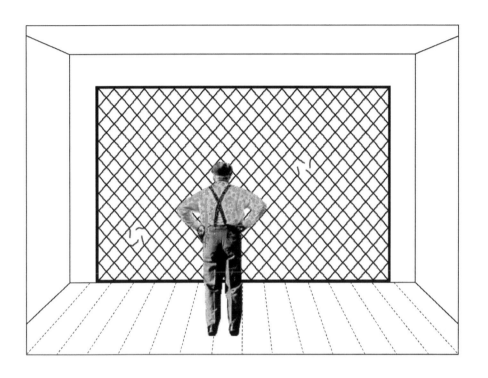

Innen - Außen?
Metallobjekt, 2011

durch Entwicklung einer breit gefächerten Emanzipation während der '70er und '80er wurde diesen „Künstlerfrauen" ihre verdiente Anerkennung als eigenständige und bedeutende Künstlerinnen zugesprochen.

Eine kritische Bildung kann in ihrem Anspruch auf geistige Reflexion und Vertiefung auch „praktische" Themenbereiche, wie politische Handlung, Zivilcourage und Widerstand aufgreifen. Die Vielzahl gesellschaftlicher und politischer Inhalte von Kunst sind schon erwähnt worden, doch diese können nicht nur zu einer geistigen Auseinandersetzung, sondern auch zu einem sozialen Engagement beitragen. Nicht nur lädt die Kunst in vielen partizipatorischen Projekten zum „Mitmachen" ein, sie geht häufig mit Beispielen voran, wie Kreativität durch originelle Aktionen in kollektives Handeln umgesetzt werden kann. Beispiele dazu liefern unzählige Happenings und interaktive Projekte, doch auch einzelne Künstler, wie *Wolf Vostell*, *Klaus Staeck*, *Joseph Beuys* oder *Jochen Gerz* stehen für eine Kunst, die nicht nur in Kunsttempeln zu Hause ist, sondern in der breiteren Gesellschaft Fuß fasst. Die Funktion einer „kritischen Bildung" heißt also, dass der Kunst eine zentrale gesellschaftliche Relevanz zugewiesen werden muss. Sie darf nicht nur als abstrakte Materie für ein elitäres Expertentum entstehen und bewahrt werden, sondern hat die Aufgabe, einen breiteren Menschenkreis anzusprechen und soziale Kompetenzen, wie Toleranz und Kreativität anzuregen.

Der implizierte Auftrag des „Widerstandes" dominierte die Kunst des 20. Jahrhunderts und ist besonders von den Philosophen der „Frankfurter Schule", Theodor Adorno und Max Horkheimer als zentrale Grundlage künstlerischen Schaffens thematisiert worden. Nicht nur haben sich Künstler immer wieder im Rahmen ihres Fachgebietes von vorhergegangenen Kunstentwicklungen abgegrenzt, sie leisteten gleichzeitig Widerstand gegen breitere gesellschaftliche Missstände, bürgerliche Normen und marktorientierte Strukturen. So steht die Kunst auch heute noch in einem paradoxen Spannungsfeld, indem sie aus bürgerlichen Kontexten ihre Legitimation erhält und trotzdem ihre Aufgabe darin besteht, sämtliche gesellschaftliche Normen in Frage zu stellen. Eine „Widerstandskunst" beschäftigt sich deshalb auch mit grundsätzlichen Fragen ihrer eigenen gesellschaftlichen Rolle. Ist heutzutage eine autonome Kunst möglich, die jegliche Vereinnahmung durch den Markt und seine kapitalistischen Strukturen ablehnt? Inwieweit fordert die zeitgenössische Kunst eine kritische Distanz zur allgegenwärtigen Konsumgesellschaft und Widerstand gegen die Auswüchse einer „Kulturindustrie", die auch als „Unterhaltungskultur" oder „Spaßgesellschaft" beschrieben wird? Wie wichtig ist die Funktion einer „subversiven" Kunst und einer gesellschaftskritischen Kunstentwicklung, die aus Subkulturen entstehen? Ein aktuelles Beispiel dazu bietet die Graffitikunst, die einerseits als subkulturelle Widerstandskunst betrachtet werden kann, indem sie sich unter anderem mit der Rolle des „Eigentums" beschäftigt, doch mittlerweile schon teilweise im Mainstream verwurzelt ist. Sie bietet die Möglichkeit einer von „unten" entstehenden Kunst, die zwar gewisse Kompromisse mit dem Kunstbetrieb eingehen mag, doch auch ein hohes Maß an gesellschaftlicher und unabhängiger Teilnahme aufweist. So lässt sich die These formulieren, dass sich die Funktion der Kunst als „kritische Bildung" aus einem besonderen gesellschaftlichen Autonomieanspruch herleiten lässt. Die Realität besteht jedoch aus einem Spannungsfeld zwischen Außenseitertum und Anpassung, wobei die Kompromissbereitschaft und Eingliederung in existierende Gesellschaftsstrukturen größtenteils durch die Kräfte der Kommerzialisierung und der finanziellen Einschränkungen der einzelnen Künstler geprägt ist.

8.3 Toleranz: Die „einsame Stimme"

Wenn in der vorhergegangenen Diskussion die Aspekte des „kulturellen Erbes" und einer „kritischen Bildung" als wichtige Konzepte der Kunst beschrieben worden sind, dann darf in einer Analyse der gemeinschaftlichen Lebensformen die Bedeutung der Toleranz nicht fehlen. In einer liberalen Gesellschaft muss die Anerkennung und Achtung der Schwächeren, sowie die Freiheit des Einzelnen als Grundlage für gemeinsames Leben wahrgenommen werden. Das Individuum ist zwar die kleinste Instanz einer Gesellschaft, doch seiner „einsamen Stimme" muss immer ein hoher Wert eingeräumt werden, denn nur die Gewährleistung und Sicherung einer persönlichen Freiheit zur Meinungsäußerung und künstlerischen Ausdrucksweise zeugt von einer toleranten, aufgeklärten, gerechten und selbstbewussten Gesellschaft. Die freie „einsame Stimme" des Künstlers kann somit als Symbol einer offenen Gesellschaft betrachtet werden. Die Kunst übernimmt demnach eine wichtige Funktion, denn sie trägt nicht nur zur Lebendigkeit der Gesellschaft bei, sondern liefert gewissermaßen einen Lackmustest für die Freiheit und Unabhängigkeit ihrer Bürger.

Die soziale Bedeutung der „einsamen Stimme" lässt sich in interessanter Weise von den Ideen des amerikanischen Philosophen John Rawls ableiten. Er stellte das gängige Prinzip des „Nutzens" eines wirtschaftlichen Utilitarismus in Frage und plädierte für eine „gerechtere" Handlungsmaxime, die sich an dem schwächsten Glied der Gesellschaft orientiert. Für Rawls nimmt das vernachlässigte Individuum einen zentralen gesellschaftlichen Wert ein, da nur das Wohlbefinden der Armen und der Außenseiter einer Gesellschaft als Grundlage eines „Gemeinwohls" gewertet werden sollte. Künstler spielen nach der Rawlsischen Maxime eine wichtige soziale Rolle, da sie nicht unbedingt einen in Geld messbaren Nutzen erwirtschaften, doch durch ihre geistige Arbeit eine „wertvolle" Funktion ausüben und in ihrer Außenseiterrolle auch als Symbol für eine offene und aufgeweckte Gesellschaft stehen. Die Kunst und die „einsame Stimme" des Künstlers repräsentieren einen gesellschaftlichen Selbstzweck, der das Kunstwerk als „Gemeingut" definiert, das sich von einem eingeschränkten Konzept der Rationalität und des wirtschaftlichen Nutzens abgrenzt und das Geistige hervorhebt. Die Kunst als „geistiges Gut" wendet sich vom „Homo Economicus" ab und hin zum „Homo Sapiens". Diese unwirtschaftliche und auch häufig unpopuläre Position der „einsamen Stimme" muss in einer kommerziell geprägten Gesellschaft in besonderem Maße gehört und wahrgenommen werden.

Die „einsame Stimme" des Künstlers gilt häufig als Symbol einer Leidensfigur. Besonders das Leben und Werk von *Vincent van Gogh* wird gerne zitiert, um auf die geistigen und emotionalen Anstrengungen und Entbehrungen des Künstlers hinzuweisen, die er auf sich nehmen muss, um gradlinig und kompromisslos seiner Berufung nachzukommen. Wenngleich dieses Beispiel nicht unbedingt repräsentativ für das Entstehen zeitgenössischer Kunst ist, gibt es keinen Zweifel, dass der einzelne Künstler seine eigenen Wege gehen und sich dem Publikum exponieren muss. Sich permanent einer öffentlichen Kritik auszusetzen, führt nicht selten zu nervlichen

Belastungen und gelegentlich auch zu Exzessen im Konsum von Rausch-
mitteln. Doch gerade seine Risikobereitschaft und Kompromisslosigkeit
führt dazu, dass der Künstler von der Gesellschaft in einer ambivalenten
Weise betrachtet und beurteilt wird. Er hält der Gesellschaft einen Spiegel
vor und legt seine Finger in die Wunden. Dies verursacht häufig Kritik,
doch auch Bewunderung, und verleiht dem Künstler in seiner Rolle als
„Hofnarr der Gesellschaft" die Position einer quasi-moralischen Instanz. In
diesem Sinne verkörpert der Künstler und seine einsame Stimme das
„Gewissen" einer freien und aufgeschlossenen Lebensgemeinschaft.

Wie bedeutsam der Einzelne in der Gesellschaft und die Freiheit seiner Meinungsäußerung ist, wird besonders deutlich wenn man sich sämtliche Ver-
fassungen und Rechtsgrundsätze anschaut. Nicht nur Artikel 5 des
deutschen Grundgesetzes, sondern auch Artikel 19 der durch die Vereinten
Nationen festgelegen „Allgemeinen Erklärung der Menschenrechte", gewährleisten ein ausdrückliches Recht auf freie Meinungsäußerung. Dieser
Schutz betrifft natürlich alle Menschen, doch in gewissen Professionen exponieren sich Personen mit ihrer Arbeit in beträchtlichem Maße, wie etwa
Journalisten, Publizisten und die verschiedenen Gattungen der Künstler.
Auch die Kunstkritiker müssen in diesem Zusammenhang genannt werden,
da ihre Unabhängigkeit von Teilen des Kunstbetriebes nicht immer gewährleistet werden kann. Die „Narrenfreiheit" der Kunst stößt trotz nationalem
und internationalem Recht nicht nur bei autoritären Regimen auf Missgunst,
sondern wie in dem Abschnitt „Recht & Ethik" skizziert, tun sich auch
westliche Demokratien nicht immer leicht, das Grundprinzip einer allgemeinen Meinungsfreiheit anzuerkennen. Die „einsame Stimme" des Einzelnen
ist also ein gesellschaftliches Gut, das geschützt und gepflegt werden muss.
Sie steht für Toleranz, Aufklärung und Neugier, sowie die Anerkennung
von Engagement und Courage. Die Achtung der „einsamen Stimme"
bedeutet eine gesellschaftliche Wertschätzung kritischer und alternativer
Sehweisen, die nur durch eine „autonome Kunst" manifestiert werden kann.

8.4 Freude & Kunstgenuss

Wenn sich die Thematik der „einsamen Stimme" in der Gesellschaft auf die Rolle und Arbeitsweise des Künstlers bezieht, dann trifft der Gedanke des „Kunstgenusses" in ähnlichem Maße auf den Betrachter zu. So darf das Konzept der Freude als gesellschaftliches Ziel und als Funktion der Kunst nicht vernachlässigt werden. Schon die Unabhängigkeitserklärung der Vereinigten Staaten bestätigt in außerordentlicher Weise die „unveräußerlichen Rechte" eines jeden Menschen auf „Leben, Freiheit und das Streben nach Glückseligkeit". Obwohl das Erleben von Freude, Glück oder Genuss zu den wichtigsten seelischen Bedürfnissen des Menschen zählt, werden diese Emotionen zu oft in gesellschaftlichen Analysen ignoriert. Dieser Umstand mag dadurch begünstigt werden, dass Freude als individuelles Gefühl nicht nur schwer gesellschaftlich einzuordnen ist, sondern auch häufig im Widerspruch zu einer kritischen Haltung stehen kann. So repräsentiert das stereotypische Gemälde eines „röhrenden Hirsches" natürlich eine traditionelle und konservative Position, doch inwieweit ist dies in einer pluralistischen und demokratischen Gesellschaft problematisch? Warum darf nicht auch „schlechte" Kunst den Laien erfreuen? Der „röhrende Hirsch" mag zwar nichts mit einer kritisch aufgeklärten Perspektive zu tun haben, doch er trägt möglicherweise zur Identität und Lokalität des Betrachters bei, da er sich mit einer unkomplizierten Welt der Natur identifizieren kann. Kommentatoren sollten also weniger die Freude eines Betrachters an kitschiger und minderwertiger Kunst beklagen, sondern fragen, warum der Kunstbetrieb durch mangelhafte Bildung es nicht geschafft hat, breitere Sichtweisen und Betrachtungshorizonte zu vermitteln?

Wie in den vorherigen Kapiteln zu lesen ist, lässt sich die Freude an der Kunst aus dem Interesse und der Neugier, sowie den Kenntnissen des Betrachters herleiten. Sinnliche und intellektuelle Aspekte werden in verschiedenen Maßen in Kunstwerken zusammengefügt, um eine geistige Vertiefung anzuregen und dabei Gefühle von Freude und Glück zu bewirken. Diese Form der Betrachtung steht nicht im Widerspruch zu einer Funktion der Kunst als Mittel einer „kritischen Bildung". Im Gegenteil, es ist die Überraschung und der Lerneffekt, sowie die Herausforderung zu einer kritischen Auseinandersetzung, die zum Kunstgenuss des interessierten Betrachters beitragen kann. Es lässt sich also zusammenfassend feststellen, dass zu den gesellschaftlichen Funktionen der Kunst auch das Auslösen von Freude und Glück der Menschen gehört. Es hängt von einer gesellschaftlich legitimierten Kunstvermittlung ab, inwieweit der Kunstgenuss nicht nur vom Geschmack, sondern auch von einer kritischen und geistigen Auseinandersetzung geprägt ist.

Zur Freude an der Kunst gehört nicht nur das Betrachten, sondern auch das Mitmachen. Die Förderung von kreativem Engagement durch die Kunst ist also nicht nur eine passive Angelegenheit, sondern kann auch eine aktive und gestalterische Form annehmen, die auf einer breiten Teilnahmebasis beruht. Die Anerkennung eines pluralistischen Kunstgeschehens trägt nicht nur zur Identitätsbildung bei, sondern leistet dem „Streben nach Glück" des Einzelnen Unterstützung. Dieser Anspruch an die Kunst als ein gesamtgesellschaftliches Aktionsfeld steht jedoch im Widerspruch zu dem institutionellen Expertentum und der engen Definition des Kunstschaffens als „Beruf". Wie häufig in der Kunst, bietet dieser Konfliktherd keine konkreten Antworten, sondern Diskussionsbedarf.

Nachdem einige gesellschaftsbezogenen Funktionen der Kunst beschrieben worden sind, stellt sich die Frage, inwieweit die Institutionen und Strukturen des Kunstbetriebes diesen gesellschaftlichen Aufgaben gerecht werden? In welchem Ausmaße kann der Kunstmarkt Qualität definieren? Wie weit trägt die öffentliche Hand zu der Wahrung des Autonomieanspruchs der Kunst und einer kritischen Bildung bei? Fördert der Kunstbetrieb Diskussion und Kritik? Wie werden Qualitätsansprüche mit den Aufgaben der Archivierung und Verarbeitung von Kulturgütern verknüpft und wahrgenommen? Wie weit können die öffentlichen Aufgaben einer kritischen Bildung mit den kommerziellen Absichten eines Kunsttourismus in Einklang gebracht werden? Kann eine Kulturpolitik autonomer gestaltet werden, um den Funktionen einer kritischen Bildung Rechnung zu tragen und eine breitere Teilnahme am Kunstgeschehen zu ermöglichen? In den folgenden Kapiteln sollen die Strukturen und die einzelnen Organe des Kunstbetriebes beschrieben und auf diese Fragen hin überprüft werden.

9 Kunst und Gesellschaft II: Institutionen auf dem Prüfstand

Im Vorfeld sind schon zwei Definitionen des Kunstbetriebes aufgezeigt worden, wobei insbesondere zwischen „institutionellen" und „autonomen" Aspekten unterschieden wurde. Im Rahmen einer Thematisierung des „institutionellen Dualismus" ergab sich zusätzlich die Einteilung in einen „privaten" und „öffentlichen" Kunstbetrieb. Das folgende Kapitel knüpft an diese Definition an und präsentiert nicht nur eine detaillierte Beschreibung der gängigen Institutionen, wie Akademien, Kunstmarkt, Museen und Medien, sondern auch einen Teilaspekt, der in aktuellen Publikationen, den überregionalen Medien und der öffentlichen Wahrnehmung kaum eine Rolle spielt. Es handelt sich dabei um einen autonomen und alternativen Bereich, der unter dem Begriff des „informellen Kunstsektors" vorgestellt und analysiert werden soll. Zusätzlich werden zwei weitere Gesichtspunkte aufgegriffen, die wenig Aufmerksamkeit genießen. Erstens lässt sich der „Kunstmarkt" in einer verfeinerten Weise darstellen, die auf einen werkgebundenen Unterschied zwischen dem "primären" und „sekundären" Marktsegment hinweist. Zweitens soll der „öffentliche Kunstsektor" in seiner Gesamtheit analysiert werden, also über die zentralen Institutionen der Akademien und öffentlichen Kunstmuseen hinaus, um ein umfassendes Bild der Kulturpolitik zu zeichnen. Nicht nur bietet die Erweiterung einer Definition des Kunstbetriebes neue und ausgewogenere Perspektiven, sie liefert auch eine Möglichkeit, die einzelnen Teilsektoren des Kunstbetriebes auf ihre Effektivität als kulturbezogene Entscheidungsträger zu untersuchen. Ähnlich wie die Ansätze einer Qualitätsbewertung einzelner Kunstwerke, soll auf den folgenden Seiten die Leistungsfähigkeit der einzelnen Bereiche des Kunstbetriebes auf den Prüfstand gestellt werden. Dabei wird sich eine normative Bewertung an den aufgeführten Funktionen der Kunst in der Gesellschaft orientieren und sich in besonderem Maße an der Förderung einer „kritischen Bildung" und kreativen Autonomie, sowie an der Bestimmung von Kulturgütern ausrichten.

Die aktuelle Buchliteratur bietet zwar interessante, doch nur fragmentarische Ansätze einer strukturierten Gesamtanalyse dessen was als Kunstbetrieb bezeichnet wird. Es wird besonders ausgiebig über den Kunstmarkt berichtet und geschrieben, weniger jedoch über die gesamten Strukturelemente, die das Kunstgeschehen umfassen. Trotzdem ist das Buch „Der große Preis" von Isabelle Graw aufschlussreich, in dem die Autorin den Begriff des Marktes als ausgeweitetes gesellschaftliches Netzwerk definiert und somit Entscheidungsprozesse weitgehend als „systemisch" klassifiziert. Ebenso interessant ist die Studie „Die Ausstellung – Politik eines Rituals" der Herausgeber Carolin Meister und Dorothea von Hantelmann, die sich intensiv mit den gesellschaftlichen Hintergründen der Kunstausstellung als einem aktuell enorm erfolgreichen Kulturphänomen beschäftigt. Einige weitere seriöse Titel sollten zusätzlich erwähnt werden. Sowohl „Hype! Kunst und Geld" von Piroschka Dossi, das Werk „$100.000.000? Der Wert der Kunst" von Jacqueline Nowikovsky, Dirk Bolls „Kunst ist käuflich", wie auch „The $12 Million Stuffed Shark" von Don Thompson leisten gründliche Beiträge zu der Beschreibung von Strukturen und Marktprozessen, die den Kunsthandel, den Medienhype und deren Verknüpfungen mit den öffentlichen Museen prägen. Auch das schon erwähnte Buch „Kunst der Moderne. Kunst der Gegenwart" von Anne-Marie Bonnet kann in diesem Zusammenhang aufgeführt werden, denn mit ihrer eigenen Begriffsgestaltung des „Betriebsystems Kunst" bietet dieses Werk interessante Einblicke in die Entscheidungsprozesse des Kunstbetriebes. So aufschlussreich alle diese Publikationen sein mögen, liefern sie nur detaillierte Teilaspekte des Kunstgeschehens, da auch sie den produktspezifischen Unterschied zwischen einem „Primärmarkt" und „Sekundärmarkt" im Kunstbetrieb vernachlässigen und den „informellen Sektor" ganz ignorieren. Dasselbe trifft auch auf das Werk „Und das ist Kunst?!" von Hanno Rauterberg zu, doch seine Analyse der marktbedingten Einflüsse auf Sammler, Museen, Kritiker und Künstler ist von besonderem Interesse, da er die Handlungsweise des Marktes mit der kritischen Frage nach einer Qualitätsprüfung von Kunstwerken verknüpft. Demnach überschneiden sich Rauterbergs Hauptanliegen mit denen des folgenden Textes, auch wenn in den nächsten Kapiteln eine alternative und erweiterte Analyse des Kunstbetriebes vorgeschlagen wird. Als letzter Literaturhinweis sollte das Buch „Geistessterben" von Pierangelo Maset erwähnt werden. Es beschreibt sehr eindrucksvoll die Übermacht ökonomischer Kräfte in den kulturellen Entwicklungen der letzten Jahrzehnte und bildet somit eine interessante Hintergrundkulisse zu einigen Grundanliegen der folgenden Analyse.

9.1 Der Kunstbetrieb: Ein Überblick

Aus den vorhergegangenen Begriffsbestimmungen des „institutionellen" und „autonomen" Kunstbetriebes und der systembedingten Aufteilung in „private" und „öffentliche" Bereiche lassen sich in einer erweiterten Untersuchung zusätzliche Sektoren des Kunstbetriebes definieren. In der folgenden Analyse soll diese breitere Sichtweise angewandt werden, indem der private Teilbereich in drei weitere Bestandteile aufgegliedert wird, so dass sich der gesamte Kunstbetrieb als Einheit aus vier Sektoren beschreiben lässt.

Das Werk „Drei Varianten" des Künstlers *Unbe Kant* skizziert nicht nur die vier Grundsektoren des Kunstbetriebes, sondern illustriert in grafischer Form, inwieweit jedes Segment mit autonomen und institutionellen Aspekten behaftet ist. Prinzipiell muss dem kommerziellen „Kunstmarkt" eine zentrale Funktion im Kunstbetrieb eingeräumt werden, da er als Vertriebsmechanismus das gesamte System beeinflusst.

Märkte, in denen Produkte ver- und gekauft werden, können generell in unterschiedlicher Weise beschrieben werden, wobei es eine Rolle spielt, ob die Charakterisierung auf einer institutionellen oder produktbezogenen Basis beruht. Im vorangegangenen Text ist der Kunstmarkt schon in drei „Sektoren" aufgeteilt worden, den „informellen Sektor", den kommerzieller ausgerichteten „regionalen Kunstmarktsektor" und den „internationalen Topsektor". Diese institutionelle Gliederung entspricht etwa der Aufteilung des Kunstmarktes in einen Primär-, einen Sekundär- und einen Tertiärmarkt, die Christian Knebel in seinem Beitrag des Buches „Was kostet Kunst", herausgegeben von Wolfram Völcker, darlegt. Eine vereinfachte Version der institutionellen Marktklassifizierung bietet Dirk Boll in seinem Buch „Kunst ist käuflich", indem er den Galeriebetrieb als Primärmarkt und die Verfahrensweisen der Kunsthändler und Auktionshäuser als Sekundärmarkt definiert.

Häufig werden Märkte jedoch aus einer anderen Perspektive analysiert und in Form diverser „Marktsegmente" beschrieben, die sich aus den unterschiedlichen Eigenschaften der jeweiligen Produkte ergeben. So spricht man beispielsweise im Automarkt von Segmenten der Neu- oder Gebrauchtwagen. Diese Art einer produktspezifischen Untergliederung lässt sich auch auf die „Ware Kunst" anwenden. In dem folgenden Text soll dem-

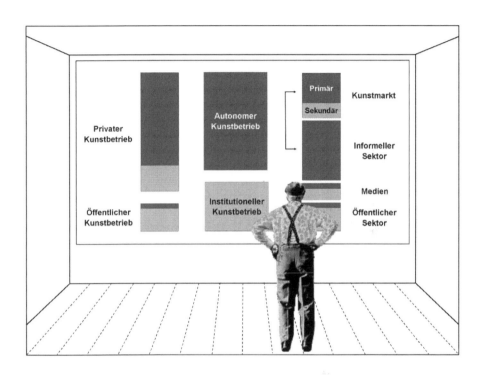

Drei Varianten
Digitaldruck auf Pappe, 2011

nach eine Marktaufteilung vorgestellt werden, die sich vergleichbar aus der Begrifflichkeit und Praxis der Finanz- und Kapitalmärkte übertragen lässt. Da sich jene spätestens seit Mitte der '80er Jahre der Begriffe „Primärmarkt" und „Sekundärmarkt" bedienen, soll diese Wortwahl trotz der von Christian Knebel und Dirk Böll beschriebenen Klassifizierungen auch hier übernommen werden. Der Grund für diese neue und alternative Differenzierung des Kunstmarktes ist der Versuch, ein angemesseneres Beschreibungsmodell zu formulieren, das einen inhaltlich höheren Erkenntniswert aufweist. Da das Modell auf werkspezifischen Eigenschaften beruht, lässt es nicht nur interessante Aussagen über unterschiedliche Verhaltensweisen im Kunstmarkt zu, sondern räumt auch dem wenig beachteten „informellen Kunstsektor" eine größere Bedeutung ein.

Durch die Vermittlerrollen der Galerien, Auktionshäuser und Messen werden Kunstwerke verkauft und landen nicht nur in privaten Händen, sondern auch im „öffentlichen Sektor", also in Sammlungen öffentlicher Behörden und Museen. Dieser staatliche Sektor umfasst in seiner Gesamtheit jegliche kunstbezogenen Tätigkeiten und Maßnahmen, die ausschließlich aus Mitteln der „öffentlichen Hand" finanziert werden. Dazu gehören Bildungseinrichtungen, Museen, Sammlungen und Fördermittel, die wiederum den öffentlichen Gremien und Behörden der politischen Institutionen unterstehen und somit unter den Aufgabenbereich der jeweiligen Kulturpolitik fallen. Zu diesem Gebiet politischer Entscheidungsinstanzen lassen sich einige relevante Publikationen nennen, doch hier sollen nur zwei erwähnt werden. Trotz eines enger gefassten Aktionskreises des Kunstbetriebes bieten die Publikationen „Kulturpolitik" von Max Fuchs und besonders das engagierte Werk „Der exzellente Kulturbetrieb" von Armin Klein interessante und wertvolle Hintergrundliteratur.

Neben dem Kunsthandel und dem öffentlichen Bereich besteht ein wichtiger Teil des zeitgenössischen Kunstbetriebes aus dem schon angesprochenen „informellen Kunstsektor". Dieser amorphe Aspekt des Kunstbetriebes wird durch seine lockeren Strukturen häufig als „alternativ" bezeichnet und beinhaltet gesellschaftskritische Formen der „autonomen" oder „freien" Kunstszene. Trotz geringer öffentlicher Wahrnehmung handelt es sich hier um einen größeren Teilnehmer- und Aktionskreis als den des offiziellen

Kunstgeschehens, denn der informelle Sektor setzt sich aus allen Kunstschaffenden, Kunstvereinen, kleinen kommerziellen oder von Künstlern betriebenen Galerien, sowie den unzähligen autarken Kunstaktionen und Ausstellungsprojekten zusammen. Charakteristisch für den informellen Sektor ist der Umstand, dass sämtliche Kunstprojekte auf autonomer und meist lokaler Basis beruhen und er nur bedingt mit den kommerziellen Praktiken des Kunsthandels verknüpft ist. Wie das Kunstwerk „Drei Varianten" andeutet, besteht jedoch eine besondere Verknüpfung zwischen dem informellen Kunstsektor und dem Primärmarkt des Kunsthandels.

Der vierte Sektor des Kunstbetriebes betrifft die Medien und Publizistik, ein wichtiger Bereich des Kunstsystems, der nur indirekt mit dem Kunsthandel und den anderen Sektoren verknüpft ist. Besonders die Medien spielen eine sehr bedeutende Rolle, da sie als zentrale Informationsquelle zur Transparenz des Systems und als Kritiker zu Qualitätsdebatte wichtige Beiträge leisten können. Die Bedeutung der Information und Wissensbildung ist schon mehrfach herausgehoben worden. Somit sind es die öffentlichen Bildungsmaßnahmen, aber auch die privaten Medien und Publizisten, die im Kunstbetrieb mit der Aufgabe betraut werden, die wesentlichen Grundlagen von Wissen und Kritik zu fördern, um den permanenten Dialog über Wesen und Sinn von Kunst herauszufordern und zu begleiten.

Die Ära der „Postmoderne" ist schon an einigen Stellen angesprochen worden und bietet in jeglicher Analyse des aktuellen Kunstbetriebes eine interessante Hintergrundkulisse. Künstlerisch ist die Entwicklung der Postmoderne beispielhaft anhand der „Appropriation Art" skizziert worden und entspricht in vieler Hinsicht den gesellschaftlichen und institutionellen Entwicklungen ihrer Zeitepoche. So sind die letzten 30 Jahre in besonderem Maße durch die neo-liberale Wirtschaftsentwicklung der Globalisierung gekennzeichnet, die sich in einer gewaltigen Kommerzialisierung sämtlicher Lebensbereiche widerspiegelt. Auch am Kunstbetrieb ist diese wirtschaftsorientierte Seh- und Denkweise nicht vorbeigegangen, wie die aufgezählten Publikationen sehr gut beschreiben. Doch die Postmoderne ist nicht nur gesellschaftlich von einer erhöhten kommerziellen Ausrichtung geprägt, sondern beschreibt gleichzeitig ein zweites Phänomen. Parallel zu den wirtschaftsbezogenen Entwicklungen entstanden Gegenbewegungen, die sich insbesondere durch eine Ablehnung traditioneller Institutionen auszeichnen.

So wird beispielsweise häufig über „Politikverdrossenheit" gesprochen, doch an Hinweisen fehlt es nicht, die aufzeigen, dass heute kaum weniger Menschen politisch aktiv sind, der Fokus ihres Engagements jedoch zunehmend in „neuen" Basisorganisationen zu finden ist, abseits der traditionellen Institutionen wie Parteien oder Kirche. Nicht nur das Phänomen der „Wutbürger" beschäftigt zunehmend die Schlagzeilen der Medien, auch die „Non-governmental Organisations" (NGOs), wie etwa Greenpeace oder Amnesty International können heutzutage weit mehr Mitglieder aufweisen als die großen Volksparteien.

Diese gesellschaftspolitischen Änderungen finden sich ebenso im Kunstbetrieb wieder. Gewisse Entwicklungen des informellen Kunstsektors lassen sich zwar der klassischen Moderne zuschreiben, doch besonders seit den 1980ern wird dieser autonome Aktionskreis durch seine steigende Größenordnung gekennzeichnet und entfaltete sich durch das Entstehen neuer Institutionen und programmatischer Vielfalt zu einem wichtigen Aspekt des zeitgenössischen Kunstgeschehens. Der kreative Pluralismus, symbolisiert durch das *Beuyssche* Konzept, dass jeder Mensch ein Künstler sein kann, prägt den Unterbau des heutigen Kunstbetriebes, auch wenn er von den traditionellen Institutionen gern ignoriert wird. Die Vielschichtigkeit und das hohe Maß an gesellschaftlicher Teilhabe bedeutet für das institutionelle Expertentum eine Herausforderung, sich permanent mit neuen und ungewohnten Thematiken befassen zu müssen, denn die unterschiedlichen Aspekte autonomer Kunstgestaltung lassen sich meist nur schwer in gängige wissenschaftliche Schablonen einordnen. Dabei bietet der informelle Sektor für Künstler und Betrachter ein sehr ausgeprägtes Spielfeld, das trotz großer Qualitätsschwankungen einen besonderen Nährboden für Kreativität und Innovation schafft, der in vielen etablierten Institutionen abhanden gekommen ist. Wenn also Kunstexperten in Akademien, Galerien und Museen oder Kulturverwalter, sich zeitgemäß den wirtschaftlichen Entwicklungen der Postmoderne verschreiben, dann dürfen sie konsequenterweise nicht die parallelen Strömungen des informellen Kunstsektors vernachlässigen. Sie verschließen sich dadurch nicht nur aktuellen gesellschaftlichen Veränderungsprozessen, sondern tragen durch ihre elitären und kommerziellen Auswahlstrategien zur Verbreitung einer Verdrossenheit gegenüber den Auswüchsen „institutioneller Kunst" bei.

9.2 Der Kunstmarkt

Anders als der gesamte Kunstbetrieb, bezieht sich der „Kunstmarkt" nur auf einen Teilbereich und diejenigen Handlungsträger, die sich mit dem Kauf und Verkauf von Kunst befassen. An veröffentlichten Berichten und Kommentaren über dieses Thema fehlt es nicht. Neben den Buchpublikationen sind besonders die Kunstzeitschriften und Feuilletonseiten der Zeitungen gefüllt mit Analysen des Kunstmarktes, wobei sich die sensationsgetriebene Berichterstattung meistens auf Exzesse gewisser Preisentwicklungen der Werke bekannter Künstler konzentriert und somit einen werkbezogenen Unterschied zwischen „Primärmarkt" und „Sekundärmarkt" vernachlässigt. Der Handelsplatz für Kunst ist um einiges vielschichtiger und komplexer als von vielen Analysten beschrieben. Auf den folgenden Seiten soll demnach eine alternative und differenziertere Betrachtung des Kunstmarktes vorgestellt werden.

9.2.1 Der Primärmarkt

Der geläufige Begriff eines „Primärmarktes" entstammt dem Bereich der Kapitalmärkte und bezeichnet solche Transaktionen, in denen nach einer Neuemission von Finanzprodukten, meistens Anleihen, die einzelnen Stücke unter Anlegern „platziert" werden. Während eines begrenzten Zeitraumes dürfen diese Anleihen nur an Investoren verkauft werden, wobei ein Weiterverkauf nicht gestattet ist. Der Primärmarkt zeichnet sich also dadurch aus, dass er nur „einmalige" Verkäufe zulässt. Nach Ende der Emissionszeit dürfen alle platzierten Anleihen auf dem „Sekundärmarkt" weiterverkauft werden, so dass ein regulärer Handel stattfinden kann. Warum ist dieser, aus den Finanzmärkten stammende, Unterschied ein wichtiges Merkmal, das sich auch auf den Kunstmarkt anwenden lässt?

Nach dem Muster des Kapitalmarktes werden im Primärsektor des Kunstmarktes nur Werke veräußert, die anschließend gar nicht oder nicht sofort weiterverkauft werden können; im Fachjargon spricht man in solchen Fällen auch von fehlender oder sehr geringer „Liquidität". Über diese Art des einmaligen Handels im Kunstmarkt gibt es keine offiziellen Statistiken. Doch auch wenn der gesamte monetäre Betrag dieser Käufe gering ausfallen mag, ist es sehr wahrscheinlich, dass die Anzahl der Transaktionen im Primär-

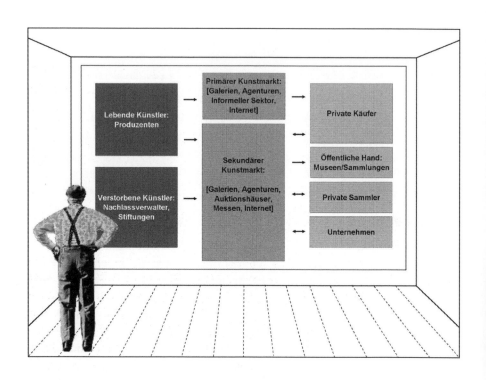

Ware Kunst
Digitaldruck auf Pappe, 2011

markt über denen des Sekundärmarktes liegt. Schließlich handelt es sich hier um Kunstkäufe von Werken, die von einer sehr breiten Schicht unbekannter Künstler produziert und von vielen Privatpersonen oder Firmen gekauft werden. Arbeiten unbekannter Künstler lassen sich durch die Vielzahl der kleinen privaten Galerien, Internetangebote, Agenturen, Künstlervereine und Produzentengalerien, die ein enormes Spektrum an Werken zeitgenössischer Kunst anbieten, erwerben. Wo immer Kunst zum Kauf angeboten wird und Käufe zustande kommen, muss von einem konkreten Teilbereich des gesamten Kunstmarktes gesprochen werden. Auch wenn die Geschäfte der großen Auktionshäuser spektakulärer sind, handelt es sich dort, wie in der kleinen Produzentengalerie, um genau dieselbe Transaktion, denn ein Werk wird für einen gewissen Preis ver- und gekauft. Unabhängig davon, ob Verkäufe auf gewerblicher Basis zustande kommen oder als Privatgeschäfte abgewickelt werden, handelt es sich im Primärmarkt fast ausschließlich um Kunstwerke, die keinen konkret definierbaren „Marktwert" aufweisen und somit weder von Auktionshäusern, noch den kommerziellen Galerien, zum Wiederverkauf angeboten werden können.

Bei den Käufern von Kunst im Primärsektor handelt es sich tatsächlich um den stereotypen Normalverbraucher, der entweder ein Werk für zu Hause oder vielleicht für sein Büro erwerben möchte. Er ist in der Regel an Kunst interessiert, doch das Maß seiner Kenntnisse variiert von Fall zu Fall. Das wichtigste Merkmal des Primärmarktes sind die Motive und Handlungsweisen dieses privaten Käufers. Da es sich hier ausschließlich um Kunst relativ unbekannter Künstler handelt, die keinen oder kaum einen Wiederverkaufswert besitzt, sind die Kaufmotive rein kunstbezogen. Egal ob es sich um eine Person oder ein Gewerbe handelt, Kunst wird im Primärmarkt weder als Investition, noch als Profilierungsobjekt gekauft. Für den Künstler bedeuten diese Käufe eine besondere Auszeichnung und Bestätigung, da sie rein aus Gründen einer normativen Qualitätseinschätzung zustande kommen.

Ein zweites interessantes Merkmal des Primärmarktes ergibt sich aus der Tatsache, dass eine geordnete Preisgestaltung unmöglich ist. Das grundlegende Problem liegt in der fehlenden Homogenität der Kunstwerke. Arbeiten eines Künstlers können so unterschiedlich sein, dass eine Festlegung ihres „Eigenwertes" sehr schwierig ist und Werke anderer Künstler kaum Vergleichsmöglichkeiten bieten. Jeder Künstler wird bestätigen, wie problematisch es aus diesen Gründen ist, Preise für seine Werke zu bestimmen, zumal es keine Anhaltspunkte dafür gibt, wie viel ein potentieller Käufer bereit ist, für ein Werk zu zahlen. Sogar die kommerziell ausgerichteten Galerien tun sich recht schwer auf diesem Gebiet und so kommt es bei der Preisfindung häufig zu Verhandlungen zwischen Vermittler und Käufer. Demzufolge lässt sich feststellen, dass der Primärmarkt als nachfragebetontes Segment bezeichnet werden kann, da spezifische Kaufinteressen durch die Dominanz des Gelegenheitskaufes kaum existieren. Die Marktposition des Anbieters ist meist zu unbedeutend, um Nachfrage und Preise diktieren zu können. Obwohl Künstler und ihre Vermittler gewisse Untergrenzen für Preise festlegen, wird der Primärmarkt eher von einer „ungeordneten" Nachfrage der Käufer bestimmt. Dies wirft die interessante Frage auf, inwieweit in diesem Marktsegment die Qualität von Kunstwerken über den Preis abgeleitet werden kann? In einem „ungeordneten" Markt, der durch seine heterogene Produktauswahl und eine Asymmetrie zu Gunsten der Käufer geprägt ist, sowie keine breite Preisgestaltung durch Wiederverkäufe zulässt, muss der Schluss gezogen werden, dass gezahlte Preise im Primärmarkt keinen Aufschluss über die Qualität der jeweiligen Werke bieten können.

9.2.2 Der Sekundärmarkt

Aus der Definition des Primärmarktes folgt, dass der Sekundärsektor des Kunstmarktes durch die „Wiederverkäuflichkeit" der dort gehandelten Werke bestimmt wird und somit ein höheres Maß an „Liquidität" gewährleistet werden kann. So lässt sich zwischen zwei Arten von Handel im Sekundärmarkt unterscheiden. Erstens gibt es den Markt für „klassische" Kunst, also ein Vertriebsgeschäft mit Werken verstorbener Künstler, die posthum einen gewissen Bekanntheitsgrad aufweisen. Es dreht sich hier um ein Geschäft, dass von kleinen lokalen bis zu den Topgalerien betrieben werden kann. Während sich die kleinen Galerien meistens auf den Verkauf von Grafik beschränken, werden die teuren Gemälde und Objekte größtenteils von den Topgalerien angeboten. Der Handel mit dem gesamten Spektrum der Kunst bekannter, aber verstorbener Künstler wird jedoch zu einem beträchtlichen Anteil von Auktionshäusern gehandhabt.

Der zweite Bereich des Sekundärsektors betrifft die Werke zeitgenössischer, also lebender Künstler und beschäftigt sich dementsprechend mit den besonderen Merkmalen des kommerziellen Kunstmarktes. Die Hauptakteure des Handelssegmentes zeitgenössischer Kunst im Sekundärmarkt sind fast ausschließlich die kommerziellen „Topgalerien" und die wenigen Stargalerien mit „Markennamen". Zusammen mit den Auktionshäusern dominieren sie den internationalen Handel der Werke einer eher geringen Zahl bekannter lebender Künstler. Der Sekundärmarkt besteht also im Verhältnis zum gesamten Kunstmarkt aus einer relativ kleinen Anzahl von Händlern und Vermittlern. Besonders die „branded galleries", die Handvoll der Galerien mit Markennamen, werden oft als Oligopolisten bezeichnet, eine kleine, aber mächtige Gruppe von Galeristen, die häufig mit Hilfe der großen Auktionshäuser den internationalen Topsektor des Kunstmarktes bestimmen.

Unabhängig von der Teilnehmerzahl weist das Sekundärsegment im Vergleich zum Primärmarkt besondere Merkmale auf. Ein Teil der Kunstwerke, die dort gehandelt werden, stammen von der geringen Zahl namhafter zeitgenössischer Künstler, die von ihrer Kunst einen Lebensunterhalt bestreiten können. Werke von *Gerhard Richter*, *Anselm Kiefer* oder *Neo Rauch* zeichnen sich alle durch einen hohen Grad an Wiederverkäuflichkeit und „Liquidität" aus, auch wenn es sich dabei um neue Arbeiten handelt, die in Ausstellungen erstmalig präsentiert und an Käufer „platziert" werden. Im Sekundärmarkt lässt sich eine Preisfestlegung der Werke bekannter Gegenwartskünstler meist aus den Ergebnissen vorhergegangener Auktionen ableiten. Somit spielen hier die Auktionshäuser eine ganz besondere Rolle, da sie anders als im Primärmarkt eine transparente Grundlage für die Preisgestaltung gewisser Kunstwerke bieten. Ein frisch auf den Markt gebrachtes Gemälde von *Neo Rauch* lässt sich also sehr viel einfacher mit einem Marktpreis versehen, als das eines unbekannten Künstlers, da dieser keine Wertgestaltung über die Auktionshäuser nachweisen kann.

Auch wenn das Grundproblem einer fehlenden Homogenität der Kunst im Sekundärmarkt nicht beseitigt werden kann, wird es durch die Möglichkeit der Wiederverkäufe und die daraus entstehenden Informationsquellen zur Preisgestaltung etwas aufgehoben. Die durch Auktionen bewirkte Transparenz sorgt dafür, dass im Vergleich zum Primärmarkt ein relativ „geordneter" Markt mit konkreten Angebot- und Nachfragepositionen möglich ist. Die Frage, inwieweit sich im Sekundärmarkt, anders als im Primärmarkt, die Qualität der gehandelten Kunstwerke über den Preis ableiten lässt, muss also erneut gestellt werden. Die Tatsache, dass veröffentliche Preise bei Auktionen gezahlt worden sind, weist erst einmal darauf hin, dass eine konkrete und „geordnete" Nachfrage für gewisse Werke zu bestimmten Preisen bestand. Wenn nun angenommen wird, dass Käufer ausschließlich aus Motiven des Kunstinteresses und der Suche nach Qualität handeln, wie es im Primärmarkt der Fall ist, dann wäre es tatsächlich möglich, eine Korrelation zwischen Qualität und Preis herzustellen. Doch sind solche Annahmen im Sekundärmarkt wirklich realistisch? Um dieser Frage nachzugehen, ist es notwendig, die Motive und Handlungen sowohl der Käufer, als auch der Vermittler genauer zu untersuchen.

Wenn ein Käufer ausschließlich aus dem Motiv des Kunstgenusses Werke kaufen möchte, dann kann er dies ungetrübt im Primärmarkt und dem unteren Sektor der kleinen Galerien tun. Die Vielfalt und Qualität in diesem „informellen Marktsektor" ist so ausgeprägt, dass jedem Käufer eine enorme Auswahl hochwertiger Kunst zur Verfügung steht. So stellt sich die Frage, warum sich Käufer, die etwas mehr Geld ausgeben können und wollen, an die größeren Topgalerien wenden? Ihr Kaufmotiv ist eben nicht nur durch einen wahren Kunstgenuss und eine reine werkbezogene Bewertung geprägt, sondern durch ihr Bedürfnis nach Status, Profilierung und der Suche nach Identität. Sie sehnen sich nach Bestätigung ihrer Persönlichkeit und gesellschaftlicher Anerkennung, indem sie sich mit der Materie Kunst umgeben. Besonders für reiche und vielleicht orientierungslose Personen bietet die Kunst einen genialen Weg aus der Banalität des Lebens und vermittelt der Außenwelt ein Menschenbild, das durch die Verknüpfung mit Kreativität und intellektuellen Gedankenspielen als „kulturell" hoch eingeschätzt wird. Nicht nur das Element einer gleichgeschalteten Gesinnung, Grundlage von Trends und Moden, sondern auch der gegensätzliche Aspekt des Rebellischen und die indirekte Assoziation mit den Skandalen und Widersprüchen der Kunst tragen zur Pflege eines „Images" bei. Eine Person, die viel Geld für Kunst ausgibt, umgibt sich gern mit dem alternativen und unabhängigen Lebensstil des Künstlers, dem Leben eines Bohémiens, auch wenn diese Assoziationen meist einem Selbstbetrug unterliegen.

Neben dem Motiv der Suche nach Identität, Status und einem Drang zur Profilierung kommt besonders bei dem wohlhabenden Käufer zusätzlich die Komponente des Investitionsgedankens und Spekulationstriebs dazu. So erwerben Käufer und Sammler nicht nur Werke bekannter, sondern auch Arbeiten von „noch nicht" bekannten Künstlern. Der Topsektor des Kunstmarktes handelt nicht nur mit Werken anerkannter Stars, sondern platziert auch Arbeiten junger und aufstrebender, von den Akademien stammenden Künstlern, die sich aus Sicht der Galeristen durch ihre „Vermarktungstauglichkeit" auszeichnen. Anders als im Primärmarkt, besteht die Arbeit der stark kommerziell geprägten Galerien darin, diese Jungkünstler durch effektive Vermarktung so schnell wie möglich in die Sekundärstufe der Wiederverkäuflichkeit ihrer Werke zu transportieren. Solche Spekulationsangebote, die sich mit dem Kauf eines jungen Rennpferdes vergleichen lassen, nehmen viele Käufer und Sammler dankbar wahr. Ebenso wie der Pferdebesitzer sich häufig an den Rennbahnen sehen lässt, werden besonders Sammler zu Schatten ihrer Schützlinge, indem sie auf jeder Vernissage oder Messe auftreten, um den potentiellen Ruhm ihrer Investitionsobjekte zu genießen. Selbstverständlich wäre es falsch, sämtlichen Käufern und Sammlern zu unterstellen, ihnen ginge es nur um Status und Gewinn, doch wie viele reiche Sammler suchen nach Qualität in lokalen Kunstvereinen oder kleinen Galerien? Wenn es ihnen wirklich nur um die Kunst per se ginge, würden sie dort trotz eines gewissen Aufwandes, der in einem wirtschaftlichen Sinne als „Transaktionskosten der Informationsbeschaffung" bezeichnet wird, für recht wenig Geld fündig werden. Gleichzeitig lieferten sie einen finanziellen Beitrag für diejenigen Künstler, die es zum „künstlerischen Überleben" notwendiger hätten.

Da bei dem Erwerb von Kunst im Sekundärmarkt die Motive des Käufers meist nicht auf werkgebundenen Kriterien, sondern auf exogenen Aspekten, wie Status und Spekulation beruhen, kann eine qualitätsorientierte Selektion auch in diesem Marktsegment nicht gewährleistet werden. Einige erfahrene Sammler mögen über breite und unabhängige Kunstkenntnisse verfügen, doch bei sehr vielen Käufern trifft das Gegenteil zu. So bekommt die „Beratung" der Galerien und gelegentlich sogar der Museen eine wichtige Bedeutung im Kaufprozess und spielt eine kritische Rolle in der Urteilsfindung des Käufers. Wie in der Finanzbranche, wird auch in der Kunstwelt der „Verkäufer" zum „Berater", ein Widerspruch, der berechtigte Zweifel an der Qualität der verkauften Produkte auslöst. Solange eine werkorientierte Beraterrolle des Galeristen mit seinen künstlerbezogenen Vermarktungstaktiken verwechselt wird, lassen sich kaum Schlüsse über die Qualität der zu verkaufenden Werke ziehen und somit auch keine Korrelation zwischen Qualität und Preisgestaltung herstellen. Nur weil durch gute Vermarktung die Werkpreise eines Künstlers steigen, bedeutet dies keinesfalls die sachliche Bestätigung eines hohen Qualitätsniveaus.

Die Grundidee der Vermarktungsstrategien kommerzieller Galerien besteht darin, „Hauskünstler" auszusuchen, um ihre Werke über Jahre hinweg auszustellen, auf Messen zu präsentieren und sie an Museen und Sammler zu vermitteln. Im Topsektor besteht das ursprüngliche Auswahlverfahren fast ausschließlich darin, Künstler entweder aus den Akademien oder den unbedeutenderen und meist lokalbezogenen „Basisgalerien" zu rekrutieren. Zu einer der wichtigsten Aufgaben des kommerziellen Galeristen gehört die Aufnahme wertvoller Kontakte und das Pflegen eines Netzwerkes mit anderen Galerien, Museen, Akademien, Publizisten und Kritikern. Auch wenn Galeristen über keine spezifische berufliche Ausbildung verfügen müssen, kann allgemein behauptet werden, dass ein kommunikativer Charakter, gewisse betriebswirtschaftliche Kenntnisse, eine „gute Nase" für zukünftige Trends und eine hohe Alkoholtoleranz wichtige Voraussetzungen für ihren Erfolg sind. Wenn die Auswahl an Hauskünstlern getroffen ist, gelten Geduld und Durchhaltevermögen als die wichtigsten Eigenschaften des Galeristen, denn mit Beständigkeit und Geschick lässt sich fast alles als „gute" Kunst vermarkten und verkaufen. Gewisse kreative und darstellerische Qualitäten der einzelnen Werke machen die Überzeugungsarbeit einfacher, doch wie aus der Thematik der Readymades zu erkennen ist, lassen sich aus fast jeder alltäglichen Banalität Konzepte entwickeln, auf denen eine effektive Vermarktung aufbauen kann.

Meistens steht bei den kommerziellen Vermarktungsstrategien nicht das Werk, sondern der Künstler im Vordergrund, seine Seriosität und Zielstrebigkeit. Der Topsektor des Sekundärmarktes ist geprägt von der Fähigkeit des Galeristen, Künstler so zu vermarkten und strategisch zu platzieren, dass die „Investitionen" in ihren Schützling nachhaltig Renditen abwerfen. Frühwerke eines Künstlers müssen erst die Prüfung der Kritiker überstehen. Doch da diese „Experten" häufig in einem Abhängigkeitsverhältnis zu den Topgalerien stehen, fehlt ihnen in der Regel die notwendige Rigorosität und Kompromisslosigkeit. Eine Überwindung dieser Kritikerhürde lässt sich somit durch geschicktes Handeln der Galerien bewerkstelligen, worauf der Weg in private Sammlungen und dann in ein Museum als nächstes Ziel angestrebt wird. Sobald einzelne Werke des Künstlers in Sammlungen oder in Museen strategisch platziert worden sind, wird die Vermarktung meist zum Selbstläufer, da die Marktposition des Künstlers automatisch höher getrieben wird und nun die Status- und Spekulationsmotive des Käufers besonders stark zur Geltung kommen. Wenn die langfristige Strategie des Galeristen durch die Vermarktung seiner Künstler sogar zur Entwicklung einer Mode oder einem Trend führt, dann bleibt der kommerzielle Erfolg nicht aus. Anders als der Primärmarkt, kann der Sekundärmarkt zeitgenössischer Kunst durch die enorme Bedeutung der taktischen Vermarktung als ein angebotbetontes Segment bezeichnet werden. Nicht der Kunde ist mehr König, sondern der Vermittler.

In den zitierten Publikationen werden die Prozesse kommerzieller Erfolgsstrategien zwar sehr gut und im Detail dargestellt, weniger jedoch die Problematik der Preisgestaltung. Grundsätzlich lässt sich der gesamte Handel zeitgenössischer Kunst als ein äußerst chaotischer und unregulierter Markt beschreiben. Wenn im Primärmarkt eine geordnete Preisgestaltung so gut wie unmöglich ist, dann liefern im Sekundärmarkt zwar Auktionspreise eine gewisse Grundlage, doch eine Reihe zusätzlicher Faktoren führen auch in diesem Segment zu enormen Verzerrungen. Dazu gehört auch der schon erwähnte Veblen Effekt, der bei Luxus- und Statusobjekten ein ungewöhnliches Nachfragewachstum bei steigenden Preisen beschreibt. Diese abnormale Verhaltensweise der Käufer, geprägt durch eine fehlerhafte Transparenz trotz veröffentlichter Auktionspreise und forciert durch die Vermarktungsstrategien der Galerien, führt automatisch zu abnormalen

Preisgestaltungen, die in Märkten normaler Güter nicht oder selten vorkommen. Außerordentliche und bizarre Preissteigerungen im Topsektor des Kunsthandels beruhen deswegen meistens auf „systemischen" Marktprozessen, die durch eine Verknüpfung individueller Charakteristika der „Ware Kunst" und den Regeln einer kapitalistisch ausgerichteten Wirtschaftsordnung herbeigeführt werden.

Zusätzlich zu den systemischen Mängeln des Sekundärmarktes in Hinsicht auf eine rationale Preisgestaltung wird immer wieder von Praktiken berichtet, die in einem geordneten, transparenten und regulierten Markt als illegal geahndet würden. Preisabsprachen und Preismanipulationen durch Stützkäufe sind zwar nicht die Regel des internationalen Sekundärmarktes, doch wie die Dokumentation „The Great Contemporary Art Bubble" des englischen Publizisten und Filmemachers Ben Lewis aufzeigt, lassen sich Handlungsstrategien nachweisen, die mit den gewinnorientierten Praktiken der Finanzmärkte vergleichbar sind. Großsammler, Topgaleristen wie Larry Gagosian oder Jay Joplin, sowie die bedeutenden Auktionshäuser Sotheby's und Christie's manipulierten nach den Recherchen von Ben Lewis mit kartellartigen Methoden Preise von Künstlern wie *Andy Warhol, Jeff Koons* oder *Damien Hirst*, um den Wert ihrer Bestände zu stützen. Die Verflechtung mit der Welt des Kapitals wird schon dadurch deutlich, dass zeitgleich mit der Finanzkrise 2008 auch eine Spekulationsblase im Topsektor des internationalen Kunstmarktes platzte. Besonders Werke amerikanischer, britischer, aber auch chinesischer Künstler erlitten erhebliche Wertverluste. Bei solchen Entwicklungen wird natürlich die Frage aufgeworfen, ob der Kunstmarkt, ähnlich wie die Produkt- oder Finanzmärkte, nicht auch stärker von öffentlichen Behörden reguliert werden sollte. Abgesehen von Betrug und dem Handel mit Fälschungen, gibt es momentan kaum Regeln, die spekulative und marktverzerrende Praktiken einschränken, denn im Gegensatz zu anderen Märkten gehört der Kunsthandel nicht zu den systemrelevanten Wirtschaftszweigen. Sollten durch enorme Preisnachlässe finanzielle Probleme auftreten, betrifft dies nicht die „Realwirtschaft", sondern nur die geringe Zahl wohlhabender Akteure des sekundären Kunstmarktes. Exorbitante Preisentwicklungen und marktfremde Praktiken mögen für den Laien befremdend wirken, doch sind sie nichts anderes als legitime Auswüchse eines abnormalen, unregulierten Marktes und können somit nur bedingt als schändlich gewertet werden.

9.2.3 Kunstmarkt und Gesellschaft

Im Rahmen des erweiterten Modells des „subjektiven Faktors" wurde argumentiert, dass die Qualitätsbeurteilung von Kunst durch Störelemente des „weißen Rauschens" beeinträchtigt wird. Zu diesem Rauschen gehört unter anderem die Anerkennung des Bekanntheitsgrades und der Marktposition des Künstlers als Gütesiegel für seine Werke. Durch eine hohe Korrelation zwischen Bekanntheit oder Marktposition und Preisentwicklungen, bietet besonders das institutionelle Expertentum eine kontroverse Handhabung von Qualität, indem Güte mit Preisniveau gleichgesetzt wird. Demzufolge regelt der Kunstmarkt nicht nur Produktion und Vertrieb, sondern setzt gleichzeitig Maßstäbe für Qualität. Experten, die tatsächlich diese Haltung vertreten, reihen sich bedingungslos in die Riege neoliberaler Befürworter eines ungezügelten Marktes und eines kapitalistisch geprägten Gedankengutes ein. Übertragen auf das erweiterte Modell des „subjektiven Faktors" bedeutet diese werkfremde Position, dass eine unabhängige Kunstbewertung von den weitgehend marktorientierten Akteuren des Kunstbetriebes nicht gewährleistet werden kann, da ihr Urteilsvermögen durch eine enge Ausrichtung auf Marktfaktoren und dem daraus folgenden „weißen Rauschen" eingeschränkt wird.

Die Problematik einer Qualitätsfindung im kommerziellen Kunstmarkt wirft eine Reihe interessanter Fragen auf, die sich auf einen breiteren Rahmen gesellschaftlicher Themen beziehen. Inwieweit nimmt der kommerzielle Kunstmarkt tatsächlich zentrale gesellschaftliche Funktionen wahr? Bieten die Entscheidungsprozesse des Marktes ausreichende Signale, um nachhaltiges Kulturerbe für zukünftige Generationen zu bestimmen? Das Zusammenspiel postmoderner Entwicklungen und der Kommerzialisierung des Sekundärmarktes bedeuten, dass Marktprozesse zunehmend die gesellschaftliche Rolle der Bestimmung von Kulturgütern einnehmen. Doch ist es nicht auch die Aufgabe demokratisch gewählter Politiker und ihrer Vertreter, sich diesen Themen zu widmen, besonders wenn Sammlungen von Kulturgütern aus öffentlichen Kassen bezahlt werden? Solche Fragen weisen darauf hin, dass durch die zunehmende Entwicklung der Institutionalisierung und den steigenden Stellenwert kommerzieller Interessen die Funktion des Kunstmarktes als Garant für Qualität zunehmend in Frage gestellt werden muss. Besonders der Topsektor des sekundären Kunstmarktes steht, wie im erweiterten Modell des „subjektiven Faktors" illustriert, verstärkt im Widerspruch zu einer unabhängigen werkspezifischen Qualitätsbeurteilung. Der aktuelle Einfluss des kapitalistisch geprägten Kunstmarktes auf die Bestimmung von Kulturgütern muss daher äußerst kritisch betrachtet werden.

Auch wenn die Bedeutung des Kunstmarktes als Gewährleistung für qualitätsbezogene Entscheidungsprozesse stetig fragwürdiger wird, liefern die Institutionen der privaten Galerien einen wichtigen gesellschaftlichen Beitrag als Bildungsträger. Im Gegensatz zu den öffentlichen Kunstmuseen können Besucher in ihren privaten Räumen Kunst genießen, ohne Eintrittsgebühren zu zahlen und bekommen dort in der Regel persönliche Einführungen in die aktuellen Ausstellungen. Der Kunstmarkt bietet durch die Galerien ein flächendeckendes Angebot, das interessierten Menschen ermöglicht, sich der Kunst zu nähern und sich intensiv mit dieser schwierigen Materie auseinanderzusetzen. Diese Bildungsfunktion leisten Galerien unabhängig davon, ob sie zu den kommerziellen Topgalerien oder den kleinen lokalen Künstlergalerien gehören. Obwohl der Kunstmarkt nur einen Teilbereich des Kunstbetriebes darstellt, leistet er demnach wichtige gesellschaftliche Basisarbeit zur Verbreitung und Förderung eines Verständnisses von Kunst.

Trotz seines wertvollen Bildungsangebotes bleibt der kommerzielle Kunstmarkt in erster Linie ein Verteilersystem, in dem über die Vermittler der Galerien und Auktionshäuser Kunst gekauft und gehandelt wird. Wenn auch die Mängel, Exzesse und fragwürdigen Praktiken, die besonders im sekundären Kunstmarkt auftreten, zu beklagen sind, gibt es kaum eine realistische Alternative dazu. Wie schon argumentiert, wäre eine staatliche Regulierung, wie sie etwa in der Finanzwelt notwendig ist, im Kunstmarkt nicht angebracht. Es ergibt sich dennoch die Frage, ob die öffentliche Hand, und somit der Steuerzahler die kommerziellen und häufig kunstfernen Verhaltensmuster des sekundären Kunstmarktes fördern muss? Dieser Aspekt soll später im Kontext des öffentlichen Kunstsektors aufgegriffen und genauer behandelt werden.

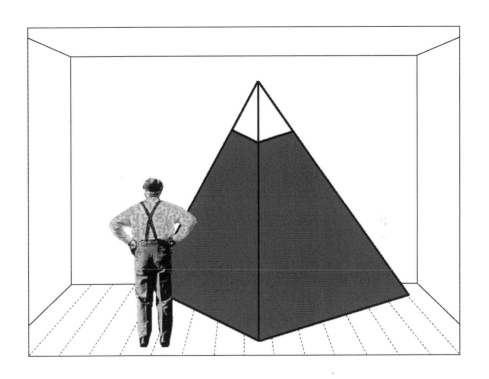

Spitze
Objekt, 2011

9.3 Der Informelle Kunstsektor

Nach den im Überblick dargelegten Bereichen des Kunstbetriebes zählt der „informelle Sektor" als kaum wahrgenommener, doch äußerst wichtiger Teil des gesamten Kunstgeschehens. Das Segment des „informellen Sektors" lässt sich grob als die Summe aller Aktionen beschreiben, die aus künstlerischen Eigeninitiativen entstehen. Sie sind geprägt durch ein hohes Maß an Autonomie, weisen also nur bedingt Schnittmengen zum Kunsthandel oder dem öffentlichen Sektor auf. Der wichtigste Aspekt dieses informellen Segments beruht auf der Tatsache, dass hier die Produktion und Selbstvermarktung aller unbekannten und aufstrebenden Künstler stattfindet. Demnach fällt der informelle Kunstsektor durch eine relativ hohe Teilnehmerzahl auf, da er die 96% der gesamten Künstlerschaft, die nicht von der Produktion ihrer Kunst leben kann, umfasst.

Das Kunstwerk „Spitze" unseres Hauskünstlers *Unbe Kant* illustriert deutlich den institutionellen Kunstbetrieb des Sekundärmarktes und der Museen im Verhältnis zum relativ ausgedehnten informellen Kunstsektor als die Spitze eines Eisberges. Der größere Teil des Kunstbetriebes wird durch das informelle Kunstgeschehen, die freie Kunstszene und den Primärmarkt geprägt. Er ist allgegenwärtig, doch scheint er in den überregionalen Medien, der Publizistik und auf dem Radarschirm politischer Entscheidungsträger kaum zu existieren. Um diesen „unbekannten" aber bedeutenden Aspekt des Kunstbetriebes und seine Merkmale zu beschreiben, wird auf den folgenden Seiten zwischen existierenden organisatorischen Strukturen und den vielen autonomen Initiativen differenziert.

9.3.1 Organisatorische Strukturen

Als „Selbsthilfeaktionen" bilden Künstler zunehmend private Organisationen, wobei die Künstlervereine und Produzentengalerien heute zu den wichtigsten informellen Institutionen gehören. Das Hauptmotiv solcher Organisationen ist das Beschaffen adäquater Räumlichkeiten, um Kunstwerke präsentieren zu können und Verkäufe zu ermöglichen. Es handelt sich bei den diversen Künstlerkollektiven fast immer um gemeinnützige Vereinsstrukturen, da diese organisatorische Form häufig Räume zu günstigeren Bedingungen bekommen und sie sich leichter mit Mitgliedsbeiträgen und Spenden finanzieren können. Zu den wichtigsten Künstlervereinen gehören neben den vielen lokalen Gruppierungen auch die beruflichen Verbände, die bundesweit vertretenen „Berufsverbände der bildenden Künstlerinnen und Künstler" (BBK). Zusätzlich formieren sich immer mehr Produzentengalerien, deren Strukturen recht vielseitig sein können. Die meisten Beispiele dieses Galerientypus werden privat betrieben und gehören der „klassischen" Form an, wobei Künstler sich Räume oder gelegentlich Ladeneinheiten mieten, um dort ihre eigenen Werke zu präsentieren und zum Kauf anzubieten. Eine neuere Variante verbreitete sich in den 1990ern und wurde unter dem Namen „artist galleries" besonders in England bekannt. In diesem Galeriemodell mieten sich Künstler Ladeneinheiten oder andere Räumlichkeiten, um nicht nur ihre, sondern auch die Werke anderer Künstler ausstellen zu können. Die Selbstvermarktung durch eigene Organisationen geschieht meistens aus einer finanziellen Notwendigkeit heraus, doch sehen viele Künstler diese Art der Öffentlichkeitsarbeit und Vertriebsmöglichkeiten auch als Kritik und Alternative zum rein kommerziellen Galeriebetrieb. Sie wahren so ihre künstlerische Autonomie, was bei vielen Abhängigkeitsverhältnissen zu kommerziellen Galerien nicht gewährleistet werden kann und erhalten somit auch einen größeren Anteil aus ihren Verkaufserlösen.

Wenngleich der Kommerz im informellen Sektor eher eine Nebenrolle spielt, bilden die Künstlervereine und Produzentengalerien, zusammen mit den kleinen lokalen Galerien und privaten Basisgalerien, eine Schnittmenge zum Kunsthandel. Da in diesem Segment fast nur Werke unbekannter Künstler verkauft werden, umfasst der informelle Sektor den größten Teil des Primärmarktes. Hier wird Kunst der Kunst wegen gekauft und nicht als Status- oder Investitionsobjekt. Der wenig ausgeprägte kommerzielle Aspekt zeigt sich in den Schätzungen, die besagen, dass etwa 80% aller Galerien entweder mit Verlusten oder an der Nullgrenze arbeiten. Dass dieses Ergebnis kaum auf den Sekundärmarkt zutrifft, liegt auf der Hand, also fällt der größte Teil aller Galerien im Primärmarkt unter diese 80%. Wie schon angedeutet, bedeutet dies nicht, dass wenig im primären Segment ver- und gekauft wird, sondern nur, dass die Transaktionssummen viel geringer als im Sekundärmarkt ausfallen. Für viele kleine Galerien und Agenturen, die sich im Primärmarkt tummeln, gelten meist andere Motive als das kommerzielle Gewinnstreben. So werden Galerien häufig von kunstinteressierten Personen eröffnet, weil sie die Nähe zu den Künstlern suchen und sie aus Freude an der Kunst und der Kommunikation, ähnlich wie die Künstler selber, bereit sind, monetäre Opfer zu leisten.

Wirtschaftliche Gesichtspunkte spielen im informellen Kunstsektor bei der Gestaltung von Ausstellungen nur eine geringe Rolle. Für die vielen Künstler und Betreiber autonomer Kunsträume werden Verkäufe meist als „Bonus" betrachtet, bieten also nicht das Hauptmotiv einer Ausstellung. Das Präsentieren von Werken, die Auseinandersetzung, öffentlicher Dialog und Kritik sind die wichtigsten Gründe für Ausstellungen, auch wenn diese häufig mit Kosten für die jeweiligen Künstler verbunden sind. Da kaufmännische Aspekte meist im Hintergrund bleiben, bietet der informelle Sektor einen fast grenzenlosen künstlerischen Handelsspielraum. Die wirtschaftlichen Sachzwänge, die häufig das Ausstellungsprogramm der kommerziellen Galerien prägen, existieren im informellen Sektor kaum und ermöglichen den Ausstellern in autonomen Kunsträumen Freiheiten, die ein breites Spektrum an Ausstellungsgestaltung mit einem hohen „Risikopotential" erlauben. Hier kann in besten Sinne „junge" Avantgarde-Kunst gezeigt werden, die eine kommerzielle Galerie aus finanziellen Gründen nur selten wagen würde und die deshalb auch von Kunstmuseen prinzipiell ignoriert wird. Diejenigen Ausstellungsbesucher, die sich tatsächlich mit neuer und engagierter Kunst beschäftigen möchten ohne dabei den Eintrittskosten der Museen oder Verkaufsgebärden der kommerziellen Galerien ausgesetzt zu sein, finden somit eine enorme Vielfalt an engagierter Kunst, von traditionellen Medien bis hin zur Konzeptkunst in den unterschiedlichen kleinen Kunsträumen des informellen Sektors.

9.3.2 Autonome Initiativen & Basisarbeit

Neben den strukturierten Aktivitäten der unabhängigen Kunsträume bietet der informelle Kunstsektor eine Vielzahl diverser Aktionen und Initiativen, die entweder von Künstlergruppen oder einzelnen Künstlern unternommen werden. In diesem Zusammenhang wird auch manchmal von einem „alternativen" Kunstsektor oder einer „freien Kunstszene" gesprochen. Typischerweise übernehmen Künstler leere Räumlichkeiten, um Performances und Ausstellungen zu gestalten, setzen Kunstprojekte in Schulen um oder nehmen an lokalen Kunstfesten oder Märkten teil. So bietet zum Beispiel die kleine Stadt Unkel am Rhein eine innovative Kunstveranstaltung unter dem Namen „Kunst in Unkler Höfen". Diese Aktion ist deswegen nennenswert, da Künstler der Einladung folgen, in Gärten und Höfen, die von privaten Eigentümern bereitgestellt werden, ihre Werke auszustellen. Solch eine Initiative greift in besonderer Art die kommunikativen und gesellschaftlichen Aspekte der Kunst auf, da sie die Öffentlichkeit, Künstler und engagierte Privatleute in einer kreativen Weise zusammenbringen. Ähnlich lobenswert ist das Engagement der Veranstalter des äußerst populären „LebensKunstMarktes", der jährlich im nahe gelegenen Ort Remagen stattfindet. Neben Musikveranstaltungen präsentieren Künstler und Kunsthandwerker ihre Werke in freistehenden Läden und Marktständen den etwa 40.000 Besuchern. Auch wenn die Qualität der gezeigten Werke sehr unterschiedlich ist, bietet dieses Ausstellungsformat eine besondere Nähe der Künstler zur Öffentlichkeit und eine Zusammenkunft mit Menschen, die im Alltag kaum mit Kunst in Berührung geraten.

Wenn in den offiziellen Kunsträumen die Betrachter zur Kunst kommen, dann kommt durch autonome Aktionen im informellen Sektor die Kunst zum Betrachter. Projekte dieser Art finden fast immer auf lokaler Ebene statt und werden meistens von ansässigen Künstlern initiiert. Somit entsteht eine direkte Kommunikationsgrundlage zwischen dem Künstler und seiner lokalen Umwelt. Der gesellschaftliche Wert dieser direkten „Basisarbeit" darf nicht unterschätzt werden, denn sie bedeutet einen wichtigen Beitrag zur gesellschaftlichen Funktion der Identitätsfindung und einer „kritischen Bildung". Grundsätzlich wird diese „kulturelle Basisarbeit" in den nationalen Medien, der Publizistik, der Politik und somit im offiziellen Kunstgeschehen so gut wie nicht wahrgenommen. Mit einer gewissen Arroganz wird fälschlicher Weise angenommen, auf lokaler Ebene tummeln sich fast ausschließlich Freizeitkünstler. Da nur eine geringe Anzahl junger Künstler direkt von den anerkannten Akademien in die kommerzielle Galerienlandschaft aufgenommen wird, bietet der informelle Sektor meist die erste und einzige Plattform für aufstrebende Künstler sich zu präsentieren. Natürlich liefert dieses Umfeld ein sehr breites Qualitätsspektrum, doch es bedeutet auch, dass die Vielzahl der autonomen Kunsträume in der Lage sind, für

Überraschungen und ein hohes qualitatives Niveau zu sorgen. Viele der lokal geprägten Ausstellungen und Projekte einzelner Künstler können mühelos mit der „institutionellen Kunst" von kommerziellen Galerien und Museen konkurrieren.

Abgesehen von den Projekten und Aktionen der Künstler zählen mittlerweile die Angebote alternativer Ausbildungsmöglichkeiten zu einem wesentlichen Bestandteil des informellen Sektors. Hier sind besonders zwei „Bildungsbereiche" hervorzuheben: die Erweiterung künstlerischer Techniken und die Schulung in der Selbstvermarktung. In privaten Räumlichkeiten bieten meistens etablierte Künstler ihren unerfahrenen Kollegen mit Kursen und Lehrgängen die Gelegenheit, sich technisch und kreativ weiter zu entwickeln. Das enorm breite Angebot reicht von Anfängerkursen für Hobbykünstler bis hin zu Meisterklassen für Künstler, die sich auf einem sehr hohen Niveau weiterbilden möchten. Dieses alternative Ausbildungsnetz spielt eine wichtige Rolle im informellen Kunstsektor, da es nicht nur für manche Personen die einzige Möglichkeit einer künstlerischen Bildung, sondern auch insgesamt eine gewisse Qualitätsgarantie bedeutet. Viele talentierte Künstler bevorzugen den eigenen Bildungsweg außerhalb der etablierten Akademien. Doch auf ihrer Suche nach einer individuellen Handschrift von Ausdruck und Technik nehmen sie häufig die Lern- und Kooperationsangebote erfahrener Künstler, die möglicherweise einen ähnlichen Werdegang hinter sich haben, in Anspruch. Somit leistet die alternative Ausbildung einen Beitrag zum zentralen Gedanken des autonomen Künstlerdaseins und dem Aspekt der Selbsthilfe außerhalb der formellen und etablierten Strukturen des Kunstbetriebes.

Neben der Vielzahl von Publikationen zur Meisterung künstlerischer Techniken findet man in den großen Handlungen für Künstlerbedarf auch ein zunehmend breites Angebot von Ratgebern zum Thema „Selbstvermarktung". Beispiele dazu liefern die Bücher „Selbstmanagement im Kunstbetrieb - Handbuch für Kunstschaffende" von Kathrein Weinhold und David Lindners „Von Kunst leben – Das Geheimnis des Erfolgs". Die interessante Studie „Selbstvermarktung von Künstlern: Grundlagen – Strategien – Praxis" von Marion Hirsch bestätigt, dass sich die offiziellen Kunsthochschulen mit diesem Fachgebiet noch sehr schwer tun und es somit als ein wichtiger Bildungsaspekt des informellen Kunstsektors zu betrachten ist.

Wie wichtig und relevant diese Publikationen und Kursangebote für aufstrebende Künstler auch sein mögen, es werden jedoch einige grundsätzliche Fragen kaum erörtert. Sie widmen sich fast ausschließlich den ökonomischen Aspekten künstlerischer Selbstvermarktung, ohne die kommerziellen Aspekte des Kunstbetriebes ernsthaft zu hinterfragen. Demnach wird die schwierige Thematik des Spannungsfelds zwischen künstlerischer Autonomie und institutionellen Sachzwänge selten angesprochen. Ebenso findet die Thematisierung künstlerischer Qualität kaum statt, obwohl gerade dieser Aspekt für die Bestimmung eines Alleinstellungsmerkmales von Bedeutung sein sollte. Abgesehen von guten Kenntnissen des Kunstbetriebes brauchen Künstler heutzutage gutes Grundwissen über vergangene und zeitgenössische Kunstentwicklungen, um ihre eigenen Arbeiten zumindest ansatzweise konzeptionell einordnen und ihre Besonderheiten herausheben zu können. Kommerzielle Vermarktungsstrategien mögen heute zweifellos notwendig sein, doch eine gute Selbstvermarktung des Künstlers muss in erster Linie auf der Vermittlung seiner eigenen künstlerischen Fähigkeiten beruhen, besonders im Vergleich zu dem, was aktuell an Alternativen angeboten wird.

Eine gesellschaftliche Funktion, die vom informellen Kunstsektor in besonderer Weise wahrgenommen wird und wenig Anerkennung findet, ist die Impulsgebung für wirtschaftliche Entwicklungen und Regeneration. Junge und aufstrebende Künstler leiden weltweit unter einem gemeinsamen Problem: Es fehlt ihnen an finanziellen Mitteln. Neben Wohnräumen und Lebensunterhalt benötigen sie Arbeitsmaterialien und meistens separate Ateliers. Bei geringen Einnahmen und notwendigen Materialkosten können sich Künstler meist nur in heruntergekommenen und verarmten Stadtteilen mit niedrigen Mieten niederlassen. Häufig entstehen somit Straßen oder Stadtviertel, die durch eine hohe Anzahl von ansässigen Künstlern und den damit verbundenen Renovierungen, kreativen Aktionen und Lebensstilen eine Aufwertung erfahren und Leute von außen anziehen. Bald machen die ersten Galerien auf, Einkaufsläden und Restaurants etablieren sich, so dass demzufolge auch die Mieten steigen. Sobald sich diese „Gentrifizierung" weit genug durchgesetzt hat, müssen die Künstler nach neuen und günstigeren Unterkünften suchen.

Dieser positive Regenerationseffekt lässt sich in vielen Großstädten nachvollziehen, wie die Entwicklungen im East End von London, in New York, und in Berlin zeigen. Der Prozess von Aufbau und Zerfall gewisser Künstlerviertel durch Gentrifizierung verläuft in den meisten Großstädten sehr ähnlich und wird in dem Buch „SoHo. The Rise and Fall of an Artists' Colony" von Richard Kostelanetz am Beispiel des New Yorker Stadtteils SoHo von den '70ern bis Ende der '90er sehr prägnant und detailliert beschrieben. Die Impulse für die Regeneration in den Großstädten mögen relativ leicht erkennbar sein, doch Künstler leisten solche Entwicklungsarbeit ebenso in kleineren Städten und ländlichen Kommunen. Sie tragen zu einer Belebung des kulturellen Angebotes bei und erhöhen die Attraktivität des Ortes, sowohl für dort wohnende und zuziehende Menschen, wie auch Touristen und Besucher. Der kulturelle und wirtschaftliche „Mehrwert", den Künstler leisten, wird selten von der Politik und Öffentlichkeit wahrgenommen, geschweige denn in Form von finanzieller Unterstützung honoriert.

Den meisten Künstlern des informellen Kunstsektors mag ein „Aufstieg" in die höheren Ebenen des Kunstbetriebes verwährt bleiben, doch es gibt natürlich immer Ausnahmen. Zu den spektakulärsten Fällen in jüngerer Geschichte zählt das Emporsteigen der Young British Artists (YBAs) als Ergebnis einer 1988 selbstinitiierten Ausstellung unter dem Titel „Freeze". Künstler der Kunstakademie des Londoner „Goldsmith College" präsentierten ihre Werke in alten, verlassenen Lagerhallen im Londoner East End Distrikt von Greenwich. Die Aktion wurde nicht nur durch die Anwesenheit des britischen Fernsehsenders BBC zum Medienevent, sondern überzeugte auch den Kunstsammler Charles Saatchi, die Gruppe der Aussteller in großem Stil zu fördern und sie in seine Sammlung aufzunehmen. Der Erfolg dieser alternativen Ausstellung wurde zum Muster für folgende Kunstgenerationen und einer Verbreitung unabhängiger Strukturen und Organisationen, wie die der Produzentengalerie. Auch wenn die autonome Selbstvermarktung der Künstler an sich keine Neuigkeit darstellte, wuchs besonders seit den '80ern eine bemerkenswerte, von Künstlern in Eigenregie gestaltete, Gegenbewegung zum kommerziell geprägten Kunstmarkt und Museumsgeschehen. Die traditionellen und separaten Rollen des Künstlers, Galeristen und Kurators lösten sich auf und verschmolzen zu einer neuen

Form kreativer Kunstarbeit. Im Einklang mit der Entwicklung der Postmoderne und Globalisierung, einer Kritik an veralteten Strukturen und einer Pluralisierung in der Kunst, wuchs der informelle Kunstsektor zu einem wesentlichen Teil des Kunstbetriebes heran.

9.4 Die Medien: Information & Kritik

Information liefert den Sauerstoff für eine lebendige Kunstwelt. Doch gerade weil sie eine so zentrale Rolle spielt, sollte zwischen zwei verschiedenen Quellen unterschieden werden, der Publizistik und den Medien. Veröffentlichungen in Buchform bieten eine besonders detaillierte und häufig wissenschaftlich fundierte Grundlage für das Sammeln von Wissen und Kenntnissen, Aspekte, die schon in vorherigen Kapiteln als wichtige Basis einer Auseinandersetzung mit Kunst beschrieben worden sind. Publikationen entstehen in den diversen Sektoren des Kunstbetriebes, die wichtigsten davon bieten die Kataloge der privaten Galerien und Museen, sowie die Forschungsarbeiten der verschiedenen Bildungseinrichtungen und der freien Publizisten des informellen Kunstsektors. Neben diesen meist seriösen Veröffentlichungen bietet die Presse und andere Medien eine Vielzahl an Informationen, die sich wiederum in drei Bereiche aufteilen lässt, die Werbung, die Berichterstattung und die Kunstkritik. Um dem Thema der Medien eine Struktur zu verleihen, scheint es sinnvoll, die verschiedenen Informationsaspekte vorerst in Form ihrer Gestaltung als Printmedien und digitale Medien separat zu untersuchen.

9.4.1 Printmedien

Als Flaggschiff der Printmedien gelten die Tages- und Wochenzeitungen, die durch Ankündigungen, Berichte, Pressestimmen und Kommentare auf ihren Feuilletonseiten der Kunst einen sehr bedeutenden Dienst erweisen. Zu den wichtigsten Aufgaben dieser Dienstleistung gehören die Ankündigungen von Ausstellungen oder Auktionen, ein Angebot, das dem Kunstfreund die notwendige Information bietet, wann und wo Kunst zu sehen ist. Da Zeitungen ihre Ausstellungskalender für die Kunsträume meist kostenlos zusammenstellen und drucken, lässt sich diese Praxis nur indirekt als Werbefunktion bezeichnen. Zum zweiten Aufgabenbereich der Zeitungen gehört die Berichterstattung und Kunstkritik. Hier handeln die Printmedien sehr selektiv, je nachdem, ob es sich um lokale oder nationale Zeitungen handelt. Wenn auch gelegentlich finanzielle Aspekte die Auswahlkriterien der Redakteure beeinflussen, bieten die unzähligen Berichte in den lokalen „Blättchen" einen sehr wertvollen Beitrag zum kreativen Schaffen und Wirken im informellen Kunstsektor. Es sind jedoch die regionalen und nationalen Zeitungen, die sich nicht nur durch Berichterstattung, sondern auch durch eine aktive Kunstkritik hervorheben möchten. Dabei ist zu beachten, dass sich diese Medien nahezu ausschließlich am Topsektor des kommerziellen Kunstmarktes orientieren und fast nur über Auktionen und Ausstellungen in Großgalerien oder Museen berichten.

Ein zweiter Sektor der Printmedien wird durch die wachsende Zahl der Kunstzeitschriften und Magazine abgedeckt. Diese sprechen nicht nur verschiedene Leserschaften an, sondern bieten auch unterschiedliche Prioritäten in der Berichterstattung. So lassen sich „Art - Das Kunstmagazin" oder „Artist" als generelle Zeitschriften nennen, die sich mit den Entwicklungen zeitgenössischer Kunst beschäftigen. Ähnlich wie die nationalen Zeitungen leiden diese Publikationen auch unter einer starken Ausrichtung auf etablierte Kunst und den sekundären Kunsthandel. Sie tragen somit vielmehr zu einer unkritischen und elitären Sichtweise der Kunstszene bei, indem sie den bedeutenden informellen Sektor so gut wie ausblenden. Dadurch dass sich die Zeitschriften teilweise durch Annoncen der Galerien und Museen finanzieren, dienen ihre glänzenden Seiten größtenteils als Werbeträger des kommerziell ausgerichteten Kunstmarktes. Anders verhalten sich die vielen Fachzeitschriften, wie etwa das Magazin „atelier", die sich zwar auch privat durch Annoncen finanzieren müssen, sich jedoch weitgehend auf die Belange der Künstler konzentrieren und somit eher einen Beitrag zur Kunstproduktion, als zum Verkauf leisten. In Magazinen dieser Art werden sowohl technische Arbeitsmethoden und Mittel besprochen, als auch wichtige Informationen zu Ausstellungen, Bedingungen und Terminen von Kunstpreisen, Kunstwettbewerben und Kunststipendien veröffentlicht. Im Gegensatz zu den rein marktorientierten Zeitschriften bietet die Fachliteratur wichtige Hinweise für eine breite Künstlerschaft und für alle kunstinteressierten Leser.

9.4.2 Digitale Medien

Das geschriebene Wort hat schon seit langem das gesprochene Wort als Konkurrenz, eine Entwicklung, die sich natürlich auch in der Berichterstattung und Analyse des Kunstbetriebes widerspiegelt. Somit bieten die öffentlichen Radiosender in ihren Kunst- und Kultursendungen meist hochwertige Beiträge, auch wenn sie gelegentlich vom großen Bruder, dem Fernsehen, überschattet werden. Besonders regionale, aber auch die überregionalen Sender zeichnen sich dadurch aus, dass sie eher über lokale Kunstaktionen berichten, als etwa die nationalen Zeitungen. Durch diesen wertvollen Beitrag zur Vermittlung aktueller Kunstentwicklungen nehmen sie in hohem Maße ihre Aufgabe als öffentlichen Bildungsträger wahr.

Zu einem zentralen Informationsmedium hat sich über die Jahre das Internet entwickelt. Da es durch die enorme Zahl der Nutzer eine sehr breite Informationsquelle mit „unabhängigen" Beiträgen bietet, nehmen sämtliche professionelle Akteure des Kunstbetriebes mittlerweile die Möglichkeiten des Internets wahr. So entwickeln Künstler, Galerien, Museen und Auktionshäuser ihre Webseiten, um auf sich aufmerksam zu machen und ihre Online-Dienste anzubieten. Fast alle Printmedien, wie auch die Radio- und Fernsehanstalten, sind inzwischen mit eigenen Webseiten im Internet vertreten. Texte, Podcasts und Filme können den kunstinteressierten Internetnutzern zur Verfügung gestellt werden und sprechen Gruppen der Gesellschaft an, die mit traditionellen Medien kaum zu erreichen sind. Obwohl das Internet Aspekte kommerzieller Werbung aufweist, lässt es sich prinzipiell als „informeller Sektor" bezeichnen, als Forum, in dem alle Nutzer unabhängig von ihren Hintergründen miteinander kommunizieren und sich austauschen können. Ein interessanter Bereich des Internets in Bezug auf den informellen Kunstsektor sind die zunehmenden lokalen Kunstportale und digitalen Vernetzungsprojekte. Auf diesen Webseiten werden Künstler vorgestellt, Ausstellungen angekündigt und Kunsträume aufgeführt. Nicht nur das Kommunikationsmedium E-Mail, sondern auch derartige Internetportale ermöglichen den spektakulären Wandel und Pluralismus im Kunstgeschehen. Das Internet ist zu einem elementaren Vernetzungsmedium geworden und bietet somit das passende Bindemittel und den Gestaltungsrahmen des informellen Kunstsektors.

9.4.3 Kritik oder Werbung?

Der Begriff „Kritik" bedeutet „begründete Aussage" und ist verwandt mit dem Wort „Kriterium". Diese Beschreibung deutet auf zwei wichtige Aspekte hin, eine sachliche Auseinandersetzung, sowie eine Anerkennung gewisser Eigenschaften oder Merkmale, die für Qualitätsbewertungen herangezogen werden können. Die Kritik spielt eine zentrale Rolle in der Kunst, doch da sie in ihrer Aufgabe als Bewertungsinstanz an Sachlichkeit und Unabhängigkeit gebunden ist, muss sie ständig selber kritisch untersucht werden. Das Thema der Kunstkritik wird in der aktuellen Publizistik recht detailliert behandelt, wobei sich ein Konsens der „Kritikerkritiker" breit macht, dass durch die zunehmende Ökonomisierung des sekundären Kunstmarktes die Kunstkritik sich immer mehr zu einem Werbepartner von Künstlern, Sammlern, Galerien, Auktionshäuser und Museen entwickelt. Die Kunstkritik ist mittlerweile soweit in die Zwänge und Verhaltensnormen wirtschaftlicher Interessen eingebunden, dass eine uneingeschränkte Beurteilung nur noch bedingt möglich ist. Dazu kommt, dass freischaffende Journalisten und Kritiker immer häufiger als Autoren für Kataloge in Museen eingesetzt werden und sogar als Kuratoren für größere Ausstellungen auftreten. Diese Verknüpfung mit dem Tagesgeschäft der Betreiber von Kunsträumen ist sehr heikel, da sie die notwendige Unabhängigkeit der Kritik einschränkt und sich Kritiker zunehmend als integraler Bestandteil des „institutionellen Kunstbetriebes" einordnen. Diese mit Vorwürfen behafteten Argumente betreffen jedoch nur die Pressekritiken der nationalen Medien, die sich fast ausschließlich an den kommerziellen Aspekten des Kunstmarktes orientieren. Für Artikel in den Feuilletonseiten oder lokalen Teilen der regionalen Zeitungen trifft der Vorwurf einer fehlenden Unabhängigkeit und gewisser Interessenskonflikte weit weniger oder gar nicht zu, da ihre Berichterstattung und Kritik sich meist auf den informellen Kunstsektor bezieht und wirtschaftliche Verflechtungen in diesem Segment kaum eine Rolle spielen.

Abgesehen von der Problematik ökonomischer Abhängigkeiten leidet die Kritik unter generellen Sachzwängen, die sich nicht nur auf das Thema Kunst beziehen, sich jedoch auch in diesem Bereich bemerkbar machen. Ein Sachverhalt, der die Qualität der Kunstkritik negativ beeinflusst, ist der stetig knapper werdende Zeitrahmen, in dem Journalisten arbeiten müssen.

Dies führt zu einem erstaunlichen Grad an Kopierung und einer Ausrichtung an bereits veröffentlichten Kommentaren und Positionen. Dieses mediale Herdenverhalten bedeutet in erster Linie, dass Hybris und Klischees zur Norm der Berichterstattung werden und die Kunst weniger als „geistiges Gut" wahrgenommen, sondern zum Celebrity Event entwertet wird. Verloren geht die wichtigste Aufgabe der Kritik, die differenzierte Auseinandersetzung und die Entfaltung einer eigenen, unabhängigen Stimme. Wenn die Kunstkritik auf Grund systemischer und wirtschaftlich geprägter Sachzwänge zunehmend ihre zentrale Rolle als Motor für Dialog und Streit aufgibt, wäre dies nicht nur ein schwerwiegender Verlust für die Kunst, sondern auch für eine lebendige Gesellschaft.

Im Zusammenhang mit dem im Vorfeld entwickelten Modell des „subjektiven Faktors" ist die Position eingenommen worden, dass die Qualitätsbewertung auf Basis einer rein kunstspezifischen Analyse und einer kritischen Auseinandersetzung möglich ist, jedoch durch gewisse „Störfaktoren" eingeschränkt werden kann. Da die Problematik des „weißen Rauschens" auch auf die Journalisten und Kritiker der Feuilletons nationaler Zeitungen zutrifft, die sich mehr der Sensation und dem Hype verschreiben, als dem Aufspüren hochwertiger Kunst, lassen sie sich größtenteils zum „institutionellen Expertentum" einordnen. Fehlende Unabhängigkeit, Transparenz und Streitlust der Kunstkritiker führt zu einer verkümmerten Auseinandersetzung und somit zu einer unvollständigen und oberflächlichen Bewertung von Kunst. Wenn die Möglichkeit einer qualitativ minderwertigen Kunst nicht mehr von Kritikern wahrgenommen werden kann, dann lässt sich kaum mehr von Kritik sprechen, sondern von einer Lobhudelei, die sich zu einer Werbeaktion der kommerziellen Kunstindustrie entwickelt. So beklagt etwa der Publizist Hanno Rauterberg das Fehlen einer effektiven Kritik und fordert deswegen die Gründung einer Akademie für Kunstkritik, um die Einflüsse der ökonomisch geprägten Störfaktoren einzuschränken. Dieser anregende Vorschlag beruht auf der Position, dass nur eine unabhängige und werkbezogene Kunstkritik den hohen gesellschaftlichen Stellenwert einnehmen kann, der ihr systembedingt zusteht. Ähnlich wie der autonome Künstler, kann der Journalist und Kunstkritiker als „autonomer Experte" auftreten, sein Recht auf Meinungsfreiheit wahrnehmen und den Mut aufbringen, einer bedingungslosen und „einsamen Stimme" freien Lauf zu lassen.

9.5 Der Öffentliche Kunstsektor

Die schon besprochenen Teilbereiche des Kunstbetriebes, bestehend aus dem Kunstmarkt, dem informellen Kunstsektor und den Medien, lassen sich insgesamt als „private" Segmente beschreiben. Auch wenn sie Berührungspunkte mit staatlichen Institutionen pflegen, beruhen diese Sektoren ausschließlich auf persönlichem Engagement und Eigeninitiative. Der „öffentliche" Kunstsektor dagegen besteht nur aus staatlich legitimierten Projekten und Organisationen und wird weitgehend aus Steuergeldern finanziert. Die wichtigsten Strukturen in diesem Sektor sind die Bildungseinrichtungen, die Vergabestellen für kulturelle Fördermittel, die Kunstmuseen und die politischen Instanzen, die als zentrale Entscheidungsträger den öffentlichen Kunstsektor grundlegend definieren und mitgestalten.

9.5.1 Bildungseinrichtungen

Durch den Föderalismus in der Bundesrepublik ist die Gestaltung und Finanzierung von Bildung ein sehr komplexes Thema, da viele Entscheidungen auf Landesebene getroffen und die Arbeitsgebiete Bildung und Kultur nicht immer unter gemeinsamer Leitung geführt werden. Deswegen sind im Rahmen einer breiten Kulturpolitik nicht nur die finanziellen Hintergründe von Bedeutung, sondern auch Fragen der Aufgabenbereiche und ihrer Ausführung. Prinzipiell muss im Bereich der Kunst zwischen den Pflichten der Schulen und der Fachausbildung in den Akademien unterschieden werden.

Wenn die gesellschaftliche Funktion der Kunst als Mittel für „kritische Bildung" ernst genommen wird, dann darf das Schulfach Kunst nicht fehlen. Natürlich geht es hierbei nicht um die Aufgabe, junge Künstler heranzuziehen, sondern um Freude am Gestalten und an der kreativen Auseinandersetzung zu wecken. Besonders in einer Zeit, die durch Computer, Fernsehen und Videospiele von einer Fülle visueller Eindrücke geprägt ist, kann die Kunst durch ihren Anspruch auf Aufmerksamkeit und kritischer Beschäftigung einen wertvollen pädagogischen Beitrag leisten. Die Aufgabe der Schulen besteht weniger aus dem „Lernen" kunstbezogener Fakten, als aus dem Fördern von Neugier und der Erkenntnis, dass die Kunst Ausdrucksformen für persönliche und gesellschaftliche Belange bieten kann. Die Kunst liefert Möglichkeiten, als aktiver Künstler oder in der passiveren Position des Betrachters, sich mit unzähligen Themen und gesellschaftlichen Problemen zu beschäftigen, um somit als geistiges Transportmittel die reale Welt zu erleben und mitzugestalten. Eine gute Schulausbildung sollte vermitteln, wie man sich über das Thema Kunst weiter informieren kann, wo Kunst zu sehen ist, und welche gesellschaftliche Rolle die „narrenfreien" Räume der Galerien und Museen einnehmen.

Während Schulen eine recht breit gefächerte pädagogische Aufgabe erfüllen sollen, bieten die Kunsthochschulen und Akademien ein eher limitiertes Lernprogramm, da sie sich lediglich auf die professionelle Ausbildung angehender Künstler beschränken. Das berühmte Bauhaus der 1920er liefert wohl die konkreteste Aufgabenstellung der Ausbildung als Künstler, eine Synthese aus technischer Fertigkeit und dem schöpferischen Prozess kreativer Gestaltung. Die Grundlage für eine gute Kunstausbildung besteht darin, Eigenständigkeit, Experimentierfreude und permanentes Hinterfragen anzuregen.

Neben dem Lehrprogramm der Kunsthochschulen spielen jedoch auch die kunsthistorischen Fakultäten eine bedeutende Rolle im Kunstbetrieb, da sie sämtliche Entwicklungen der Kunst dokumentieren und analysieren. Ihre Forschungsarbeit trägt nicht nur zur Bildung bei, sondern auch zur Definition und Bewertung von Kunst als öffentlichem Kulturgut. Sowohl die Kunsthochschulen, wie auch die kunsthistorischen Institute, sind nicht nur verpflichtet, über Qualität zu urteilen, sondern diesen Dialog auch in die breite Gesellschaft zu tragen. Lässt sich demnach im 21. Jahrhundert noch weiterhin ein elitäres und intransparentes Verhalten der Kunsthochburgen vertreten? Zu dieser Frage gibt es ein interessantes Gerichtsurteil von 2010, in dem die Städelschule in Frankfurt vom Landesgericht aufgefordert wurde, jegliche Ablehnung der Bewerbungen für ihre Kunststudiengänge mit qualitätsbezogenen Argumenten zu begründen. Aus jenem Urteil folgt, dass es für die öffentlichen Einrichtungen der Akademien nicht ausreicht, sich hinter einem undefinierbaren Expertenbegriff zu verschanzen, sondern dass sie in der Lage sein müssen, konkrete Aussagen über Qualität in der Kunst formulieren zu können. Dieses gerichtliche Urteil bestätigt in interessanter Weise die in Teil II dieses Textes vertretene These, dass eine Qualitätsdebatte nicht nur möglich, sondern auch notwendig ist.

Wie im Gesamtbild des Kunstbetriebes aufgezeichnet wurde, lassen sich Schnittmengen zwischen dem öffentlichen Sektor und dem Kunsthandel feststellen. Darunter fallen auch die Bildungseinrichtungen der anerkannten Kunstakademien, die besonders mit dem Topsektor des Kunstmarktes eine enge Verflechtung pflegen. Dieses Netzwerk entsteht aus der gängigen Praxis, Professuren der Akademien an etablierte Künstler zu vergeben, wobei häufig ihre kommerzielle Marktposition eine wichtigere Rolle als ihre künstlerischen und pädagogischen Qualitäten spielt. Durch die enge Verknüpfung der Akademien zu den Topgalerien und den Kunstmuseen werden sie weitgehend als wichtige Komponente des „institutionellen Kunstbetriebes" betrachtet. Hochschullehrer schlagen den Galerien ihre Schützlinge als neue „shooting stars" vor und bekommen im Gegenzug immer mal Gutachten und Texte für Ausstellungskataloge zugeschanzt. Verbindungen dieser Art werden auch gern zu den Museen gepflegt, damit ein reger Austausch unter „Freunden" stattfindet, der zur Teilnahme an diversen Ausstellungsprojekten oder Ankäufen von Werken führen kann. Es besteht kein Zweifel darüber, dass in den Bildungsinstitutionen stets eigenständige Stimmen zu hören sind, doch insgesamt fördern die öffentlichen Hochschulen ein „institutionelles Expertentum", dem häufig eine zu erwartende Unabhängigkeit gegenüber den Vermarktungsprozessen des kommerziellen Sekundärmarktes fehlt und das somit auch nicht die gewünschte Vorreiterrolle in einer offenen und autonomen Qualitätsdiskussion einnimmt.

In jeglicher Debatte über Kunstpädagogik stellt sich grundsätzlich die Frage, inwieweit Schulen und Akademien tatsächlich ihrer gesellschaftlichen Funktion einer „kritischen Bildung" gerecht werden. Wenngleich dies von Fall zu Fall beurteilt werden muss, bietet die Umsetzung einer „angewandten Kritik" in der Bildung Grund für Skepsis. In welchem Maße sind staatliche Instanzen und Strukturen tatsächlich bereit, kritische Positionen der Jugendlichen zu fördern und ihnen zu ihrer eigenen Stimme zu verhelfen? Inwieweit duldet die politische Klasse in ihrem Korsett des existierenden Parteiensystems echte Mündigkeit und Mitsprache der Bürger? Wünscht sich die Politik tatsächlich eine interessierte und unabhängige Wählerschaft? In welchem Umfang fördert die Bildung eine differenzierte und kritische Haltung gegenüber politischen Prozessen und wirtschaftlichen Sachzwängen? Wenn sich die Kunst auch nicht unbedingt an tagespolitischen Themen orientiert, spricht sie durch ihre intensive Beschäftigung mit unterschiedlichen Sehweisen und Fragestellungen auch immer gesellschaftliche und „politische" Aspekte aus alternativen Perspektiven an. Dass öffentliche Bildungseinrichtungen einen „Lehrauftrag" ausführen wird also nicht bezweifelt, doch ob sie insgesamt der gesellschaftlichen Funktion einer breit gefächerten interdisziplinären, analytischen und kritischen Bildung gerecht werden, ist fragwürdig.

9.5.2 Kulturelle Fördermittel

Neben der Unterhaltung diverser Bildungseinrichtungen weist die staatliche Unterstützung der Kunst ein zweites Standbein auf, die Vergabe von Fördermitteln. Die Legitimierung dieser Mittel ergibt sich aus der Analyse der Kunst als „Gemeingut", also der Tatsache, dass der freie Kunstmarkt nicht in der Lage ist, die gegenwärtigen gesellschaftlichen Aufgaben und Ansprüche an die Kunst alleine zu meistern. Prinzipiell lassen sich die öffentlichen kulturellen Fördermittel in zwei Arten aufteilen: die direkten und indirekten Zuschüsse.

Die „direkten" Fördermittel bestehen meistens aus Stipendien und konkreten Zahlungen, um eine Fortbildung zu ermöglichen, bestimmte Kunstprojekte auszuführen und Ankäufe tätigen zu können. Diese Fördergelder werden auf allen Ebenen vom Bund bis zu den Gemeinden und Städten bereitgestellt, um an zeitlich- und themengebundene Projekte verteilt zu werden. Bei diesen Zuwendungen kommt im Idealfall das gesamte föderale System zum Tragen und begünstigt nicht nur die wenigen bekannten Künstler, sondern auch viele lokale Initiativen, Projekte und Wettbewerbe. So können sich nicht nur einzelne Künstler um finanzielle Unterstützung bewerben, sondern auch Organisationen, wie Künstlergruppen und Kunstvereine. Wenngleich die direkten Fördermittel dauerhafte Anreize für künstlerische Innovation und Kreativität bieten, leidet dieser wertvolle Aspekt der Kulturpolitik daran, dass er im Rahmen der gesamten Ausgaben sehr gering ausfällt und häufig mit einem hohen bürokratischen Aufwand verknüpft ist. Dazu kommt, dass Ausgaben in Bildungseinrichtungen und Museen soweit gebunden sind, dass im Falle knapper Budgets bei den ohnehin schon geringen Fördermitteln am ehesten eingespart werden kann.

Zu den „indirekten" Mitteln gehören sowohl Transferleistungen, wie etwa die staatliche Bezuschussung der Künstlersozialkasse, als auch eine Reihe steuerlicher Erleichterungen. Zu den wichtigsten dieser Vergünstigungen zählt die Ermäßigung des Mehrwertsteuersatzes auf Käufe von Kunstwerken, wobei Anomalien auftreten können, wenn beispielsweise Fotografien und Digitalkunstwerke von den reduzierten Steuersätzen ausgenommen werden. Eine weitere Fördermaßnahme, die über das Steuersystem umgesetzt wird, sind die unterschiedlichen Möglichkeiten der steuerlichen Vergünstigungen und Abschreibungen bei gemeinnützigen Organisationen, wie etwa eingetragenen Vereinen oder Stiftungen. Die Struktur der Stiftung mag einerseits dazu führen, dass private Kunstsammlungen als gemeinnützig der Gesellschaft zugeführt werden, doch dies geschieht meist nicht gänzlich aus altruistischen Gründen. Schenkungen von Kunstwerken, die als Zustiftung den Vermögensstock einer gemeinnützigen Stiftung erweitern, können in begrenzter Form als Abschreibung von der Steuer geltend gemacht werden. Besonders wenn Sammler aus Spekulationsmotiven günstig Werke gekauft haben und diese Arbeiten nach einigen Jahren Preissteigerungen verbuchen können, ist es möglich, dass solche Steuerermäßigungen entweder die ursprünglichen Kaufpreise decken oder sogar übertreffen. In den USA wird dieses Modell in großem Stil genutzt, doch in der Bundesrepublik sind die Möglichkeiten der „Gewinnmitnahmen" über öffentliche Fördermittel recht beschränkt.

Trotzdem stellt sich die gesellschaftspolitische Frage, inwieweit wohltätige Gesten vermögender Privatpersonen mit knappen Steuermitteln belohnt werden sollten und ob diese Zuwendungen als effektives Mittel einer Kulturpolitik zu betrachten sind? Braucht die Kunst staatliche Subventionen privater Leidenschaften? Lassen sich private Interessen mit denen eines gesellschaftlichen Gemeinwohls gleichsetzen, um solche öffentlichen Förderungen zu rechtfertigen? In einer kommerziell ausgerichteten „Leistungsgesellschaft" wird gern auf die Verantwortung des Einzelnen hingewiesen. Doch wohlhabenden Kunstsammlern kann anscheinend nicht zugemutet werden, alleinige Verantwortung für ihr Privateigentum zu tragen. Sie werden eingeladen, ihre Werke an staatliche Museen zu verleihen, sparen somit Versicherungsprämien, Aufbewahrungs- und Restaurierungskosten, und sie dürfen sich zusätzlich über die Wertsteigerung ihrer Leihgaben freuen. Obwohl die Bereitstellung privater Sammlungen in öffentlichen Kunsträumen einem gesellschaftlichen Bildungsauftrag gerecht wird, sollte bedacht werden, dass nach rein wirtschaftlichen Aspekten die Museen für ihre Bemühungen und Wertsteigerungsdienste von den jeweiligen privaten Sammlern entschädigt werden müssten. Öffentliche Fördermaßnahmen dieser Art lassen sich insgesamt unter das interessante Gebiet der Spezifizierung von „Anreizsystemen" einordnen. Sie bieten Sammlern finanzielle Impulse, in Kunst zu investieren, um somit den Kunstmarkt in Bewegung zu halten und einen „privaten" Beitrag zur „Belebung der Kulturlandschaft" zu leisten. Doch kann ein privater Beitrag nicht einfach privat bleiben? Leisten diese finanziellen Anreize tatsächlich Schubkraft, um Qualität in der Kunst zu garantieren, damit hochwertige Kulturgüter geschaffen werden können? Wären finanzielle Fördermaßnahmen nicht besser an der Quelle des Entstehens von Kunst angebracht als im Handel und in den Taschen wohlhabender Sammler?

9.5.3 Öffentliche Kunstkäufe & Sammlungen

Neben den Bildungseinrichtungen und Fördermaßnahmen bilden die öffentlichen Sammlungen und Museen das dritte „Standbein" des öffentlichen Kunstsektors. Da in dieses Segment anteilmäßig enorme Steuermittel fließen, ist es wichtig, die Funktionen der betroffenen Institutionen genauer zu betrachten und die tatsächliche Ausführung ihrer Aufgabenbereiche zu untersuchen.

Auf allen Ebenen des Bundes, der Länder, Kreise, Städte und Kommunen erwirbt die „öffentliche Hand" Kunstwerke. Ein wichtiger Teil dieser „Ankäufe" bezieht sich auf Kunstwerke für den öffentlichen Raum, wie etwa der gesamte Bereich „Kunst am Bau" oder die Bestückung von Kreisverkehrsinseln, Marktplätzen und ähnlichen öffentlichen Orten. Kunstkäufe werden zusätzlich unternommen, um die Ausstattung öffentlicher Gebäude und Büros zu ermöglichen, die also neben den rein künstlerischen Kriterien auch dem Dekorationskonzept einer innenräumlichen Gestaltung unterliegen. Solche Käufe werden häufig über öffentliche Sammlungen oder Stiftungen abgewickelt und erlauben das Verleihen einzelner Werke an die verschiedenen Ministerien und öffentlichen Verwaltungsorgane. Auch wenn der Erwerb von Kunstwerken über öffentliche Behörden nicht immer transparent und effizient abläuft, nehmen diese Zukäufe eine sehr wichtige kulturpolitische Aufgabe wahr.

Ankäufe der öffentlichen Hand bedeuten in erster Instanz eine direkte Form der finanziellen Künstlerförderung. Die Kulturbeauftragten und Leiter der Stiftungen orientieren sich zwar auch am kommerziellen Kunstmarkt, doch besonders auf der regionalen oder lokalen Ebene werden viele Werke unbekannter Künstler aus dem informellen Kunstsektor gekauft. Da große Teile der erworbenen Werke in Foyers und Büros ausgestellt werden, nehmen die Behörden in besonderem Maße ihren öffentlichen Bildungsauftrag wahr. Ein interessantes Beispiel für eine verstärkte Bildungsfunktion bietet die Bereitstellung verschiedener Kunstobjekte im Auswärtigen Amt, das sämtliche Botschaften und Residenzen im Ausland mit Werken deutscher zeitgenössischer Künstler bestückt. Hier spielt nicht nur die Auseinandersetzung der Botschaftsangehörigen mit Gegenwartskunst eine Rolle, sondern auch der Versuch, den Gastländern etwas über die Lage der aktuellen Kunstlandschaft in Deutschland zu vermitteln.

Kunstkäufe über öffentliche Stiftungen und Verwaltungsorgane werden in den Medien und der Publizistik viel zu wenig wahrgenommen, dabei sind sie ein sehr wichtiges Mittel für eine direkte Kulturpolitik. Die Auswahlgremien, geleitet von politisch bestimmten Staatssekretären und Kulturbeauftragten, haben kritische Entscheidungsbefugnisse und können – zumindest theoretisch – durch einen breiten Dialog mit außenstehenden Organisationen, wie unabhängigen kunsthistorischen Instituten oder dem Berufsverband Bildender Künstler, eine anregende und zukunftsträchtige Kulturpolitik betreiben. Trotz der häufig wertvollen Arbeit von solch öffentlichen Gremien wird die Gestaltung von Kunstsammlungen vielerorts an Museen übertragen. In den letzten Jahrzehnten kam es zu einem gewaltigen Wachstum neuer Kunstmuseen, die sich weitgehend als „postmoderne Museen" beschreiben lassen und eine Entwicklung darstellen, die heute mit ziemlicher Skepsis betrachtet werden muss. Einerseits entzieht diese Art der kulturpolitischen Verlagerung an „Subunternehmen mit besonderer Expertise" der Politik einen hohen Grad an inhaltlichem Entscheidungsspielraum, doch andererseits bleibt ihr die Kontrolle über die Vergabe finanzieller Mittel an das Museum. Diese institutionelle Aufgabenverteilung führte durch die zunehmenden Engpässe in den öffentlichen Kassen in den letzten Jahren zu wachsenden Spannungsfeldern zwischen Geldgeber und Rezipienten. Die daraus folgenden Gestaltungsprobleme der Museen soll auf den folgenden Seiten genauer untersucht werden.

9.5.4 Das „postmoderne" Museum

Das Kunstmuseum lässt sich als Institution in zwei Kategorien einteilen, das „klassische" oder „traditionelle" Museum und das „postmoderne" Museum. Beide unterliegen unterschiedlichen Konzepten und Arbeitsweisen, berufen sich aber grundsätzlich auf dieselben Regeln. So kann generell das Kunstmuseum als meist öffentliche und nicht gewinnbringende Institution beschrieben werden, die mit dem Auftrag betraut wird, Sammlungen im Dienste der Gesellschaft zusammenzuführen, zu bewahren und zu schützen, zu erforschen, zu publizieren und der breiten Öffentlichkeit durch Ausstellungen zugänglich zu machen. Besonders die ethischen Richtlinien für Museen vom „International Council of Museums" (ICOM) und die Richtlinien des Deutschen Museumsbundes legen fest, dass die Aufgaben des Museums sowohl die Bewahrung und Förderung von Kulturgütern, als auch eine bildungspolitische Funktion beinhalten. Dabei ist zu berücksichtigen, dass der Bildungsauftrag für ein immer breiteres Publikum aus der Gesellschaft, der örtlichen Gemeinschaft oder der Zielgruppe, für die das Museum eingerichtet ist, zutreffen soll. Besonders im deutschen Sprachraum gibt es eine Vielzahl verschiedener Begriffe für Kunstmuseen und Sammlungen, wie etwa die „Kunsthalle", der „Kunstraum", die „Galerie", die „Sammlung", das „Kabinett", das „Archiv" und der „Kunstverein".

Worin liegen nun die Unterschiede der beiden Museumstypen? Das „traditionelle" Kunstmuseum, vorwiegend eröffnet vor 1970, bezieht sich fast ausschließlich auf die vom ICOM vorgesehen Aufgaben, Sammlungen von „Kulturgütern" zu erstellen, zu erweitern, zu bewahren, zu erforschen und in Ausstellungen zu präsentieren. Die relativ neu entstandenen Museen, die als „postmodern" bezeichnet werden können, da sie größtenteils im musealen Bauboom der 1980er und 1990er errichtet wurden, sehen ihre Institution weniger als einen Bewahrungsort klassischer Kulturgüter, sondern als Bestandteil zeitgemäßer soziokultureller und wirtschaftlicher Entwicklungen. Anders als die „traditionellen" Kunstmuseen, orientiert sich die postmoderne Variante weniger an gestern als an heute, und daher wird auch der Begriff des „kulturellen Erbes" weniger als historisches Gut, das es für zukünftige Generationen zu bewahren gilt, betrachtet, sondern als ein zeitgenössisches Gut. Der Aspekt des „Heute-Denkens" reflektiert besonders die neoliberalen Wirtschaftsentwicklungen der Globalisierung seit den frühen 1980ern, einer ökonomisierten Welt, die durch Konsum und Vermarktung immer schnelllebiger und oberflächlicher geworden ist. Diese Entwicklungen spiegeln sich auch in den Konzepten des Museums als „Spielwiese" oder „Experimentierlabor" für zeitgenössische Kunst oder in den aufwendigen musealen Prachtbauten international renommierter Architekten wider.

Zur Hauptaufgabe des Kunstmuseums gehört die Gestaltung einer Sammlung bedeutender kulturgesellschaftlicher Werke. Die aktuellen Kunstsammlungen haben meistens einen historischen Hintergrund und entstanden aus Stiftungen, Schenkungen von privaten Sammlungen oder Nachlässen verstorbener Künstler, sowie den kontinuierlichen Ankäufen des Museums. Besonders in neuerer Zeit treten im Zusammenhang mit der Konstituierung der Sammlungen Fragen zur Beschaffenheit, Konzeptbezogenheit und Qualität auf.

Im Gegensatz zum traditionellen Museum liegt das Hauptproblem des postmodernen Typus bei der konzeptionellen Gestaltungspolitik ihrer Sammlung und weniger bei den Routineaufgaben der Bewahrung, Bearbeitung und Vermittlung. Das enorme Wachstum der Museenlandschaft hat nicht nur dazu beigetragen, dass die ursprünglichen Sammlungen, bestückt mit „klassischen" Werken, fehlenden Umfang und Qualität besaßen, sondern dass in den folgenden Jahren die finanziellen Mittel der öffentlichen Hand zur Erweiterung von Sammlungen regelmäßig gekürzt wurden. Diese finanziellen Einschränkungen führen seit einigen Jahren zu konzeptionell fragwürdigen Ankaufsstrategien und zu einem Schwerpunkt an „bezahlbarer" Gegenwartskunst, die häufig nur geringe Schnittstellen zu der ursprünglichen Sammlung klassischer Werke aufweist. Wie schon ausgeführt, engagieren sich die öffentlichen Sammlungen der Kunstbehörden mit Zukäufen zeitgenössischer Kunst, die den Museen meist zur Verfügung stehen. Hier stellt sich deshalb die Frage, warum öffentlich finanzierte Museen zusätzlich sammlungsferne und konzeptionell zweifelhafte Ankäufe tätigen müssen? Die Antwort liegt nicht nur bei der „Finanzierbarkeit" günstiger zeitgenössischer Kunst, sondern auch bei „systembedingten" Faktoren.

Abgesehen von persönlichen Schwächen der Museumsdirektoren und Kuratoren, wie Eitelkeit, Selbstüberschätzung und gelegentlich Angst vor Bürgernähe, leiden mittlerweile sämtliche Kunstmuseen unter einem sehr starken institutionellem Druck. Die Erwartungen ihrer Arbeitgeber, meist in Form von Ministern oder Staatssekretären für Kunst und Kultur, fordern ein hohes Maß an Öffentlichkeitspräsenz und steigende Besucherzahlen. Es sind diese Ansprüche, die sich trotz beträchtlichem Engagement der Museumsangestellten ihren Grundaufgaben nachzukommen kaum erfüllen lassen. Neben den individuellen Merkmalen der Führungspositionen prägen demnach organisatorische und finanzielle Sachzwänge das Handeln des Museumsbetriebes und erschweren die Ausführung einer öffentlichen Aufgabe als Kulturvermittler und Bewahrer von kulturellem Erbe. Dazu kommt der wichtige Aspekt einer wachsenden Internationalisierung des Museumsbetriebes. Der Erwartungsdruck steigender Besucherzahlen, gerechtfertigt durch die hohen Investitions- und Unterhaltskosten des Museums, bedeutet meistens die Verpflichtung eines ambitiösen Ausstellungsprogramms von „internationalem Rang". Der enorme Profilierungsdruck zwingt Kunstmuseen zunehmend, sich dem Phänomen der Eventspektakel hinzugeben und deswegen ihre Sammlung so zu gestalten, dass sie im internationalen Kunstbetrieb als „Tauschware" für intermuseale Verleihung von Werken für zukünftige Ausstellungen genutzt werden kann. Die Aufgabe, sich konzeptbezogen ihrer ursprünglichen Sammlung zu widmen, wird von Kunstmuseen durch den systemischen Druck, Medienhype und fehlende Finanzen zunehmend vernachlässigt und somit durch den Erwerb und einem Ausstellungsprogramm internationaler zeitgenössischer Kunst kompensiert.

Der Positionierungszwang, der auf Kunstmuseen lastet, hat in neuerer Zeit auch dazu geführt, dass ihre Sammlungen durch Leihgaben privater Sammler erweitert wurden. Diese Strategie brachte jedoch neue Probleme hervor und hat durch die Unbeständigkeit der Leihgeber einigen Museen enorme Schwierigkeiten mit der Dauerhaftigkeit ihrer Sammlungen beschert. Es ist fragwürdig, inwieweit eine geliehene Sammlung als „öffentliches Kulturgut" definiert werden kann, denn sie bleibt langfristig in privater Hand. Daraus entwickelt sich auch zunehmend das Problem, dass bei einer Erwartungshaltung von Schenkungen oder Leihgaben der Planungshorizont für museale Sammlungen eingeschränkt wird, da solche Zueignungen ausbleiben oder Werke zurückgefordert werden können. Außerdem stellt sich die schon angesprochene Problematik, inwiefern es für öffentliche Institutionen im Namen eines breiteren kulturellen Angebots vertretbar ist, dem privaten Sammler nicht nur durch die Finanzierung sämtlicher Unterhaltskosten, sondern auch die museumsbedingte Wertsteigerung seiner Sammlung, finanziell gewinnbringende Dienstleistungen zu erbringen. Liegt es tatsächlich im Aufgabenbereich öffentlicher Kunstmuseen, unentgeltlich Funktionen als Berater, Vermittler und Wertschöpfer privater Sammler wahrzunehmen?

Neben den wirtschaftlichen und systembedingten Faktoren der musealen Sammlungspolitik darf auch die Frage nach den qualitativen Eigenschaften der Neuerwerbungen zeitgenössischer Kunst nicht vernachlässigt werden. Anders als die Zukäufe der öffentlichen Sammlungen von Bund und Ländern, orientieren sich die Kunstmuseen fast ausschließlich am sekundären Kunstmarkt. Während das traditionelle Museum meist Werke längst etablierter und verstorbener „Klassiker" über die Vermittlung von Kunsthändlern, Galerien und Versteigerungen internationaler Auktionshäuser erwirbt, ergänzt das postmoderne Museum seine Sammlung vorwiegend mit zeitgenössischer Kunst. Wie aus dem erweiterten Modell des „subjektiven Faktors" abgeleitet werden kann, ist in besonderem Maße das Expertentum postmoderner Museen in seiner Beurteilung gegenwärtiger Kunst von einem „weißen Rauschen" gekennzeichnet. Eine ausgeprägte Orientierung am institutionellen Kunstbetrieb, insbesondere den Trends und Modeentwicklungen des rein kommerziellen Kunstmarktes für zeitgenössische Kunst, birgt deswegen beträchtliche Probleme in der Qualitätsbewertung einzelner Werke und der Gestaltung musealer Sammlungen.

Als zweiter wichtiger Aufgabenbereich des Museums gilt die Ausstellungspolitik. Nach den gängigen Regeln der Museumsfunktion sollte die Präsentation von Kunstwerken immer nur eine Fortsetzungsrolle der Sammlung einnehmen und der Bildungsaufgabe des Museums untergeordnet sein. Dieser Sachverhalt wird vom traditionellen Museum deutlich wahrgenommen, doch in der postmodernen Variante hat sich auf diesem Gebiet ein anderes Verständnis eingebürgert. Zumindest wird nicht nur von den betroffenen Museen, sondern auch von den Massenmedien häufig der Eindruck vermittelt, die Zentralaufgabe des Museums sei weniger durch die Sammlung, sondern durch die Ausstellung bestimmt. Diese falsche Position entspricht einer neuzeitlichen und wirtschaftsgeprägten Haltung, in der Präsentation wichtiger ist als Substanz.

Im musealen Arbeitsbereich der Präsentation von Kunstwerken lassen sich zwei Ausstellungstypen definieren. Zur wichtigsten Aufgabe zählt die „Dauerausstellung", in der die Sammlungsexponate des Museums meist auf Rotationsbasis der Öffentlichkeit zugänglich gemacht und die in der Regel durch ausführliche Dokumentation, Publikationen und Veranstaltungen begleitet wird. Diese Ausstellungsform muss von allen Kunstmuseen wahrgenommen werden und kann durch spezifische Leihgaben aus anderen privaten oder öffentlichen Sammlungen ergänzt werden.

Während das traditionelle Museum in der Dauerausstellung seine Hauptaufgabe sieht, betrachten dagegen viele postmoderne Museen diese als notwendiges Übel, das durch eine Vielzahl von „Nebenschauplätzen" mit Sonder- oder Wechselausstellungen erweitert werden kann. Die traditionellen Museen gehen mit dieser Zusatzaufgabe eher spärlich um und nutzen sie, um den konzeptionellen Rahmen ihrer Sammlung zu verdeutlichen und zu vergrößern. Bei dem postmodernen Museum wird dagegen dieser Rahmen häufig gesprengt und so entstehen Sonderausstellungen, die inhaltlich und formell wenig oder gar nichts mit der Sammlung zu tun haben. Muss beispielsweise ein Museum, das mit seiner Grundsammlung der klassischen Moderne verschrieben ist, zeitgenössische Künstler in Sonderausstellungen mit der einzigen konzeptionellen Begründung präsentieren, dass auch sie sich wie ihre klassischen Vorgänger der Malerei oder Bildhauerei widmen?

Die Problematik der Sonder- oder Wechselausstellungen postmoderner Museen ist deswegen von aktueller Brisanz, da sie meist auf die Mängel ihrer Sammlung hinweist, die häufig in Ausmaß und Qualität nicht genügend Substanz bietet, um ein permanent hochwertiges Ausstellungskonzept gestalten zu können. Es müssen also Nebenprogramme geschaffen werden, wenn möglich in Form von mehreren Ausstellungen gleichzeitig, damit die

Besucherzahlen, beziehungsweise Verweildauerlängen erhöht werden und das Museum den politischen Kontrollgremien gegenüber sein „Raison d'être" als kultureller Leuchtturm aufrecht erhalten kann. Andererseits lässt sich argumentieren, dass gerade diese Museumspolitik den aktuellen postmodernen Zeitgeist widerspiegelt, bezeichnet durch ein Publikum, dessen Aufmerksamkeit stetig kürzer wird und analog zum „channel-zapping" mit einem einzelnen „Event" nicht genügend Unterhaltung geboten bekäme.

Neben dem Arbeitsgebiet, eine Sammlung zu erstellen und zu bewahren, besteht die zentrale Aufgabe des Museums aus einem Bildungsauftrag, der eng mit der Gestaltung von Sammlungen und Ausstellungen verbunden ist. Die meisten Museen leisten in der Regel gute Arbeit, wenn es darum geht, ihre präsentierten Werke zu dokumentieren und in Katalogen zu beschreiben, zu erforschen und zu analysieren. Auch Führungen, Gesprächsrunden und Vorträge sind wertvolle Bestandteile ihres Bildungsbeitrages.

Für alle Museentypen gilt jedoch zunehmend, dass ihr Bildungsauftrag nicht nur einer kleinen Elite von Experten gewidmet wird, sondern sich einem wachsenden und breiteren Publikum zuwenden muss, wobei auch regionale und lokale Gegebenheiten zu berücksichtigen sind. Dieser Sachverhalt macht die kuratorische Arbeit aller Kunstmuseen schwieriger, doch sie bietet besondere Herausforderungen für die postmoderne Variante. Die zeitgenössische Kunst benötigt meist neue und innovative Techniken der Vermittlung, um die gelegentlich schwer nachvollziehbaren Konzepte aktueller Kunstentwicklungen einer breiten Gesellschaft nahe zu bringen. Über die Relevanz und Notwendigkeit, zeitgenössische Kunst in einem Museum auszustellen und somit die Aufgabe der unterschiedlichen Galerien zu übernehmen, lässt sich streiten. Doch wenn sie als offizieller Inhalt einer Museums- und Kulturpolitik bestimmt wird, wirft diese Haltung Fragen zur aktuellen gesellschaftlichen Rolle des Museums auf und fordert zunehmend eine Öffnung, nicht nur hin zu einem breiten Publikum, sondern auch zu einer Einbindung in das Kunstgeschehen seines lokalen Umfeldes. Das postmoderne Museum müsste sich per Definition den zeitgemäßen Entwicklungen des informellen Kunstbetriebes zuwenden, denn zu einer „kritischen" Bildungsaufgabe gehört auch die Inklusion der lokalen Künstlerschaft und das Präsentieren ihrer Werke einem Publikum, das sich ohnehin größtenteils aus der lokalen Region rekrutiert.

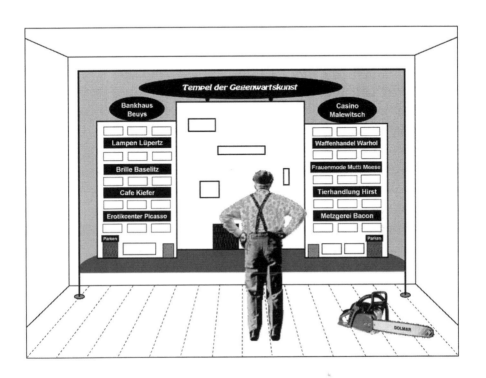

Etwas für die ganze Familie
Partizipatorische Installation, 2011

9.5.4 Museum oder Mausoleum?

Nachdem die Aufgaben und Handlungsweisen des „postmodernen Museums" im Vergleich zum traditionellen Typus aufgezeigt und erörtert worden sind, soll auf den nächsten Seiten die provokante Frage gestellt werden, ob ein „postmodernes Museum" für Gegenwartskunst einen Widerspruch bedeutet und im 21. Jahrhundert noch für zukünftige Generationen relevant und tragbar ist? Entwickelt sich das postmoderne Museum zu einem monumentalen Grabmal, das durch den Mangel an finanziellen Mitteln, Konzepten und gesellschaftlicher Notwendigkeit der Vergangenheit angehören sollte? Sind nicht viele der aktuellen musealen Entertainmentparks heute schon zu Mausoleen verdammt?

Die Infragestellung der Kommerzialisierung des Kunstmarktes und der Rolle des Museums geht zurück in die „wilden" '60er. Fluxus, Happening, Land Art und Performance waren und sind immer noch künstlerische Ausdrucksformen, die auf den Raum der Galerie und des Museums verzichten. Das heute noch relevante Motto heißt, die Kunst direkt auf die „Straße" und in die Gesellschaft tragen. Viele Künstler haben sich demnach über die Jahre hinweg in einer kritischen und ambivalenten Haltung mit der Rolle des Museums beschäftigt und einige von ihnen lassen sich auch unter dem englischen Begriff „Institutional Critique" einordnen. Eine wichtige zeitgenössische Figur in dieser Gruppierung stellt die Künstlerin *Andrea Fraser* dar, doch auch *Hans Haacke* und besonders der Belgier *Marcel Broodthaers* werden als wichtige Vertreter dieser konzeptionellen Institutionskritik zugeordnet. Im Rahmen seiner kompromisslosen Ablehnung der gesellschaftlichen Funktionen des Museums gründete *Broodthaers* 1968 in seiner Brüsseler Wohnung das Musée d'Art Moderne, Département des Aigles. Die zwölf Sektionen dieses fiktiven Museums wurden über einige Jahre hinweg in unterschiedlichen Rauminstallationen präsentiert und gelten heute als Wegweiser und Manifestation einer postmodernen Idee des obsoleten Museums. Auch *Andy Warhols* „factory" oder *Joseph Beuys* „erweiterter Kunstbegriff" spiegeln diese Kritik an den traditionellen Rollen von Akademie und Museum wieder. Heute lässt sich der Künstler *Jochen Gerz* zu denjenigen zählen, die sich für eine grundsätzliche Demokratisierung der Kunst einsetzen und das postmoderne Museum nicht mehr als zeitgemäße Institution betrachten. Die Vorstellungen einer Demokratisierung künstlerischer

Tätigkeit bedeutet ein sehr viel breiteres Spektrum an Teilhabe und Partizipation, als es die aktuellen Strukturen des Kunstmarktes und des Museumsbetriebes ermöglichen. Demnach mag der Museumsbesuch zwar eine bildende Funktion ausüben, doch diese Erfahrung ist mehr rückwärts als vorwärts gewandt und lädt zu einer passiven Haltung des „Konsumierens" ein, die kaum Spielraum für kreatives Mitgestalten zulässt.

Abgesehen von den kritischen Positionen der Künstler gibt es mittlerweile starke kunsttheoretische Argumente, die das Museum als zukunftsträchtige Institution in Frage stellen. Schon der Begriff des „Museums der Moderne" ist mit Widersprüchen behaftet. Zukunftsvisionen und das Streben nach Neuem sind immer mit einer Kritik an Vergangenem und einer Sammlertätigkeit, also auch dem traditionell ausgerichteten Museum, versehen. Anderseits bestehen gewaltige Zweifel an der gestalterischen Rolle des Museums als Motor für innovative Kunstentwicklungen, da es kaum eine führende, sondern eher eine reaktionäre und rückwärtsgerichtete Position in diesen kulturellen Prozessen einnimmt. Museen laufen per Definition immer hinter den Entwicklungen der Kunst her, indem sie fast ausschließlich die im Kunstmarkt längst etablierten Künstler präsentieren. Das Museum leistet also kaum etwas, das als „Vanguard" oder Pionierarbeit bezeichnet werden kann, sondern widmet sich in konservativer Haltung einer Kunst, die längst von den kommerziellen Galerien präsentiert und vermarktet wurde. Braucht die Gesellschaft also prächtige Museen, in denen lediglich etablierte Gegenwartskunst „recycled" wird und wenig Überraschendes und Innovatives zu sehen ist?

Wenn schon das „Museum der Moderne" den Ansprüchen künstlerischer Konzepte nicht vollkommen gerecht werden kann, dann trifft dies durch das Fehlen künstlerischer Brüche mit der Vergangenheit oder bedeutender Entwicklungen in der Kunst seit den 1970ern in noch größerem Maße auf die Problematik des „postmodernen Museums" zu. Als „Manifest der Postmoderne" könnte man das Buch „On the Museum's Ruins" nennen, das 1993 von Douglas Crimp veröffentlicht wurde. Prinzipiell geht es ihm um die Problematik, inwiefern der Betrieb des Konservierens und Bewahrens von Kunstobjekten noch zeitgemäß ist. Braucht das 21. Jahrhundert ein Bildungsmedium wie das „Museum der Postmoderne"? Wenn die traditionelle Idee des musealen Bildungsauftrages darin bestand, dem Betrachter die

Thematik des Originals oder das Erlebnis einer „Aura" zu vermitteln, dann ist dies durch die Entwicklung der Reproduktionsmittel und alternativer Bildungsmöglichkeiten heute nicht mehr so relevant wie etwa vor vierzig Jahren.

Die Position eines Bildungsauftrages und einer Identitätsvermittlung beruht größtenteils auf den Grundzügen der Aufklärung, also eines Fortschrittgedankens, der in sich gewisse elitäre Aspekte trägt. Doch gerade die zeitgenössische Kunst der Postmoderne wendet sich von diesem Prinzip ab, reflektiert Bestehendes anstatt „Neues" zu erfinden und sucht direkte Kontaktpunkte zur breiten Öffentlichkeit. Die Verknüpfung mit einer zunehmend kunstaktiven und offenen Gesellschaft wird heutzutage jedoch weniger vom postmodernen Museum gepflegt, als von den autonomen Aktionen und Einrichtungen des informellen Kunstsektors, also den unzähligen Künstlergruppen, Ateliergemeinschaften, Kunstvereinen, kleinen kommerziellen Galerien und Produzentengalerien. Demzufolge bietet das postmoderne Museum ein inkonsequentes und konzeptionell problematisches Verhaltensmuster, da es zwar die Ökonomisierung der Gesellschaft und des Kunstbetriebes wahrnimmt, doch nicht die zeitgleiche Ausbreitung und Pluralisierung des lokalen Kunstgeschehens. Durch diese lückenhafte Betrachtungsweise der Entwicklungen seit den '70ern verschreibt sich das postmoderne Museum, anders als das traditionelle Museum, einem auf Kommerz ausgerichteten Elitismus, der insbesondere durch Ignoranz und Geringschätzung der kreativen Bewegungen des informellen Kunstsektors und der freien Kunstszene gekennzeichnet ist.

Im Kontext des postmodernen Museums sollte der Vorschlag von Peter Sloterdijk, das Museum als „Schule des Befremdens" zu verstehen, nicht ignoriert werden, zumal dieses Konzept von Kulturverwaltern und Museumsleitungen gerne aufgegriffen wird, um die Daseinsberechtigung dieses Museumstypus zu begründen. Wie schon im Vorfeld diskutiert, bietet die Befremdung trotz einiger Einschränkungen durch das Erfahren von Ungewöhnlichem, Neuem und Anderem eine sehr wichtige Grundlage für die Kunst. Die Frage, die sich in diesem Zusammenhang jedoch stellt ist, ob es tatsächlich gerechtfertigt werden kann, das Museum in besonderem Maße als „Ort des Befremdens" herauszuheben? So trifft beispielsweise der

Aspekt des Befremdens für jede Schule zu, da an diesem Ort permanent Neues und Fremdes vermittelt wird, Schüler sich also einem stetigen Prozess des Auseinandersetzens und der Reflexion befinden. Wenn in diesem Sinne die Schule als Ort des Befremdens verstanden werden kann, dann wird der Begriff der „Schule des Befremdens" zur Tautologie. Dieser begriffliche Aspekt ist deswegen von Bedeutung, da möglicherweise den Schulen als erste Instanz der Befremdung eine höhere kunstbezogene Bildungsfunktion eingeräumt werden könnte, als dem postmodernen Museum.

Neben der Schule als potentiellem Labor für Experimentierung und der Beschäftigung mit Neuem, lassen sich eine Reihe weiterer Kunstinstitutionen nennen, die ebenso und meist in umfangreicherem Maße als Ort des Befremdens bezeichnet werden können. So bieten sämtliche Kunstvereine und Galerien nicht nur Ausstellungsprogramme, die Verwirrung, Staunen und Ablehnung hervorrufen, sie tun dies Jahre bevor das Kunstmuseum bereit ist, solche Programme in sein Repertoire aufzunehmen. Neben der Schule sollten somit diese alternativen Kunsträume in zweiter Instanz als wichtige Orte des Befremdens wahrgenommen werden.

Erst in dritter Instanz kann sich demnach das Museum als Raum für konzeptionelle Auseinandersetzungen und Verarbeitung des Befremdens verstehen. Doch findet durch ein systembedingtes konservatives Verhalten des Museums gegenüber Neuem tatsächlich noch eine Befremdung statt? Wenn Kunstwerke längst in privaten Kunsträumen, in Messen und Ausstellungen der Biennalen oder der „documenta" gezeigt wurden und schon über die Berichterstattung der Medien zur Normalität geworden sind, kann dann noch im Museum von Befremdung gesprochen werden? Ist der implizite Bildungsauftrag bis dahin nicht schon hinfällig? Die Antwort auf diese Frage hängt sehr von der Art der Kunstwerke und der Beschaffenheit des Museumspublikums ab. Wenn es sich dabei um kunstinteressierte Betrachter und Experten handelt, dann bleibt von der geistigen Auseinandersetzung des Befremdens durch Konzeptobjekte wie dem Readymade meist wenig übrig. Bei den Laienbetrachtern, wie etwa den Jugendlichen und Schulklassen, bietet der Museumsbesuch eine spannende Herausforderung und lässt sich demnach als verlängerter Arm des schulischen Kunstunterrichts als effektiver Ort des Befremdens beschreiben.

Wie das Experiment „FremdesMuseum" der Künstlerin *Constanze Eckert* in origineller Weise aufzeigt, braucht es jedoch nicht unbedingt das Museum, um pädagogische Vermittlungsarbeit zu leisten, sondern museale Aspekte und Konzepte können mühelos im Schulunterricht angewandt werden. Zusätzlich werden solche Bildungsfunktionen auch von vielen lokalen Kunstvereinen wahrgenommen, da sie als gemeinnützige Organisationen nicht nur den Jugendlichen Kunst vermitteln, sondern sie auch anregen, durch Ausstellungsprojekte aktiv an der Gestaltung von engagierter Kunst mitzuwirken.

Neben den aufgeführten konzeptionellen Schwierigkeiten leidet das postmoderne Kunstmuseum unter einer weiteren theoretischen Inkonsequenz. Kulturverwalter und Museumsleiter, die sich bedingungslos an den Preisentwicklungen und Angeboten des Sekundärsegments im Kunstmarkt orientieren, vertreten meist ohne ihr Wissen eine These, die von einer kleinen Zahl und weitläufig als „extrem" eingestuften Wirtschaftswissenschaftlern proklamiert wird. Besonders die wirtschaftsliberalen Positionen der „Chicagoer Schule", verfochten von Nobelpreisträgern wie James Buchanan und Milton Friedman, doch auch in der Kunst explizit von dem Ökonomen William Grampp vertreten, beruhen nicht nur auf der Idee eines perfekt funktionierenden Marktes, sondern auch auf der Folgerung, dass sämtliche öffentliche Institutionen privatisiert und den Kräften des freien Marktes ausgesetzt werden müssten. Dazu würden natürlich auch alle Bildungs- und Kultureinrichtungen, wie Museen, zählen. Eine Museumsleitung, die an eine Unfehlbarkeit der Marktkräfte glaubt und sie als Qualitätsgarantie für die Kunst betrachtet, sollte sich somit bewusst sein, dass diese theoretische Haltung konsequenterweise die Privatisierung ihres Museums bedeutet. William Grampp, der als neoliberaler Ideologe die Position „Preis gleich Qualität" vertritt, hat sich demnach als logische Folgerung für eine Finanzierung des Museums ausschließlich durch Eintrittsgebühren ausgesprochen. Eine folgerichtige Verhaltensweise würde bedeuten, dass Museen, wie jedes private Unternehmen, ganz ohne öffentliche Mittel auskommen müssten und ein Museumsdirektor nur nach Erfolgen, gemessen an Besucherzahlen und Profiten, beurteilt würde. Natürlich widerspräche eine derart extrem kommerziell ausgerichtete Position der humanistischen Grundhaltung einer angemessenen Kulturpolitik, die Kunst als Gemeingut zu behandeln, um ihre gesellschaftlichen Funktionen wahrzunehmen. Doch die auf Gewinnstreben basierenden Leitgedanken des „freien Marktes" sollten jedem Museumsleiter und Kulturbeamten bewusst sein, wenn er als öffentlicher Angestellte in seinen abgesicherten Arbeitsverhältnissen die „unsichtbare Hand" des Kunstmarktes nicht nur als goldenes Kalb verehrt, sondern auch die dazugehörende Glaubensgemeinschaft mit Steuergeldern finanziell unterstützt.

Gelegentlich mögen Museumsdirektoren Zweifel an den kapitalistisch ausgerichteten und marktorientierten Praktiken des Sekundärmarktes als Qualitätsmaßstab hegen, doch dann greifen sie gerne zum Unwort des Jahres 2010: „alternativlos". Diese Position signalisiert entweder Unwissenheit und Bequemlichkeit, oder liefert eine Bestätigung, dass sie trotz ihres „Expertentums" unfähig sind, eine autonome Qualitätsbeurteilung von Kunstwerken zu gewährleisten. In beiden Fällen disqualifizieren sie sich als Verwalter öffentlicher Kulturgüter, denn Museumsleitung und Kuratoren brauchen nur aus ihrem Palast herauszutreten, sich die Vielzahl der Ateliers, Kunstvereine und Galerien in ihrer näheren Umgebung des „informellen Kunstsektors" anzuschauen, um für ihre Ausstellungszwecke hochwertige Kunst zu entdecken.

In der bisherigen Analyse des postmodernen Museums ist der Begriff „Gegenwart" oder „zeitgenössisch" nicht konkret definiert worden. Wie in Kapitel 1 angedeutet, beschreiben diese Ausdrücke eine Kunstepoche, die nach deutschen Maßstäben etwa um 1970 beginnt und bis heute anhält. Für diejenigen Museen, die sich als „Museum für Gegenwartskunst" oder „Museum für zeitgenössische Kunst" bezeichnen, kann wie schon argumentiert wurde eine zeitliche Bestimmung konzeptionell problematisch werden, da eine konsequente Weiterführung dieser Definition zur Absurdität führt. Abgesehen von den kunsthistorischen Hintergründen, lässt sich die Bezeichnungskonvention der Gegenwartskunst auch als praktische Handlungsgrundlage des offiziellen Kunstbetriebes betrachten. Sie räumt dem postmodernen Museum die Möglichkeit ein, sich mit dem Schein einer künstlerischen Aktualität zu schmücken, indem es neben seinen sammlungsgebundenen Exponaten verstorbener „Klassiker" der Postmoderne oder vorhergegangener Epochen noch zusätzlich die Werke der Emporkömmlinge kommerzieller Galerien präsentiert. Wenn der Begriff „zeitgenössische Kunst", wie vorgeschlagen, ausschließlich auf Arbeiten lebender Künstler zuträfe, dann müsste ein „Museum für Gegenwartskunst" Werke verstorbener Künstler aus seiner Sammlung entfernen, eine Handlung, die nach den Regeln der ICOM nicht vorgesehen ist. Aus dieser Problematik ergibt sich die Frage, inwieweit Kunstmuseen zeitgenössische Kunst vielmehr als Ausstellungsexponate, für die an Künstler ein Honorar gezahlt wird, und weniger als Sammelobjekte behandeln sollten. Besitzt die aktuelle Gegenwartskunst tatsächlich genug Qualitätsimpulse und einen Reifegrad, um als zeitloses Signal für Kreativität, sowie als kulturelles Erbe für zukünftige Generationen bestimmt zu werden?

Ein zentrales Motto der Modernen besagt „Weniger ist mehr". Lässt sich diese Maxime auch auf die Rolle und Daseinsberechtigung gewisser postmoderner Kunstmuseen anwenden? Geprägt durch den Föderalismus gibt es in Deutschland etwa 700 Kunstmuseen, ein Sachverhalt, der einerseits lobenswert ist, da weltweit kaum eine größere Museumsdichte zu finden ist. Andererseits muss gefragt werden, ob die implizierte museale Sammelwut in Deutschland nicht übertrieben ist? Werden die vielen Denkmäler einer überheblichen Kulturpolitik sich auf Grund knapper Staatskassen und fragwürdiger Sammlungskonzepte nicht irgendwann in Mausoleen verwandeln? Schaut man sich andere Kulturkreise an, lässt sich feststellen, dass ein öffentlicher Bildungsauftrag nicht zwangsläufig mit Sammeln und Bewahren von Kulturgütern verknüpft sein muss. Deshalb darf infrage gestellt werden, ob öffentliche Kunsträume stets die Form eines Museums annehmen müssen?

Eine Alternative zum Kunstmuseum bietet die öffentliche Galerie oder Kunsthalle, ein Raum, in dem Kultur und Kunst mit festen Ausstellungsprogrammen ohne den zusätzlichen Aspekt einer Sammlung gestaltet werden kann. Ein Beispiel solcher Museumspolitik findet man in London, denn außer den Sammlungen der „Tate Modern" und „Tate Britain" gibt es dort kein anderes Museum für Moderne Kunst. Dafür bietet London außer vielen lokalen „art centers" die öffentlichen Kunsträume der Whitechapel Gallery, Hayward Gallery, Institute of Contemporary Art und der Serpentine Gallery. Postmoderne Kunstmuseen müssen demnach nicht unbedingt zu Mausoleen verkommen, da Alternativen vorhanden sind, die nicht nur in effektiver Weise den Bildungsauftrag der Präsentation und Vermittlung von Kunst wahrnehmen, sondern durch die Sparmaßnahmen einer fein dosierten und qualitätsorientierten Sammlungspolitik auch die Teilhabe einer breiteren Öffentlichkeit gewährleisten könnten, indem beispielsweise Eintrittsgebühren für Kunstmuseen aufgehoben würden.

9.5.5 Taschenlampen oder Leuchttürme?

Nachdem einige Aspekte des öffentlichen Kunstsektors, insbesondere theoretische Aspekte des „postmodernen Museums", behandelt worden sind, sollte zusätzlich eine Analyse der gesellschaftlichen „Effektivität" erlaubt sein, zumal „Wirtschaftlichkeit" mittlerweile ein integraler Bestandteil der aktuellen Kulturpolitik geworden ist. Die Thematik einer sozialwirtschaftlichen „Effektivität" behandelt die Frage, wie viel Kunst in Form kultureller Ausdrucksformen, Qualität und Vielfalt die Gesellschaft im Rahmen ihrer limitierten finanziellen Mittel geboten bekommen kann? In welchem Maße sollte die Funktion der Kunst als „geistiges Gut" durch die Bereitstellung öffentlicher Sammlungen, Kunstmuseen und Fördermaßnahmen unter Berücksichtigung finanzieller Rahmenbedingungen wahrgenommen werden?

Bei der Frage nach „kultureller Effektivität" handelt es sich um eine volkswirtschaftliche Thematik, die in diversen anderen Bereichen, wie etwa der Entwicklungshilfe auftritt und sich mühelos auf Gestaltungsaspekte der Kulturpolitik anwenden lässt. Es handelt sich dabei größtenteils um die Problematik der Ausgaben von Steuergeldern und deren gesellschaftliches Kosten-Leistungsverhältnis. Dabei muss immer das Prinzip der „alternativen Möglichkeiten" berücksichtigt werden, also die Tatsache, dass jeder staatliche Euro, der etwa in ein Museum fließt, auch alternativen Projekten oder Institutionen als Fördermittel zukommen könnte. Für die finanzielle Gestaltung einer Kulturpolitik bedeutet dies eine Reihe verschiedener Entscheidungsprozesse. Wie groß kann der Kulturtopf im Vergleich zu anderen Bereichen wie Sozialausgaben, Gesundheitswesen, Verteidigung, Infrastruktur oder Bildung ausfallen? In einem zweiten Verfahren muss bestimmt werden, welcher Anteil des zugrunde liegenden Kulturtopfes an das Theater, die Oper, den Tanz, die Film- und Literaturförderung oder die bildende Kunst verteilt werden soll. Drittens stellt sich dann die Frage, wie das zugewiesene Budget für bildende Kunst „effektiv" ausgegeben werden kann? In der Thematisierung „Kunstmuseum oder öffentlicher Kunstraum" ist diese Fragestellung schon unter dem Motto „Weniger ist mehr" angesprochen worden und kann nun weiter ausgeführt werden. Ähnlich wie in der Entwicklungspolitik bietet sich die Wahl zwischen der Finanzierung weniger Großprojekte oder vieler kleiner Entwicklungsprojekte mit jeweils geringeren Ausgaben. Seit den 1970ern ist empirisch nachgewiesen, dass sich in der Entwicklungspolitik das Motto „Small is beautiful" durchgesetzt hat und zahlreiche lokale Mikroprojekte ein weit höheres gesellschaftliches Kosten-Leistungsverhältnis aufweisen als einige industrielle Vorzeigeprojekte.

Das Motto „Klein aber fein" lässt sich problemlos auf die Gestaltung einer Kulturpolitik anwenden und ist insofern sehr aktuell, da ständig Konsolidierungen und Sparmaßnahmen in den Kulturhaushalten durchgeführt werden und besonders die Großprojekte der Kunstmuseen stetig unter eingeschränkten Budgets arbeiten müssen. Natürlich sollte zuerst der Begriff „Leistung" geklärt werden, ein Thema, das keine einfache Antworten zulässt, doch in der Diskussion über die gesellschaftliche Funktion der Kunst schon weitgehend umrissen wurde. Die Beschreibung des Kulturgutes hat gezeigt, dass es in einer Bemessung von gesellschaftlicher „Leistung" mehr um Aspekte der Qualität als Quantität in Form von Besucherzahlen geht. Doch gleichzeitig beschäftigt sich die Kulturpolitik auch mit Begriffen, wie „Teilhabe" und „Öffnung zur Gesellschaft", also einem Anspruch, in der Öffentlichkeit wachsendes Interesse für Kunst und Kultur zu wecken, um der zentralen Erwartung einer effektiven Bildungsaufgabe gerecht zu werden. Somit können hohe Besucherzahlen nur als Teilaspekt einer erfolgreichen Kulturpolitik bewertet werden, doch als eine deutlich „messbare" Beurteilung finanzieller Ausgaben bieten sie wichtige Anhaltspunkte.

Anhand dieser Bewertungskriterien lässt sich eine kleine Zahlenspielerei ausführen, die untersucht, wie sich Kosten und Leistung des Großprojektes eines postmodernen Kunstmuseums gegenüber einer kleinen lokalen Galerie verhalten. Hierbei wird die Annahme gemacht, der Qualitätsstandard sei in beiden Kunsträumen etwa auf gleichen Niveau. Mit dieser Hypothese bleibt die Besucherzahl eine legitime Messlatte für kulturpolitische Entscheidungen. Nun wird weiter angenommen, dass ein Kunstmuseum jährlich 4 Mill. € Unterhaltskosten, inklusive Tilgung der ursprünglichen Baukosten benötigt und pro Jahr 80.000 Besucher zählt. Im Vergleich dazu kann in einer kleinen bis mittelgroßen Stadt eine 100m² große Galerie in Form einer gut gelegenen Ladeneinheit jährlich mit ungefähr 2.000 Besuchern für einen durchschnittlichen Kostenaufwand von etwa 40.000 € rechnen. Daraus ergibt sich die Schlussfolgerung, dass aus den Unterhaltskosten des Kunstmuseums ungefähr 100 kleine Kunsträume als Alternative finanziert werden könnten, deren Gesamtbesucherzahl 200.000 betragen würde, also zweieinhalb mal höher als die des Museums. Wenn zusätzlich angenommen wird, die Galerien werden auf gemeinnütziger Basis von Künstlern oder Vereinen geleitet, dann fallen die Gehälter für Teilangestellte aus und reduzieren den jährlichen Kostenaufwand auf weniger als 20.000 €. Sollte dies für alle Galerien zutreffen, lassen sich nun 200 Kunsträume finanzieren und erreichen insgesamt etwa 400.000 Besucher, also ein Fünffaches des Kunstmuseums. Zusätzlich bietet die Vielzahl der lokalen Galerien mehr Möglichkeiten für kulturelle „Nebenprogramme", wie Diskussionen, Konzerte, Lesungen, Filmabende und Workshops. Das Großprojekt eines Museums wird also kaum die Besucherzahlen und die Dichte an Veranstaltungen vieler kleiner Kunsträume übertreffen können, worauf die zentrale Frage folgt: Bietet das Museum insgesamt eine solch herausragende und einmalige Qualität, die sämtliche kostengünstigere Alternativen überragt und somit seine Daseinsberechtigung im Vergleich bestätigt? Viele Kunstmuseen, insbesondere die der traditionellen Art, können diese Prüfungsfrage sicher bejahen. Im Falle der postmodernen Museen kommen jedoch aus den genannten Gründen beträchtliche Zweifel auf, ob sie tatsächlich den Kriterien hoher sozialwirtschaftlicher Effektivität und künstlerischer Qualität gerecht werden.

Aus der vorhergegangenen Vergleichsrechnung lässt sich mit Berücksichtigung qualitativer Aspekte die generelle Folgerung ableiten, dass anstatt der Errichtung und Unterhaltung eines postmodern ausgerichteten Museums nicht nur die Bespielung vieler kleiner öffentlicher Kunsteinrichtungen finanziert werden könnte, sondern sich die Möglichkeit böte, die schon existierenden Kunstvereine, Ateliergemeinschaften, Produzentengalerien und autonomen Projekte mit sehr geringen finanziellen Mitteln zu unterstützen.

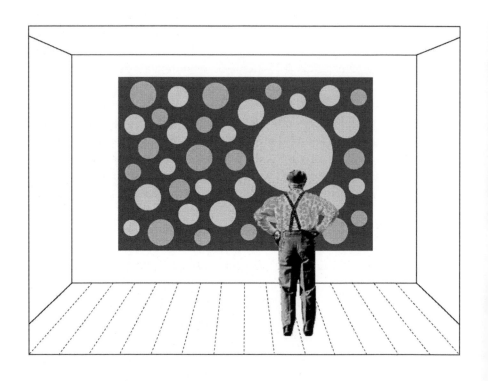

Lichtspiele
Acryl auf Leinwand, 2011

Durch ihre Unabhängigkeit vom Kunstmarkt, ihre Risikobereitschaft und ihre gesellschaftliche Effektivität bieten die vielen autonomen „Taschenlampen" in ihrer Gesamtheit mehr „Leuchtkraft" als ein einzelner „Leuchtturm". Auch wenn sich Leuchttürme als symbolische Richtungszeichen herausheben, sollte hinterfragt werden, in welche Richtung sie Licht spenden. Die autonomen Organisationen des informellen Kunstsektors leisten insgesamt nicht nur mehr Lichtkraft, sie weisen auch in Richtung zukünftiger Entwicklungen.

9.5.6 Politische Entscheidungsträger: Der „subjektive Faktor"

Die Relevanz kulturpolitischer Entscheidungsprozesse ist schon auf den vorigen Seiten angesprochen worden, doch bedarf es nun genauerer Untersuchung, da Entwicklungen des öffentlichen Kunstsektors fast ausschließlich von den Beschlüssen politischer Instanzen abhängen. Jegliche Entscheidungshoheit über Ausgaben und Verwaltung im öffentlichen Kunstsektor liegt bei den vom Volk gewählten Staatsdienern. Obwohl die gewählten Politiker ihre Pflichten meist an Angestellte des „öffentlichen Dienstes" delegieren, liegt die grundsätzliche Entscheidungskompetenz in den Händen der gewählten Repräsentanten und somit letztlich bei den Wählern selbst. Über die Legitimität der Verwaltung öffentlicher Güter durch politische Instanzen bestehen somit keine Zweifel, doch trotzdem bedarf es einer ernsten Auseinandersetzung mit Fragen der Zuständigkeiten und Ausführungen ihrer amtlichen Tätigkeit. Wie in vielen anderen Bereichen müssen auch in der Kulturpolitik die Eigenschaften, Kompetenzen und die Effektivität staatlicher Organe und ihrer gewählten Vertreter ständig auf den Prüfstand gestellt werden.

Sogar den engagiertesten Politikern fehlt in der Regel das Sachverständnis, sich mit kulturellen Themen wie der Kunst im Detail zu beschäftigen. Dies kann ihnen nicht zwangsläufig als Mangel vorgeworfen werden, da auch nur ein geringer Teil der Bevölkerung sich mit dem Thema Kunst ernsthaft auseinandersetzt, und man von den Volksvertretern deswegen nicht unbedingt mehr Interesse und Kenntnisse erwarten kann. Doch Politiker verfügen über einen durchschnittlich hohen Grad an akademischen Qualifikationen, was für ein breites Allgemeinwissen über geistige Themenbereiche sprechen würde, wobei ihre Ausbildung jedoch meist auf Verwaltung und

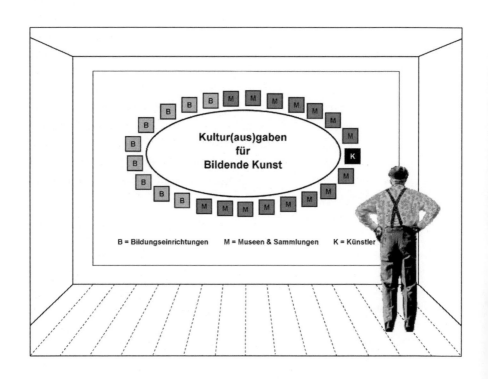

Gastmahl
Digitaldruck auf Leinwand, 2010

weniger auf Gestaltung ausgerichtet ist. Dazu kommt, dass Politiker, die sich durch jahrelange Kraftanstrengungen in ihrer Partei „hochgearbeitet" haben, sich häufig zu Politstrategen und Technokraten entwickeln, denen jegliche Spur von Kreativität und geistiger Beschäftigung, die sie ursprünglich besessen haben mögen, abhanden gekommen ist. Besonders in dieser Gattung der Volksvertreter kommt häufig der Sachverhalt hinzu, dass sie sich ständig an der nächsten Wahl orientieren müssen und somit nur kurzfristige Handlungsperspektiven wahrnehmen. Die Kunst als öffentliches Gemeingut setzt jedoch durch den hohen Stellenwert der Bildung und der Pflege eines Kulturgedankens für zukünftige Generationen voraus, dass die Gestaltung und Verwaltung von öffentlichen kulturellen Einrichtungen und Fördermaßnahmen einen besonders langfristigen Horizont benötigt. Der persönliche Hintergrund vieler Politiker und ihr kurzfristiges Denken führt deswegen zu einer relativ niedrigen Priorisierung der Kunst als seriöses Fachgebiet.

Abgesehen von ihren limitierten Kunstkenntnissen zeichnen sich Berufspolitiker durch ein überhöhtes Maß an Selbsteinschätzung und Geltungssucht aus, Eigenschaften, die zu fragwürdigen Entscheidungsprozessen führen können. Angewandt auf das Konzept des „subjektiven Faktors", weisen politische Entscheidungsträger einen relativ hohen Grad an Subjektivität bei der Beurteilung kulturpolitischer Entscheidungen auf. Besonders bei Entscheidungen über Leuchtturmprojekte, wie den Bau eines postmodernen Museums, beherrscht das „weiße Rauschen" persönlicher Vorlieben und Interessen jegliche rationale Herangehensweise. Je provinzieller der Politiker, je ausgeprägter ist seine Selbstüberschätzung und umso größer müssen die Ausmaße seines „Denkmals", eines „Kunsttempels von internationalem Ruf und Rang", ausfallen.

Da die gewählten Volksvertreter meist über zu eingeschränkte Kenntnisse verfügen, um eine lebendige Kulturpolitik zu betreiben, wird diese Arbeit an das „Expertentum" delegiert, eine zwar gängige Praxis, die jedoch auch weitere potentielle Probleme aufwirft. Schwierig wird somit die Gestaltung einer Kulturpolitik, unabhängig ob auf Bundes-, Landes- oder Gemeindeebene, wenn die politischen Entscheidungsträger unfähig sind, die erforderlichen Rahmenbedingungen abzustecken, so dass die delegierten „Experten" nicht nur ausführendes Organ, sondern auch Gestalter der Politik werden. Ähnlich wie in anderen Bereichen, kann es in solchen Fällen zu Interessenskonflikten kommen, wenn der Unterschied zwischen Fachleuten und „Lobbyisten" ignoriert wird. Bei der Festlegung öffentlicher Mittel zur Errichtung von Sammlungen, dem Bau von Museen oder bei der Vergabe von Preisen und Fördermitteln bestehen die Entscheidungsgremien meist aus risikoscheuen Bürokraten, hochgedienten Verwaltern und „institutionellen Experten". Alternative und autonome Fachkräfte, wie lokal ansässige Galeristen und Kunstvermittler oder Künstlervertretungen aus der Region werden selten befragt, geschweige denn mit Entscheidungskompetenzen ausgestattet. Die auf Bürokratie und Institutionen ausgerichtete Konstituierung der Entscheidungsträger in den öffentlichen Verwaltungsgremien mag zwar den gesellschaftlichen Regeln entsprechen, führt aber durch fehlende Transparenz, Vetternwirtschaft und inzestuöses Gehabe von Kulturverwaltern und Politikern häufig zum Verlust öffentlicher Akzeptanz. Zweifellos ist eine „objektive" Kulturpolitik nicht möglich, da immer normative Qualitätsurteile berücksichtigt werden müssen, doch viele Entscheidungen in Bezug auf wirtschaftliche Aspekte, wie die Verteilung öffentlicher Mittel, können auf faktischen und messbaren Grundlagen beurteilt werden. Dagegen ist die Begutachtung kulturpolitischer Gesichtspunkte, wie etwa die „Bemessung" der geistigen Werte von Bildung, Kreativität, Selbständigkeit oder Innovation sehr viel schwieriger und unterliegt einem hohen „subjektiven Faktor". Besonders das betroffene systembedingte Expertentum weist in diesem Zusammenhang ein geradezu systemisches „weißes Rauschen" auf, da häufig ihre Arbeitsplätze auf dem Spiel stehen. So kann es nicht verwundern, dass die professionelle Lobby des „institutionellen Expertentums" nicht nur aus kunstbezogenen und gesellschaftlichen Aspekten, sondern auch aus privaten Interessen, sich für die Errichtung neuer und größerer Leuchttürme einsetzt.

Es ist das politische Umfeld, das vielerorts zu den Problemen des öffentlichen Kunstsektors führt. Fördermittel und Kunstkäufe landen über Seilschaften bei den falschen Rezipienten und Kunstmuseen mutieren zu Wirtschaftsunternehmen oder „Entertainmentparks". Doch gerade diese politischen Schwachstellen müssen in ihren systemgebundenen Druckverhältnissen betrachtet werden. Genauso wie das Handeln der kommerziellen

Galeristen und Auktionshäuser ihren kapitalistisch marktorientierten Regeln entspricht, oder die Museumsleiter unter den einschränkenden Erwartungen ihrer Arbeitgeber arbeiten müssen, so ist auch der Handelsspielraum für die Politik enger als in der öffentlichen Wahrnehmung geglaubt wird. Der Rahmen zum Handeln mag zwar theoretisch sehr breit definiert sein, doch in demokratischen Gremien und bürokratischen Entscheidungsforen spielen viele kunstfremde Faktoren eine überragende Rolle. Auch wenn der eine oder andere Politiker sich ernsthaft um eine vernünftige Kulturpolitik bemüht und sich nicht an Profilierung und Wahlergebnissen orientiert, ist der Kompromisszwang häufig so kräftig, dass schließlich nur eine „Leuchtturmpolitik" herauskommt. Obwohl in vielen Einzelfällen den betroffenen Politikern mit Berechtigung der Vorwurf einer klientelorientierten und finanztechnisch ineffektiven Politik gemacht werden kann, darf nicht vergessen werden, dass die systemischen Sachzwänge der existierenden bürokratischen Entscheidungsprozesse dieses Handeln begünstigen und von den Wählern legitimiert wird. In diesem Sinne bekommt der Wähler als Souverän die Leuchtturmpolitik, die er zulässt, es sei denn, er setzt sich für alternative Prinzipien einer „autonomen Kulturpolitik" ein.

10 Kunst und Gesellschaft III: Eine „autonome Kulturpolitik"

In der vorhergegangenen Analyse ist der Kunstbetrieb in zwei Versionen definiert worden, als „privater" und „öffentlicher" Sektor einerseits, sowie den „institutionellen" und „autonomen" Bereichen anderseits. Daraus folgt im Bereich der Kulturpolitik die These des „institutionellen Dualismus" als gesellschaftlich legitimiertes System, das zwei Selektionsmechanismen für Kulturgüter aufweist. Die Funktion eines solch dualen Verfahrens liegt darin, bestimmte Kunstwerke auszuwählen, die gesellschaftlich als besonders wertvoll und für zukünftige Generationen bewahrenswert gelten. Die Existenz zweier Entscheidungsprozesse bedeutet jedoch, dass einer staatlichen Kulturpolitik die Aufgabe zufällt, eine Balance zwischen privaten marktorientierten Kräften und breiteren gesellschaftskulturellen Aspekten eines „öffentlichen Interesses" herzustellen. Politische Entscheidungen und Handlungen beruhen meist auf Abwägungen unterschiedlicher Prioritäten und somit stellt sich in der Gestaltung einer Kulturpolitik die Frage, welcher Stellenwert der „unsichtbaren Hand" des Kunstmarktes im Gegensatz zu den nicht kommerziellen gesellschaftlichen Funktionen der Kunst als Gemeingut oder Kulturgut eingeräumt werden sollte. Da der Kunstmarkt als privater Entscheidungsträger von der Gesellschaft als legitimes Verteilersystem anerkannt wird, kann nur eine „autonome Kulturpolitik" diejenigen öffentlichen Interessen vertreten, die vom Marktgeschehen nur ungenau oder gar nicht wahrgenommen werden. Auch wenn sich private und öffentliche Belange nicht unbedingt ausschließen müssen, bedarf es einer Priorisierung in der Kulturpolitik hin zu öffentlichen Aspekten der Kunst, die sich ausschließlich der Kreativität, gesellschaftlicher Teilhabe und der qualitätsbezogenen Definitionsdebatte des Kulturgutes unter Berücksichtigung finanzieller Effektivität widmet. Auf Basis der vorangegangenen Untersuchungen lassen sich somit fünf zentrale Eckpunkte einer „autonomen Kulturpolitik" skizzieren.

1. Wenn von der Politik die gesellschaftliche Funktion der Identitätsfindung und einer „kritischen Bildung" als bedeutende Aufgabe der Kunst wahrgenommen werden möchte, dann muss der Bildung und Forschung

eine sehr hohe Priorität eingeräumt werden. Wichtige Grundlagen einer aufgeweckten und lebendigen Gesellschaft bieten in erster Instanz die Schulen, denn ein innovativer und gestalterischer Kunstunterricht fördert kreatives Denken, schöpferisches Handeln, Unabhängigkeit und Toleranz. Auf der höheren Stufe der Hochschulen leistet die wissenschaftliche Auseinandersetzung mit der Materie Kunst wichtige Beiträge zur Forschung, Kritik und Wertebestimmungen qualitativer Art, doch nur solange sie eine freie und unabhängige Position gegenüber wirtschaftlichen und politischen Interessen einnehmen darf und sie sich einer transparenten Qualitätsdebatte stellt. Eine „autonome Kulturpolitik" braucht kein staatlich finanziertes „institutionelles Expertentum", dessen öffentliche Dienstleistungen sich an kommerziellen Verknüpfungen und privaten Neigungen oder systembedingten Privilegien und Verhaltensmustern orientieren.

2. Als Förderer und Bewahrer „öffentlicher Interessen" muss sich eine „autonome Kulturpolitik" von den privaten und kommerziellen Kräften des sekundären Kunstmarktes abkoppeln und die Praxis beenden, mit Steuermitteln als Förderer und Werbeträger privater Gewinnstrategien aufzutreten. Nur eine unabhängige Position gegenüber dem kommerziellen Marktgeschehen gibt den öffentlichen Kulturinstitutionen ihre Legitimation. Wenn in der Frage der Selektion von Kulturgütern der freie Kunstmarkt als einzige richtungsweisende Instanz bestimmt wird, dann stellt sich die Frage, inwieweit öffentliche Einrichtungen, insbesondere die postmodernen Museen, überhaupt eine Daseinsberechtigung besitzen. Eine „autonome Kulturpolitik" sollte dementsprechend eine eigene und weitgehend werkgebundene Qualitätsdebatte führen und schüren. Die Auseinandersetzung im Zusammenhang einer Bestimmung von Kulturgütern kann nicht nur Aufgabe eines elitären „institutionellen Expertentums" sein, sondern sollte auf einem möglichst breiten und öffentlichen Diskurs basieren, der das kunstinteressierte Publikum mit einbezieht. Eine „autonome Kulturpolitik" betrachtet den Bürger als mündigen Mitstreiter und nicht als wirtschaftlichen Konsumenten, der mit etwas Kultur besänftigt und zufriedengestellt werden kann. Kunst darf nicht als politisches Narkosemittel gelten, das von den Weißkitteln eines „institutionellen Expertentums" verabreicht wird, sondern als freies und legal einnehmbares Reizmittel, das zur Belebung der Demokratie beiträgt.

3. Ein Abwenden von den kommerziellen Aspekten des sekundären Kunstmarktes bedeutet eine höhere Gewichtung der Kunst als „geistiges Gut" und richtet die Aufmerksamkeit auf die Grundgedanken künstlerischen Gestaltens. Eine „autonome Kulturpolitik" sollte sich an den kreativen Spielplätzen der Kunst ausrichten und sich somit an den lokalen Institutionen orientieren, in denen authentische Kunst präsentiert wird, ein „ehrliches" Kunstinteresse die Besucher der kleinen Kunsträume auszeichnet und „im Stillen" elementare Bildungsfunktionen wahrgenommen werden. Diese Aspekte lassen sich größtenteils nur im „informellen Kunstbetrieb" erkennen, dem Sektor der Kunstvereine, Ateliergemeinschaften und kleinen Galerien, sowie dem vielfältigen Treiben der freien Kunstszene. Eine „autonome Kulturpolitik", die sich weniger an der „institutionellen Kunst", sondern an den kreativen Kräften des informellen Sektors orientiert, sollte demnach die ihr unterstehenden öffentlichen Institutionen auffordern, sich dieser Ausrichtung zu stellen. Öffentliche Sammlungen und besonders die Gattung der postmodernen Museen, sollten einer zeitgemäßen Aufgabe nachkommen, sich mit den künstlerischen Aktivitäten ihrer Stadt, Region oder Lokalität genauer auseinanderzusetzen, sie fördern und schließlich in ihre museale Arbeit einzubeziehen. Das postmoderne Museum hat heutzutage nur dann eine Daseinsberechtigung, wenn es sich hinsichtlich seiner Konzentration auf Gegenwartskunst von seinen elitären Arbeitsweisen verabschiedet und sich zum kreativen Tempel einer breiten Künstlerschaft und Öffentlichkeit entwickelt. Lokale Künstler können Teil der Museumsgestaltung werden, und umgekehrt sollte das Museum durch Partnerschaften mit ansässigen Künstlern auch kreative Aktionen außerhalb der Museumswände fördern und mitgestalten.

4. Abgesehen von konzeptionellen Aspekten muss eine Kulturpolitik an der finanziellen Effektivität ihrer öffentlichen Ausgaben gemessen werden. Solch eine Effektivitätsprüfung enthält stets normative Elemente einer Kunstbewertung und bietet somit durch die Notwendigkeit einer geistigen und werkgebundenen Auseinandersetzung gewaltigen Stoff für Dialog und Diskussion. Unabhängig von werknahen und qualitätsbezogenen Aspekten lässt sich nachweisen, dass die Förderung einer Vielzahl kleiner und sparsamer Kunstprojekte, solange sie nicht mit übermäßiger Bürokratie erstickt werden, eine höhere gesellschaftliche Leistungsfähigkeit aufweisen als die

Errichtung und Unterhaltung eines Großprojektes. Zahlreiche Kulturprojekte bewirken als Taschenlampen bei gleichem durchschnittlichem Qualitätsniveau mehr Besucherzahlen und Bildungsmöglichkeiten als der alleinstehende Leuchtturm.

5. Eine „autonome Kulturpolitik" beruht auf den Prinzipien der Dezentralisierung und Inklusion. Taschenlampenprojekte ermöglichen durch ihren lokalen Bezug und ihre organisatorische Überschaubarkeit einen größeren Wirkungsgrad an Teilhabe und Integration als Großprojekte. Dabei geht es nicht nur um eine gesteigerte Wahrnehmung lokaler Künstler, sondern auch um die Einbeziehung außenstehender Gesellschaftsgruppen, wie etwa Menschen mit Migrationshintergrund, mit sexuell ungewöhnlicher Neigung oder mit diversen Behinderungen. Die Einbindung von Menschen mit anderen Denkmustern und Lebensbedingungen bedeutet die Auseinandersetzung mit einer Vielzahl neuer Erfahrungswerte, die für die Gesellschaft von existentieller Relevanz sind und somit geistiges Material für künstlerische Gestaltung bieten. Inklusion schafft ständig neue Möglichkeiten des Dialogs und leistet einen zentralen Beitrag zur Entwicklung einer offenen und toleranten Gesellschaft.

Obwohl letztlich die jeweilige Kulturpolitik von den gewählten politischen Instanzen und Entscheidungsträgern bestimmt und ausgeführt wird, bietet das demokratische Gesellschaftssystem dem einzelnen Künstler und dem interessierten Kunstliebhaber Möglichkeiten, sich an der Entscheidungsfindung zu beteiligen. Nach Willi Brandts Motto „mehr Demokratie wagen" können Bürger und Wähler aktiv an der Gestaltung politischer Prozesse teilnehmen; ein Leitgedanke, der natürlich auch auf die Formulierung und Durchsetzung einer „autonomen Kulturpolitik" zutrifft. So liegt es in erster Linie an den beteiligten Künstlern, sich unter der Devise „mehr Autonomie wagen" an die politischen Entscheidungsträger zu wenden, um den direkten Dialog zu suchen. Eine passive Künstlerschaft braucht sich weder über verkrustete und elitäre Strukturen im öffentlichen Kunstbetrieb zu wundern noch zu beschweren. Ebenso ist der interessierte Kunstbetrachter Teil des Kunstgeschehens und kann durch sein Handeln politische Entwicklungen mitbestimmen. Auch wenn er existentiell nicht direkt betroffen ist, kann er mit seiner Begeisterung an kreativem Gestalten einen Beitrag zu einer „autonomen Kulturpolitik" leisten, indem er nicht nur seinen demokratischen Rechten nachkommt, sondern auch mit seinen Füßen abstimmt. Durch gesellschaftliches Engagement können alle Menschen, ob sie sich Künstler nennen oder nicht, zur schöpferischen und pädagogischen Funktion der Kunst beisteuern und im Sinne *Joseph Beuys'* zur Gestaltung einer „sozialen Plastik" beitragen. Der Leitspruch „mehr Autonomie wagen" kann also nicht nur als Appell an die offizielle Kulturpolitik gedeutet werden, sondern auch als Aufforderung an alle Menschen, sich an der Gestaltung ihrer Umwelt, insbesondere der Kunst, aktiv und kreativ zu beteiligen.

Interview III

Autor: „Herr L, warum sind Sie Galerist geworden?"

Herr L: „Der Grund, vor einigen Jahren eine Galerie zu eröffnen, war mein jahrelanges Interesse an der Kunst und allem, was damit zusammenhängt. Mich faszinieren die Kreativität und die Ausdrucksweisen der Künstler, aber auch ihr Engagement und ihr Mut, unabhängig und anders sein zu wollen. Außerdem bin ich ein kommunikativer Mensch und genieße den Dialog, sowohl mit den Künstlern, als auch mit den verschiedenen Schichten der Besucher."

Autor: „Herr L, darf ich Ihnen eine indiskrete Frage stellen? Lohnt sich die Galerie in finanzieller Hinsicht?"

Herr L: „Kurz formuliert, nein. Ich kenne persönlich kaum eine Galerie, die sich auf rein kommerzielle Weise rentiert, so dass die Betreiber von ihrem Kunstverkauf und Handel leben könnten. Auch wenn ich mich gerade so über Wasser halten kann und eine alternative Einkommensquelle benötige, betreibe ich die Galerie nicht als Hobby, sondern aus einer Notwendigkeit heraus, die nicht mit Geld zu bewerten ist. Jemand, der ehrenamtlich in der Politik tätig ist, wird ja auch nicht als Hobbypolitiker bezeichnet."

Herr K: „Ich finde das sehr sympathisch und glaube, dass diese Einstellung auch zum Erfolgsrezept der Galerie „Artspaß" beiträgt."

Autor: „Herr K, besuchen Sie noch andere Kunsträume in ihrer Umgebung?"

Herr K: „Leider habe ich beruflich nicht immer die Zeit, die Vielzahl der Ausstellungen anzuschauen, die in den lokalen Galerien und einigen Museen der Region angeboten werden. Insgesamt bevorzuge ich die Galerien, wobei die „Artspaß" ein besonders freundliches Ambiente pflegt, denn die Kunstmuseen sind mir häufig zu unpersönlich. Nicht nur kosten sie Geld, auch wenn man eine Führung in Anspruch nimmt, habe ich immer das Gefühl, wieder in der Schule zu sein. Daher genieße ich das private Gespräch mit den Galeristen und besonders mit Herrn L."

Herr L: „Das haben Sie aber nett gesagt, Herr K."

Autor: „Herr L, wie stehen Sie zu den Arbeitsweisen der Kunstmuseen?"

Herr L: „Ich glaube, es ist schwer zu pauschalisieren, doch besonders die sogenannten „Museen der Gegenwartskunst" sehe ich ein wenig als Konkurrenten, obwohl es sich hier eher um ein Verhältnis „David gegen Goliath" handelt. Die Museen bewegen sich auf einem Territorium, das für sie nicht geeignet ist. Zeitgenössische Kunst ist ein Diskussionsmedium und wird nicht unbedingt für die Ewigkeit gemacht. Die Entscheidung, wann ein Kunstwerk als kulturelles Erbe in die Ewigkeit erhoben werden soll, ist sehr schwer herbeizuführen und ich finde die Museen gehen mit dieser Materie zu leichtfertig um."

Autor: „Hätten Sie Ideen, wie die Urteilsfindung dieser öffentlichen Institutionen anders aussehen könnte?"

Herr L: „Ich möchte den Herrschaften in ihren Elfenbeintürmen nicht zu nahe treten, doch ich könnte mir vorstellen, ein unabhängiger Expertenrat wäre in der Lage, Entscheidungen zu kommentieren und somit der Museumsleitung, aber auch den Aufsichtsgremien eine alternative Ankaufs- und Ausstellungsperspektive zu bieten. Dieser Rat braucht keine Entscheidungshoheit und würde sich selber ausschließlich aus lokalen Akademikern, Künstlern oder Betreibern von kleineren Kunsträumen, wie etwa sehr aktiven Kunstvereinen, konstituieren. Ich könnte mir vorstellen, dass auch Kulturpolitiker Interesse an einer unabhängigen Beraterinstanz hätten, da sie meist selber nicht die museale Führungspolitik beurteilen können. Besucherzahlen bieten nur eine grobschlächtige Messlatte und somit bedarf es neben der Presse einer zweiten museumsinternen eigenständigen Expertengruppe, um das Thema Qualität in den Vordergrund der Museumspolitik zu rücken."

Autor: „Eine sehr interessante Idee! Herr K, wenn wir schon über das Kunstmuseum sprechen, hätten Sie als Besucher auch Änderungsvorschläge?"

Herr K: „Ich sagte schon, dass ich den direkten Dialog und Austausch in den Galerien mag. Daraus ließe sich ableiten, dass die Museen interaktiver arbeiten sollten, vielleicht mehr mit Computern die Besucher befragen und einbinden könnten. Ich möchte keinesfalls von den Kunstwerken ablenken, doch warum fragen die Museen den Besucher nicht nach seiner Meinung über die Qualität und Ausstattung einer Ausstellung? Schließlich gibt es in Galerien Gästebücher, in die Kommentare geschrieben werden können, warum also nicht im Museum?"

Herr L: „Ein faszinierender Vorschlag. Ich würde nur noch dazu anmerken, dass es wiederum einer unabhängigen Instanz bedarf, diese digitale Fragebögen auszuwerten. Hierbei könnte ich mir beispielsweise lokale Schulen vorstellen, die auf Rotationsbasis jährlich einen Qualitätsbericht ihres Museums zusammenstellen. Somit könnten Schüler mit partizipatorischen Mitteln in die Materie Kunst eingeführt werden und lieferten einen gesellschaftlich wertvollen Beitrag zur Gestaltung einer lebendigen Kulturpolitik."

Autor: „Meine Herren, Sie sehen mich beeindruckt. Vielleicht sollten Sie mal Kontakt zu ihrem Kulturbeauftragten oder gleich dem zuständigen Minister aufnehmen. Ich danke Ihnen nun für Ihr Interesse an meinem Buchprojekt teilzunehmen und wünsche Ihnen weiterhin viel Freude mit der schwierigen, aber spannenden Materie Kunst."

Herr K: „Ich spreche sicherlich auch im Namen des Herrn L und des Künstlers *Unbe Kant*, wenn ich sage, dass unsere geistige Reise durch die Kunstlandschaft Freude gemacht hat und wir Ihnen viel Erfolg bei der Veröffentlichung des Buches wünschen!"

Personenregister

Autor:

Christoph Noebel; geboren 1956 in Bonn; länger wohnhaft in Deutschland, Washington D.C. (1970-1975) und London (1975-2006); seit Mai 2006, Künstler/Galerist in Remagen; 1976-1980 Studium an der London School of Economics mit Hochschulabschlüssen BSc(Econ) und MSc(Econ); zu „Lehrern" zählen die Nobelpreisträger Amartya Sen und George Akerlof; 1981-1986 Forschung an der LSE und Arbeit als Computerprogrammierer; 1986-1998 Ökonom und Financial Analyst bei einer deutschen Investmentbank in London; seit 1976 künstlerisch aktiv, mit Schwerpunkt Collage und Mischtechniken; zu frühen kunstbezogenen „Mentoren" gehören der Bauhauskünstler Kurt Kranz und der amerikanische Galerist Harry Lunn; im März 1998 Rückzug aus dem Bankwesen, um sich ausschließlich der künstlerischen Arbeit zu widmen; seit 1999 regelmäßige Beteiligungen an Gruppenausstellungen, sowie diverse Einzelausstellungen in Großbritannien und Deutschland; 2000-2006 Betreiber des Kunstraumes „garage 32" in London; seit 2007 Leitung der Produzentengalerie „Artspace K2" in Remagen.

Herr L:

Herr L studierte Mathematik und Informatik; er arbeitete in diversen privaten IT Firmen als Programmierer und Systemanalytiker; 2007 erfüllte er sich seinen Lebenstraum, einen Kunstraum zu betreiben und eröffnete die Galerie „Artspaß"; sein Interesse gilt der zeitgenössischen Kunst und dem direkten Dialog mit Künstlern; er ist verheiratet und hat zwei erwachsene Kinder.

Herr K:

Herr K machte eine Lehre und Meisterprüfung als Schlosser; er eröffnete in 1989 sein eigene Werkstatt, die mittlerweile fünf Angestellte zählt; er ist verheiratet und hat eine Tochter; seine Neugier und Interesse an der Kunst führt ihn häufig in die Galerie „Artspaß".

Unbe Kant:

Über den Künstler Unbe Kant ist nichts bekannt. Er verweigert jegliche Auskunft über sein Leben und Werk.

Künstlerinnen & Künstler:

Marina Abramovic, Guiseppe Arcimboldo, Ansel Adams, Ferran Adrià, Francis Alÿs, Carl Andre, Ant Farm, Karel Appel, Diane Arbus, Janko Arzenšek, Banksy, Georg Baselitz, Paula Modersohn-Becker, Max Beckmann, Peter Behrens, Gregor Bendel, Joseph Beuys, G. Roland Biermann, Max Bill, Peter Blake, William Blake, Blek le Rat, Hieronymus Bosch, Louise Bourgeois, Constantin Brancusi, Bill Brandt, Georges Braque, Ines Braun, Henri Cartier-Bresson, Marcel Broodthaers, Günter Brus, Götz Bury, Caravaggio, Henri Cartier-Bresson, Maurizio Cattelan, Paul Cézanne, Christo und Jeanne-Claude, Larry Clark, Chuck Close, Johannes Cordes, John Constable, Joseph Cornell, Gustave Courbet, Michael Craig-Martin, Martin Creed, Salvador Dali, Hanne Darboven, Edgar Degas, Sonja Delauney, Wim Delvoye, Otto Dix, Theo van Doesburg, Jean Dubuffet, Marcel Duchamps, Albrecht Dürer, Constanze Eckert, Tim Eitel, Olafur Eliassons, Tracey Emin, Max Ernst, M.C. Escher, Andrea Esswein, Evol, Valie Export, Dan Flavin, Paul Flora, Lucio Fontana, Andrea Fraser, Danuta Franzen, Caspar David Friedrich, Lena Frings, Paul Gauguin, Jochen Gerz, Alberto Giacometti, Gilbert und George, Liam Gillick, Vincent van Gogh, Francisco de Goya, El Greco, Juan Gris, George Grosz, Andreas Gursky, Hans Haacke, Rolf Haberl, Stefan Häfner, Gunther von Hagen, Richard Hambledon, Richard Hamilton, Hans Hartung, Raoul Hausmann, Jann Haworth, Julie Hayward, John Heartfield, Erich Heckel, Barbara Hepworth, Rainer Hess, Eva Hesse, Johann Heuser, Damien Hirst, David Hockney, Hannah Höch, H.K. Höcky, Edward Hopper, Rebecca Horn, Thomas Huber, Gary Hume, Peter Hutchinson, Horst Janssen, Uwe Max Jensen, Jasper Johns, Asger Jorn, Donald Judd, Frida Kahlo, Anish Kapoor, Allan Karpov, Tony Kaye, Peter Kennard, William Kentridge, Anselm Kiefer, Martin Kippenberger, Yves Klein, Kiki Kogelnik, Jirí Kolár, Käthe Kollwitz, Willem de Kooning, Jeff Koons, Kurt Kranz, Lee Krasner, Willi Krings, Barbara Kruger, Wolfgang Laib, Michael Landy, Maria Lassnig, Louise Lawler,

Sherrie Levine, Tim Lewis, Sol LeWitt, Roy Lichtenstein, Marion Linke, El Lissitzky, Robert Longo, Sarah Lucas, Markus Lüpertz, Heinz Mack, August Macke, René Magritte, Kasimir Malewitsch, Édouard Manet, Piero Manzoni, Robert Mapplethorpe, Franz Marc, Marisol, Friedrich Meckseper, Jonathan Meese, Karin Meiner, Marion Menzel, Michelangelo, Miss.Tic, László Moholy-Nagy, Piet Mondrian, Claude Monet, Desmond Morris, Robert Morris, Robert Motherwell, Otto Muehl, Edvard Munch, Harald Naegeli, Bruce Nauman, Barnet Newman, Boris Nieslony, Hermann Nitsch, Molly Noebel, Emil Nolde, Andreas Öldörp, Chris Ofili, Georgia O'Keeffe, Yoko Ono, Meret Oppenheim, Graham Ovenden, Nam June Paik, Max Pechstein, Grayson Perry, Rolf Peuckert, Pablo Picasso, Otto Piene, Camille Pissarro, Katja Ploetz, Sigmar Polke, Jackson Pollock, Richard Prince, Astrid Proll, Markus Raetz, Arnulf Rainer, Neo Rauch, Robert Rauschenberg, Man Ray, Rembrandt van Rijn, Anthony Rendall, Auguste Renoir, Gerhard Richter, Bridget Riley, Dieter Roth, Mark Rothko, Peter Paul Rubens, Edward Ruscha, David Salle, Christa Sauer, Christian Schad, Jörg Schimmel, Julian Schnabel, Gregor Schneider, Gerry Schum, Rudolf Schwartzkogler, Kurt Schwitters, Andres Serrano, George Seurat, Cindy Sherman, Günther Siraky, Pierre Soulages, Daniel Spoerri, Klaus Staeck, Alfred Stieglitz, Niki de St. Phalle, Rosemarie Stuffer, Sophie Taeuber-Arp, Nat Tate, Volker Thehos, Giovanni Tiepolo, Wolfgang Tillmans, Jean Tinguely, Eva M. Töpfer, Oliviero Toscani, Rosemarie Trockel, Oswald Tschirtner, William Turner, Cy Twombly, Günther Uecker, Victor Vasarely, Jan Vermeer, Jack Vettriano, Leonardo da Vinci, Bill Viola, Wolf Vostell, Jeff Wall, August Walla, Marcel Walldorf, Andy Warhol, Boyd Webb, Wols

Bibliografie

Theodor Adorno und Max Horkheimer: „Dialektik der Aufklärung", S. Fischer Verlag, 2003

Jean-Christophe Amman: „Bei näherer Betrachtung – Zeitgenössiche Kunst verstehen und deuten", Westend Verlag, 2007

Hans Christian Andersen: „Andersens Märchen – Vollständige Ausgabe", Anaconda Verlag, 2010

Georg W. Bertram: „Kunst – Eine philosophische Einführung", Reclam, 2005

Dirk Boll: „Kunst ist käuflich – Freie Sicht auf den Kunstmarkt", Hatje Cantz Verlag, 2011

William Boyd: „Nat Tate, An American Artist: 1928-1960", 21 Publishing, 1998; "Nat Tate, Ein amerikanisher Künstler: 1928-1960", Berlin Verlag, 2010

Anne-Marie Bonnet: „Kunst der Moderne – Kunst der Gegenwart", Deubner Verlag für Kunst, Theorie & Praxis, 2004

Holger Bonus: „Kunst der Ökonomie", LIT Verlag, 2001

Douglas Crimp: „On the Museum's Ruins", MIT Press, 1993

Christian Demand: „Wie kommt die Ordnung in die Kunst?", zu Klampen! Verlag, 2010

Piroschka Dossi: „Hype! Kunst und Geld", Deutscher Taschenbuch Verlag, München, 2007

Andrea Esswein: „Zwischen Existenz und Exzellenz", Die Neue Sachlichkeit, 2011

Max Fuchs: „Kulturpolitik", VS Verlag für Sozialwissenschaften, 2007

Isabelle Graw: „Der große Preis – Kunst zwischen Markt und Celebrity Kultur", DuMont Buchverlag, 2008

Volker Harlan: „Was ist Kunst? Werkstattgespräche mit Beuys", Urachhaus, 2001

Michael Hauskeller: „Was ist Kunst? Position der Ästhetik von Platon bis Danto", Verlag C.H. Beck, 2008

Jörg Heiser: „Plötzlich diese Übersicht – Was gute zeitgenössische Kunst ausmacht", classen, 2007

Marion Hirsch: „Selbstvermarktung von Künstlern – Grundlagen, Strategien, Praxis", VDM Verlag Dr. Müller, 2005

Armin Klein: „Der exzellente Kulturbetrieb", VS Verlag für Sozialwissenschaften, 2008

Richard Kostelanetz: „Soho, The Rise and Fall of an Artist Colony", Routledge, New York, 2003

Kurt Kranz: „sehen, verstehen, lieben", Verlag Mensch und Arbeit, München, 1963

Verena Krieger: „Was ist ein Künstler? Genie – Heilsbringer – Antikünstler", Deubner Verlag für Kunst, Theorie & Praxis, 2007

David Lindner: „Von Kunst leben – Das Geheimnis des Erfolgs. Marketing für kreative Freiberufler", Traumzeit-Verlag, 2004

Andreas Mäckler (Hrsg): „1460 Antworten auf die Frage: Was ist Kunst..?", DuMont Buchverlag Köln, 2000

Pierangelo Maset: „Geistessterben – Eine Diagnose", Radius-Verlag, 2010

Carolin Meister & Dorothea von Hantelmann (Hrsg): „Die Ausstellung - Politik eines Rituals", diaphanes, Zürich/Berlin, 2009.

Jacqueline Nowikovsky: „$100.000.000? Der Wert der Kunst", Czernin Verlag, Wien, 2011

Hanno Rauterberg: „Und das ist Kunst?! Eine Qualitätsprüfung", Fischer Taschenbuch Verlag, 2008

Karl Rosenkranz: „Ästhetik des Häßlichen", Reclam Verlag, 2007

Antoine de Saint-Exupéry: „Der kleine Prinz", Karl Rauch Verlag, 2000

Peter Sloterdijk: „Der ästhetische Imperativ", Philo & Philo Fine Arts, 2007

Don Thompson: „The $12 Million Stuffed Shark", Palgrave Macmillan, 2008

Wolfgang Ullrich: "Was war Kunst? Biographien eines Begriffs", Fischer Taschenbuch Verlag, 2005

Wolfgang Ullrich: "Tiefer hängen – Über den Umgang mit der Kunst", Wagenbach Verlag, 2003

Wolfram Völcker (Hrsg): „Was ist gute Kunst?", Hatje Cantz Verlag, 2007

Wolfram Völcker (Hrsg): „Was kostet Kunst?", Hatje Cantz Verlag, 2011

Kathrein Weinhold: „Selbstmanagement im Kunstbetrieb – Handbuch für Kunstschaffende", transcript Verlag, Bielefeld, 2005

Titel und Literaturhinweis:
Christoph Noebel:
„Der Subjektive Faktor –
Auf der Suche nach dem Wesen und Sinn der Kunst",

© 2012 der vorliegenden Ausgabe: Edition Octopus

Die Edition Octopus erscheint im
Verlagshaus Monsenstein und Vannerdat OHG, Münster
www.edition-octopus.de

Layout und Satz:
Volker Thehos
KreARTive Konzepte, Remagen
www.kreartive-konzepte.de

Druck und Bindung:
Verlagshaus Mosenstein und Vannerdat OHG, Münster
www.mv-verlag.de

Buchcover:
Christoph Noebel

Eine Produktion
der Galerie „Artspace K2", Remagen
www.artspace-k2.com

ISBN 978-3-86991-524-1